U0620073

中国科学院院史丛书

村人散语话科苑
郭传杰访谈录

郭传杰／口述
王　聪／访谈整理

科学出版社

北　京

内 容 简 介

他，从大别山麓一个与学术全然无涉的小山村——学院村走来，在著名的北京中关村工作生活了一辈子，因此常戏称自己为一介"村人"。

在40多年的科学人生中，郭传杰广泛涉及化学研究、科技战略、创新政策、科技人才、大学管理、科学传播等多个领域，特别是自改革开放以来，亲身见证或参与了我国科教战线许多重大事件的决策和实践，阅历了大量的鲜活故事，积累了丰富的人生体验。

按访谈者的提问，郭传杰讲述的这些过往故事，今天虽已成为历史，但或可成为读者回望我国科技、教育改革发展进程的一扇小窗。本书真实有信，细节生动，可供科技史研究者及对科学、教育感兴趣的读者阅读参考。

图书在版编目（CIP）数据

村人散语话科苑：郭传杰访谈录 / 郭传杰口述；王聪访谈整理. —北京：科学出版社，2023.2

（中国科学院院史丛书）

ISBN 978-7-03-073819-6

Ⅰ. ①村… Ⅱ. ①郭… ②王… Ⅲ. ①郭传杰-访问记 Ⅳ. ①K826.16

中国版本图书馆CIP数据核字（2022）第221166号

丛书策划：胡升华　侯俊琳

责任编辑：邹　聪　赵　洁 / 责任校对：韩　杨
责任印制：李　彤 / 封面设计：有道文化

科学出版社 出版
北京东黄城根北街 16 号
邮政编码：100717
http://www.sciencep.com

北京中石油彩色印刷有限责任公司 印刷
科学出版社发行　各地新华书店经销

*

2023年2月第 一 版　开本：720×1000　1/16
2023年6月第二次印刷　印张：15
字数：280 000

定价：98.00 元

序　言

呈献给读者的这本书，是中国科学院（简称中科院）原党组副书记郭传杰同志应中国科技史专家王扬宗、熊卫民、王聪的邀约访谈，按录音记录、整理而集成的。访谈在 2018 年 8～9 月，共 12 次，很全面，材料重要且翔实，有十足的史学价值；文字既简洁又十分优美，且有故事例证，引人入胜，生动活泼，具有很高的文学价值和阅读欣赏价值。

由衷感谢采访者们十分用心地拟就完美的采访提纲和一个个问题；由衷感谢传杰同志详尽而又简洁的回答，结合个人经历娓娓道来，自然而客观地讲出事件的实情，实是反映我国科技发展的一段很重要历史时期的大事记，是信史，而非个人的私事私见。这是十分可贵的。

全书共十一章，记述传杰同志从童年和青少年时期到而今的退休生活、从投身科学研究到全身心献给科研管理工作。重点是第七章至第十章，所讲述的事发生于 20 世纪 80 年代中期至 21 世纪 20 年代，正是中国社会、经济和科学技术等剧烈变革且高速发展的时期。那时传杰同志被动地调到科研管理岗位，从痴迷于科学研究、内向腼腆的青年，成长为一名出类拔萃却十分低调朴素的科技和教育行政管理高层领导。他参与、谋划、建议或组织领导过一系列科研或与科研有关的重要体制之改革和机构制度之创建。例如：①编制 863 计划；②全国基础研究调查和远景规划及改革设想；③制订国家基础研究项目"攀登计划"；④倡议设立"国家工程研究中心"；⑤建立"国家知识创新工程"试点，以适应知识经济时代出现的国际趋势；⑥创立民间"创新联谊会"，重视培养发现优秀年轻创新人才；⑦"香山科学会议"的创立、宗旨确立及其对营造科学探索自由氛围的意义；⑧科学精神的提倡和普及；⑨中科院学部工作战略规划的制定，学部咨询工作的制度化，以及院士大会的制度化建设；"资深院士"制度、名称的确定和外籍院士制度的设立。⑩作为中科院党组副书记，又兼职中国科学技术大学（简称中科大）党委书记（兼职不添薪），领导中科大工作；⑪较好地处理了高校办学中党委与行政领导在决策、执行方面的功能及分工合作关系，指导形成一个共同核心的领导群体，组成合力，领导全校全面工作；⑫倡导以科学精神为主体和以人文精神（为国为民）为底色的创新文化及大学文化建设；⑬发扬和推广中科大办校的传统，重启"全院办校，所系结合"方针（全中科院办学校，中科大每个院系和中科院的研究所密切结合，相互支持）——科研单位和高校学术研究与人才培养的紧密结合；⑭利用中科院和高校的科研设备及人才资源，优势互补、强强联合，思考并参与合肥综合性国家科学中心的组建；⑮建议并协力将合肥市建设为"科技创新型试点城市"——从校所结合延伸为大学与城市经济的密切结合；等等。每一项都是应时而生的新鲜事物，在当时起了很大作用，而后又能生根发芽壮大，形成影响相当长一段时间的体制和制度，既稳定形势又成为进一步创新发展的台阶。本书的叙述鲜明流畅、字字珠玑，大多是以传杰同志为主的创新，处处闪耀着睿智者周密且创新的思维光芒，读者阅读自会深深感受和理解到。

传杰同志从领导岗位退下来以后，成为一介"中关村村人"，仍然保持着自己所提倡的人文本色和科学精神，退而不休，只尽义务，不干政，不计报酬。他十分认真地参加诸如政协全国委员会、国家教育咨询委员会、中国管理科学学会和国际欧亚科学院中国科学中心等的活动，建言献策，孜孜不倦。

我和传杰同志相识有年，一见如故，成为知己，我很感佩他的人品和才华。但除最近两三年同作"中关村村人"外，我和他只有三次短暂而密切的接触，前后两次他到中科院大气物理研究所调研，中间一次为参加香山科学会议。他对我个人和我所的工作帮助很大。说来也惭愧，若不是这次阅读了本书，我对他曾是中科院党组副书记并先后兼中科院京区党委书记及中科大党委书记这样的头衔几乎没有印象，甚至不晓得。这既说明我的鲁钝无知，更说明传杰同志的朴素平和，有赫赫之功而从不自居，身处高位而不显威势。而今传杰同志已退休，其生活和心态，完全合于"功成身退，天之道也"的最高境界。先生之风，山高水长！

读了这本书，更加敬重传杰同志的人品，欣然应允作者之邀，为本书写序。

是为序。

曾庆存

中国科学院院士

2019年国家最高科学技术奖获得者

2020年7月于中关村

自 序

2017 年冬的一天，王扬宗教授给我打来电话，说他们为梳理、研究 20 世纪中国科学史，要找些当事人做做访谈，搜集些史料。由于我在中科院做管理工作期间，正是中国科技体制改革最急剧的一段时期，接触过许多人，参与过一些事，因此他们把我也列入了访谈对象名单，希望我能支持他们的工作，接受他们的访谈。我以为他说的访谈，就是对过去某具体事情的发生或某一政策的出台，说说自己所了解的情况，作为一种内部史料，供他们研究院史时做个参考，这种事以前也曾零星地做过一点，因此没有犹疑，就痛快地答应他了。

2018 年 8 月 20 日，他和王聪如约来到我在中关村的办公室，还带来了一箱新书做样本，多是对我国一些科技名家，如吴文俊、丁石孙、杨乐、袁隆平、范岱年、吴明瑜等大人物的自传或访谈。这时候，我才知道，我答应过的与他们要做的完全不是一码事情！于是，我连连对他们说："不！不！出这样的书是大人物做的事，普通人没法做。我可做不了，也不能做！"当场给予了坚决的谢绝。

在这种僵持的情况下，他们两位轮番对我做起了说服工作：什么是口述史；口述史的访谈对象并不都是著名科学家，也包括参与过历史事件的其他人士；科学作为一种社会事业，包括科学研究、科技管理、科学教育、科学传播等各个领域，这些方面您都涉足过，像您这样经历如此丰富的人还不多，应该支持我们的研究工作，等等。他们两个很会做工作，经他们晓之以大理、动之以真情，再加上已经是"兵临城下"之势，我只能就范听命了。

记得有位名人说过这样意思的话：每个个人的历史加起来，就是那个时代的国家历史。是啊，一滴水当然不是河流，但所有的水滴汇在一起，不就是一条滔滔大河了吗？从这个角度看，普通人也有帮助史学家还原历史全景的义务。20 世纪的世界，经历了一次科学革命和一次技术革命，人类社会生活发生了翻天覆地的深刻巨变。我们这个伟大的国家，在经历了 20 世纪社会革命和科技革命的双重洗礼后，正在焕发出青春的生机。其间，作为大别山区一介平民的儿子，我有幸来到中关村，以中科院一员的身份，亲眼见证并亲身参与了 20 世纪末中国科学技术改革与发展的部分宏大实践，虽然自己没有什么贡献，但有幸见识了许多杰出的人和难忘的事，这是伟大时代赐予我的机遇和圣礼。现在，有科技史家怀揣深厚的使命感，为探求中国科技发展的规律，以艰辛的努力期望尽可能还原历史的原貌，需要得到广大科技人员的广泛支持，我没有理由不尽自己的一份义务。

从8月到9月，王扬宗、王聪两位抽时间对我进行了12次访谈，其间，熊卫民教授也从合肥赶来北京一起座谈了几次，这样，我们建的微信群就从"三人谈"变成了"四合院"。访谈中，我深切感到他们工作态度的认真以及对中国现代科技史的深厚素养。在他们预先准备好的访谈大纲的引导下，我也梳理了一下自己几十年的人生与工作历程，许多难忘的人又重现脑海，淡忘的事又浮现眼前。既是口述史，就要尽可能遵循求真原则和史学规范，我努力客观地重现当时的场景，还原人物的对话，配合他们的要求。虽因时过经年，记性乏力，不能保证完全准确，但可以确保绝对无假。

20世纪作为历史已过去了20个年头，人类已经迈进了伟大的21世纪。人类历史上的第六次科技革命作为人类文明进化史上的一次质的飞跃，正在迅步走来。未来的发展必将空前快速，高速的系统必然伴随巨大的不确定性。好在历史与现在和未来，不是彼此割裂的孤立存在，从过去延伸而来的理性规律可以帮助我们校正未来的航程，使不确定性变得相对能够预期和认知。因此，研究20世纪中国科学的发展历史，探究科学与社会、人文的正确互动关系，对已经跨过世纪门槛、肩负民族复兴重任的中国科技界，当是颇有裨益的。

衷心感谢王扬宗、熊卫民、王聪三位花那么多时间给我指导，与我互动、访谈。他们丰厚的史学功底和坚实的科学精神，使我在这次访谈过程中受益匪浅。还要特别感激王聪博士将录音材料一句句、一字字整理成文，邹聪责任编辑严谨认真，一丝不苟，他们花费了许多宝贵时间，本书才能付梓出版。

最后，还要特别感激曾庆存先生，身为2019年国家最高科学技术奖获得者，在赴南方讲学途中，以85岁高龄对本访谈的全部文字做了仔细审读并赐序评点，让我再一次学习体悟到先生的大家长者风范。

郭传杰

2018年10月8日初稿

2020年10月28日终稿，中关村

目　录

第 一 章

山村"学院"

一、莫名其妙"学院村"

王①：郭老师，您的家乡是湖北黄冈，对吧？在中国近代，那里可出了一大批军、政、文化、科技名人啊！

郭②：是的，黄冈出的各界名人确实不少。不过，我跟他们可扯不上半点儿关系（笑）。我们家具体是在黄冈市的浠水县。它的南部是长江中游的北岸，北边是大别山的南麓，闻一多就是浠水人。我们县地处丘陵，一直以来经济都不发达。我出生的村子在浠水县的东北，是全县最贫困的地方之一。村子虽穷，却有个很雅的名字，叫"学院村"。在上大学之前，"学院"这两个字意味着什么，我和村里其他人一样，一点概念都没有。

直到上了大学，我才发现高等院校除了叫"大学"之外，还有以"学院"为名的，比如华中科技大学的前身就叫"华中工学院"。再后来，我到了中科院工作，其中也有"学院"两个字。此后几十年，我家一直住在中关村，这附近就有著名的"学院路"和一座"学院桥"。每当看到这两个字，都觉得特别亲切，似乎离老家很近。回头来看，我从学院村，到中科院，再到学院路、中关村，一直都没有离开过"学院"和"村"这两个词，还真是有点机缘巧合。

后来，我还真的去查找过资料，想了解一下和我颇有缘分的"学院"这两个字，有什么来由。原来，"学院"或者"学园"在比较早的记载中应该是指古希腊雅典城郊的一个地方，柏拉图在那里讲学，所以就把那里称为柏拉图学园。后来"学院"这个词在文艺复兴时期形成的哲学小团体中继续被使用，并逐渐成为研究机构的名称。再后来，这个词随着西方科学一起进入了我国。③所以"学院"这个词至少是应该与学术、学识、学问这些概念相关联的，比如中科院是研究科学技术问题的，学院路上有很多中国著名的大学。

但是我出生的那个小山村，似乎与学术、学问从来没有过交集，为什么叫"学院村"呢？出于好奇，我在一次回乡的时候专门请教过村里的老人。我问他们："我们这儿以前出过举人没有？"我不敢问状元，估计肯定是没有。老人们都说："没有过。"我不死心，又问，"秀才呢？""秀才也没有听说过。"问来问去才发现，我居然是村里的第一个大学生。后来，我就直接问："我们这儿叫学院村，有什么来历吗？"他们说："没有啊，这地方一直以来就这么叫的，叫'学院坳'。"原来

① 王扬宗，科学史家，中国科学院大学人文学院教授。曾任《自然科学史研究》主编、中国科学院院史研究室主任、中国科学院自然科学史研究所副所长。

② 郭传杰，被访谈者。

③ 樊洪业."研究院"东渐考[J].自然辩证法通讯，1990，12（4）：47-54.

他们跟我以前完全一个样，也不清楚"学院"这两个字在现代文化体系中有这么重要的地位。后来，我从县志上看到过一条记载，说这里曾经有过一个小学堂。然而，在中国大地上，有过小学堂的地方太多了，我还没听说过哪里有自称"学院"的。我们村即使有个学堂，肯定也是很早以前的事情了，而且也不会有什么大名气，否则，那些高龄老人怎么能没听说过呢？说实话，直到现在，我也不知道一个文化根底很浅且根本没有现代学术气息的山村为什么叫学院村。有时候，还有朋友和我开玩笑，说我出生在学院村，大概冥冥之中注定了会到中科院工作。这当然是笑谈，到中科院工作的人多着呢，只能说这纯粹是巧合而已。不过，有时想想，还真是有趣：一个完全没有学术文化的村子叫作"学院村"，而挤满了大学和科研院所、充溢学术气氛的地方却叫了个普普通通的名字"中关村"。我这一辈子与这两个都名不副实的"村"结下了不解之缘（笑），这就是我常自喻为"村夫""村人"的来由。

图 1.1　我的家乡——学院村上岗塆

二、改名趣事

聪[1]：您是哪一年出生的，祖籍是在哪里呢？您的家族有家谱吗？

郭：我算是"40 后"，1944 年 9 月 24 日（农历八月初八）出生在学院村。因为不是什么名门望族，祖籍和家谱原来我也不关心，只是近几年才稍微有一点点了解。前几年，我们那儿修了一个大的祠堂——郭氏宗祠。三年前我回老家看望母亲的时候，负责宗祠的几位长者多次邀请我去看看。推辞不过，我就去了一趟。那里还真有家谱，据上面记载，我们那儿的郭姓可以上溯到郭子仪的九世孙郭璁，

---

[1]　王聪，博士，中国科学院大学人文学院副教授。

他从北方带着家人来浠水蔡河镇落户，繁衍了鄂东、赣北、皖西一带几十万郭姓子孙，到我这辈已经是第35代了。在郭氏家族中，我的辈分很小，大概是我们这一支计划生育做得不好吧，孩子生得早、繁衍快（笑）。因此，在老家附近碰到郭姓，我不是叫叔叔就是叫爷爷。在北京工作的老乡中，有的虽然年龄比我小很多，但按照辈分，他们也是我的曾祖、太祖辈。

王：因为您这一支属于长房，是吗？

郭：对。我父亲曾经告诉我们，新中国成立前，一年之中我们这一房只有一天地位比较高，就是祭祖那一天，因为是长房子孙，该坐上席，其他的360多天，就都"低"人三分（笑）。

我小的时候没有正式的名字。据我母亲说，有个小名叫红枣，就是可以吃的那种红枣。但是我自己一点印象也没有。1949年后要上学了，就需要起一个学名，当时请人给我起的名字叫郭传接，就是传宗接代的"接"，不是我现在名字里的这个"杰"字。1966年"文化大革命"（简称"文革"）初期，特别时兴改名字，我们班里就有人改名叫"向东""反修"之类的。当时也有人说我的名字有"封资修"味儿，应该改一改。不过，我觉得名字嘛，就是个代号而已，所以我坚持没改。不过，到了80年代，已经改革开放了，不流行改名字的时候，我却改了名字！奇怪吧？其中还有点故事。

1981年，我去美国康奈尔大学做访问学者。那时候，出国办护照是由中科院统一给办的，做护照的时候，他们把我名字的"接"字错写成了"杰"，我自己拿到护照后，也没在意，而且，"接""杰"两个字的汉语拼音完全是一样的，所以在国外也没碰到什么麻烦。

那个年代，出国前得先把户口注销，回来后再补办户口。1983年，我回国之后就去中关村派出所恢复户口。那是8月上旬，天气挺热的。办事人员拿着我的护照看了看，然后指着护照上我的名字对我说："这不是你。"他示意我看那个"杰"字和户口材料上的"接"字。当时我就有点急了，和办事民警说："怎么不是呢？您看相片，相片上就是我呀。"那位民警笑着说："我知道是你！但这是法律性文件，所有的材料都要求名字中的每个字必须一致。"他指示我先回中科院化学研究所（简称化学所）开个证明信，再去中科院人事局开具确认函，再来办理。为了开那个证明，我从中关村去三里河中科院院部接连跑了两三趟，所以印象特别深。证明备齐再到派出所时，民警同志让我在两个名字中任选一个做现用名，我当时说："就选简单的吧，笔画少，好写。"于是，"郭传杰"就成了现在用的名字，而"郭传接"变成了曾用名。

王：所以您改名字时，已快40岁了！

郭：可不，我当时已经39岁啦，没想到人到中年，一不留神还把名字给改了

（笑）。在以前，朋友、同学之间的联系全靠写信，他们不知道我改了名字，写信还是用"郭传接"，以至于曾经给化学所传达室的师傅们添过好多麻烦呢。

三、贫寒家世

王：您小时候的家境如何？

郭：我们家一直都比较清贫。我爷爷之前的情况我一点也不清楚，因为我父亲也没见过我爷爷，我就更不知道了。爷爷在二十几岁的时候，就因劳累生病去世了，我奶奶带着当时只有三岁的伯父和一岁的父亲守寡度日，本来就不富裕的家庭更是雪上加霜。孤儿寡母在当时的农村常受欺压，小时候，我听奶奶说过不少十分悲惨的往事。好在有村中几个正直的族人保护，奶奶才免于遭歹人买卖。那时，家里只有一两亩薄田，不够生活，我伯父和父亲长到十来岁时，就外出给人家打长工或做短工。他们从小就起早贪黑，非常非常地勤劳刻苦！所以，到1949年，我们那里快解放的时候，家里已经添置十几亩田地了，和同村里别的人家比，日子算比较好过一点的。因此，土地改革的时候，我们家被划成了"下中农"。后来有人开玩笑，说要是土地改革再晚些年，按我父亲那时致富的劲头，我们家可能要被划为"富农""地主"了。

图1.2 左起：伯父郭国良、奶奶詹氏、父亲郭国明

我父亲叫郭国明，出生于1922年。我母亲叫柴凤三，比父亲小两岁。小时候的我总记不住妈妈多大年龄，后来她告诉我："我比你正好大20岁。你是民国三十三年（1944年）生的，往前20年，就是我的出生年了。"我父母亲从小都没上过学，连自己的名字都不会写。在那个年代的农村，父母打骂孩子是家常便饭，但我的父母不一样。我妈妈可能还打过我们几个兄弟姐妹，但不重，所以也没什么印象。但我父亲只打过我一次，唯一的一次，我记得很清楚。

聪：为什么打您呀？

郭：大概是1951年秋天的时候，我刚上小学不久。有一天，我们附近一个村子开"批斗"大会，"斗"一个较有名的地主，同村好多同学都不想上课，要去看热闹，我当然也很想去。但是，父亲不让我去，非要我去上学。当时我也比较倔强，非要去看不可。记得父亲正在稻场边的菜园子里用竹条编篱笆，见我那么不听话，平时很少生气的他，火冒三丈，硬把我拽拉回来，在稻场上用竹条抽打我，口里不停地逼问："看你还敢不敢逃学？逃不逃学？！"我奶奶和妈妈闻声从家里跑出来，看见只穿一件单衣被竹条打得那么厉害的我，心疼得不得了，一边批评我父亲，一边从他手里抢下那根竹条，把我从鞭打中"抢救"出来。那个情景直到今天我还记得，宛如昨日。不过，从那以后，我再也没有逃过一次学。每每回想起来，我真得终身感激我的父亲，要不是他给我的那次也是唯一的一次惩罚教育，生在穷乡僻壤的我，今天一定还在学院村当老农呢。

王：在您眼中，您父亲是个怎样的人？

郭：他很内向，不善交际，说话少，更难得开一句玩笑。但小时候我就感觉得到，他在我们那块地域，名气不小，还颇有点口碑。有一次，家里叫我去供销社买盐、火柴等东西，交钱时发现少带了几分钱。我正为难，售货员认出了我，说："你是国明的儿子吧？没关系，下次带来就行。"大家之所以这么对他，是因为我父亲一辈子都特别勤劳、善良，还总是替别人着想、热心助人，所以在方圆几里之内，是小有名气的。大家都知道他，关于他的良善故事也流传不少。有一件事儿，我妈妈说过好多次。

我们那里因湖塘多、莲藕多而有名。据说，闻一多家乡望天湖的藕有九个孔，表皮白色，滋润如玉，曾是献给皇帝的贡品。现在北京的湖北饭馆都少不了一道名菜——藕炖排骨。

每到湖藕收获上市的季节，农民不但要在湖泥里挖出藕来，还要挑到邻近的村子或远处的罗田县城去卖。我父亲就是这样。他通常是凌晨三四点出门，肩上还要挑着上百斤的藕。

王：那要走好几十里呢。

郭：是的。我妈妈总是早早起来给他做饭。妈妈心疼父亲，有时菜里会炒个藕梢子，就是一枝藕的那个小的端头。藕梢子小、好吃，但也因为太小了，所以一般不卖，能卖的都是比较大节的藕。

王：是的，藕梢子在卖的时候也是要掰掉的。

郭：我妈妈也是这么想的。她就把藕梢子掰下来，留着炒个菜给我父亲，想让他能多吃点米饭，对身体好一点。父亲则不同意，他对我妈说："别把藕梢子做菜了，留着我有用。"但妈妈开始没听他的，还是继续做。有一天，我父亲对我妈大吼了起来："我跟你说了多少遍！叫你别把藕梢子做菜了，你咋不听？我吃饭不要菜也成！"我父母关系一直很好的，从小时候起，我就没见他们吵过架。但那一次，他真的火气很大。我妈稀里糊涂挨一顿训，感觉很委屈，她说："不就是个藕梢子吗？你发那么大火！藕梢子又不能卖的，给你做个小菜，我有么事错？"父亲解释说："你晓得个么事？我到人家塆（村子）里卖藕，塆中总有些人家里穷，买不起，他们的孩子看着别的小孩有藕吃，眼巴巴、泪汪汪的，多可怜！这时候，我给他个藕梢子，就能止住孩子的眼泪。"听他这一解释，我妈妈从那以后，再也没动用过一节藕梢做菜，全都留给他送别人家小孩了。

由于过度劳累和营养不良，父亲积劳成疾，在20世纪60年代后期得了肺结核。肺结核在那时已经有了特效药，本不算什么大病，但是，由于家里困难，没及时医治，父亲病情逐步恶化，到1974年，父亲已经病得相当严重了。当时，我到化学所已经工作了几年，总想带他到北京来看看，他开始说什么也不愿来。7月份，我半强迫性地把他带来了北京，在我们中关村90号楼的集体宿舍里，住了一个星期，带他去天安门、故宫、颐和园、前门这些地方玩了玩，他很高兴。回村之后，逢人就说北京如何如何好，很是感慨。村里人和他开玩笑说："你不是不愿去吗？"他笑道："不是不想去，是舍不得一头大猪的钱呀！"说完，又加上一句："不过，去还是值当。"

就在那年初冬，我接到父亲病危的电报，赶紧乘火车回家。到家时他还清醒，微笑地望着我，轻轻地说了一声："传，回来啦。"紧接着，又是几声吃力的咳嗽。我嘴对嘴帮他吸出了喉咙里的痰后，他稍微轻松了一点，便握着我的手不放。一个多小时后，他永久闭上了眼睛，未满52周岁。当时全国的经济状况很糟糕，好在北京靠全国支援，平时还能买到一些肉。我当时接到电报后，赶紧在中关村买了10元钱的猪肉带回家，否则，他走后，那么多来为他送行的亲友乡邻，我连几席应酬感谢的淡薄酒菜也办不出来。这就是我的父亲，一个一生都十分善良敦厚的好人，一辈子过度操劳的苦人。他为我能上学，尝尽了人间辛苦，但我没能让他过上一天好日子，享过一天福。我甚至没能为敬爱的父母留下一张合影！幸亏在那年硬要父亲来了一趟北京，借同事相机在天安门、颐和园为他照了几张黑白照片，否则他连一张照片都没能留下！每每想起这些，我心里就感到万分愧疚和难过，感到深深对不住我那穷苦、善良的敬爱的父亲！

聪：您母亲呢？她和您一起生活的时间长吗？

郭：相比之下，我母亲要幸运一些。1978年，我爱人和女儿调来北京，第二年我们就接她来北京了，她和我们一起生活的时间比较长，前前后后有二十多年。2003年我去中科大兼职后，不能常在北京照应她，我爱人有时也要出国带外孙，所以就把她送回了农村老家，和弟弟妹妹们在一起。她身体比较好，2016年离世，享年 93 岁。

图 1.3 2014 年母亲九十寿诞时与子女、亲戚合影（郭传杰摄影）

王：在那个时代，北京的条件还是要比湖北乡村好一些。

郭：老家那里，夏天热，冬天湿冷。我母亲年轻时就患有风湿痛病，到北京之后，气候干燥，对身体更好一些。

王：您母亲是个怎样的人？

郭：她虽然没有上过学，但温文尔雅，给人的感觉有点像个知识女性。有件事，现在想起来还挺好玩的。大概是在 2004 年，一个星期天的下午，我带她到刚建好不久的中科院基础科学园区散步，正好在物理所（中科院物理研究所，简称物理所）遇到数学院（中科院数学与系统科学研究院，简称数学院）的王副院长，他看到后跟我打招呼，我说："我陪我妈妈来新园区散散步。"他朝我母亲看了看，问我："老人家是哪个专业的？"我半开玩笑地说了个双关语"屋里的"。他"哦"了一声，说："就是物理所的老教授吧？"我说："哪里呀，我妈妈不识字。是在屋里，当家庭妇女。"他当时非常诧异，笑了起来："我看老人家这气质，还真以为是位老教授呢！"

还有件事也有意思。1997 年前，我住中关村 940 号楼。同楼住着一位清华大学（简称清华）退休的女教授，也是湖北人，她和我母亲特别聊得来，尽管我母亲不会讲普通话。2004 年，我母亲回家乡以后，这位清华教授一和我们碰到就问："你妈妈还来不来？告诉她，我很想她。我们是很好的朋友啊！"惦念之情，溢于言表。我母亲虽然年轻时吃过许多苦，也没念过书，但无论在老家，还是在北京，认识她的人，都说她开通明理、悟性很强，为人随和、对人诚恳，积极乐观、心态很好。这大概也是她能高寿的原因。

王：就是对早年没吃过苦的人来说，93 岁也是高寿年龄了。

图 1.4　母亲柴凤三（1924—2016）在黄山太平湖

郭：是的。2016 年春天，她在老家不慎摔了一跤，虽手术成功，但因没有条件做好康复，在重阳节前一天离世了。她走之前，我在她床边陪伴了几天。我们兄弟姐妹几人把母亲和早走 42 年的父亲合葬一茔，我写了一个简短的墓志铭：

显考郭公祥泰，垂髫丧父，自幼艰辛。苦劳成疾，殁于五旬。显妣柴氏凤三，端雅淑懿，内贤外明。享年九三，福寿全归。父慈母爱，子女有成。诚厚俭朴，家风严谨。克己恭人，誉满乡邻。双亲千古，合葬一茔。恩泽长在，勒石永铭。

图 1.5　2017 年为父母立的碑文

聪：您的奶奶和其他亲人是怎样的人呢？

郭：我奶奶是个"三寸金莲"，在她那个年代，妇女都得裹小脚。我看着她走路的样子，就觉得痛苦。奶奶年轻时不知道吃了多少苦，20多岁就开始守寡，还带着两个孩子，因为长期流泪，她的视力很差。虽然一辈子上山下田干活，但她也活到了70多岁，这在当地是很少见的。我家虽然物质生活贫苦，但家庭特别和睦。从我记事时起，我就感到很快乐、幸福，整天被家人间的大爱包围着。那时候家家都穷，常常缺粮没菜的，因此，村中有个别人家常为吃多吃少的问题争吵不断。但这种事在我们家从来没有发生过！平时，都是大人照顾孩子，自己少吃少喝。逢年过节，母亲主厨掌勺，如果有好吃的东西，她总是利用在手的"职权"，第一个先给奶奶，然后是我和弟弟妹妹，再后是我父亲，到了她那里，能留点汤汤水水就不错了。然后，奶奶把自己碗里的又悄悄地夹给我母亲，这样你谦他让的，扯好长时间。我上了中学以后，自觉"有文化"了，就有点看不习惯。有次大年初一，也是这样，两只鸡腿，从这个碗到那个碗递来送去的，都快凉了。我看不顺眼，大声说道："来！你们不吃，都给我好了！"弄得奶奶笑了起来。我是她的长孙，又一直念书，所以她特别宠我。有亲戚给她送点糖果什么的，自己舍不得吃，也不给别人吃，总是藏在她的枕头边上，专门留给我。如果我和弟弟妹妹闹了小矛盾，她总是先批评他们。待我长大一些后，我自己都觉得奶奶有点"不公平"，太偏爱我了，因此我就说："这事儿不怪他们，是我的错！"20世纪60年代末，我们那附近有条公路通车了，我们带她去看汽车。近70岁的她迈着小脚，走了一里多路，远远看到了汽车，高兴得像个孩子似的，大声喊着："嗬！这么个大的家伙，还能跑得果快（方言，'好快'的意思）！我刚一看到它，它就跑得没踪没影儿了！"

四、艰辛但快乐的童年

聪：您从很小的时候就要开始干农活儿吗？

郭：那时候农村的小孩，从小都得干活儿。会走路了就开始去捡柴，到六七岁的时候，就开始放牛。再长大一点，就开始做插秧和薅田之类的大农活儿。我就是这样走过来的。因为缺乏营养，我从小就长得矮小，但农活儿一样干。

聪：不会有危险吧？

郭：看干什么活儿，有的也有危险。当时，我家和另一家合养共用了一头黄牡牛，那是我们家很重要的生产力，很宝贵。有一天，我在河边草坪上放牛，发现穿过它鼻子的一段棕绳缠到了它的前脚缝里，把它自己给绊住了。因为没有大人在附近，我就自己试图帮它把绳子拽出来。其实，这是很危险的！正当我蹲下去拉那段棕绳的时候，它不明白我要干什么，把头用力一甩，牛角勾到了我的身体，（我）整个人被甩出老远，摔得鼻青脸肿的。幸好当时牛角没有扎进我的身体，否则后果不堪设想。

虽然小时候要干活儿，生活也艰苦，但是当时不觉得，因为大家都一样，没觉得特别苦。而且，当时还有很多现在的孩子体会不到的各种乐趣。那时候，农村社会治安很好，家长只担心孩子被狗咬、被水溺，别的没什么可担心的，既没有拐骗孩子的坏人，也不担心孩子被汽车撞着。当时的生活节奏慢，每当夏天，白天干完活儿，给孩子们洗完澡，大家就聚在一起，在满天星斗之下，躺在竹编的凉床上乘凉。村子里会讲故事的大人就给我们小孩讲打日本人的事，讲鬼怪故事，我们既爱听，又害怕，总往人群中间挤。

在红薯成熟的季节，我们肚子饿了，就可以从地里拔个红薯，谁家的都可以拔，生着就可以吃，也很甜。有些东西不能生吃，我们就想办法弄熟。当时的农村盖房子都用瓦，地上到处都有破瓦片，我们在山上放牛或捡柴时，就捡个瓦片洗一洗，把刚摘下的青豌豆放在瓦片上面，下面点火烧熟了吃，香得很。

那时也没污染，小河里的水清澈见底，许多小鱼自在地游来游去。夏天，我们砍柴或者放牛回来，特别喜欢在河里戏水洗澡。这种事，家长是明令禁止的，因为担心孩子溺水。我们干活儿从外边回到家里，家长都要询问、检查一下："有没有下过水？"如果撒了谎，还要挨揍的。不过，我们怎能挡得住小河的诱惑？因此，就得与大人斗勇斗智，想个两全之策。后来，我们下河游完以后，回家之前，先在河边的沙地上打几个滚，把皮肤搞得脏兮兮的，让家长看不出有游水的痕迹，这样免遭了不少责难。

我们村里曾经有两棵大枫树，旁边有一个大竹园，里面都是参天的毛竹。每到春夏之交，不知道从哪儿飞来特别多的蝴蝶，彩蝶纷飞，眼花缭乱，好玩极了。那些蝴蝶也不怕人，你往那里一站，头上、身上很快就能立上不少彩蝶。园里的竹笋很好吃，脆脆甜甜的，特别爽口。可惜，到了1958年，大枫树和那片竹林都被砍掉了，做了大炼钢铁的柴薪燃料。

说起小时候捡柴，还有一段佳话。因为我们黄冈地区不产煤，烧火做饭全得靠上山捡木柴。我们浠水县这边山小，木柴少，所以常常到一条小河之隔的罗田县石龙寨山上去打柴。有一次，我们村有五六个孩子一起去，到了中午，大家挑着柴担子下山的时候，碰到了家住石龙寨半山村的两个男孩。那两个孩子平时有点爱打架，我们相互都认识。见到我们几个挑柴下山，他们两个在半路上拦住去路，双手叉腰，吼道："站住！把柴留下，不然我们就不客气了！"因为他们两个平时就"威名在外"，我们走在前排的一个伙伴有点害怕，准备"缴柴投降"。当时，走在后面的我不知道怎么就突然勇敢起来了，大喊一声："谁说的？那么霸道！"他们挥舞着手上的棍子："我说的！你们不留下柴，我们就一棍子一个，收拾你们！"

我说："好大的胆子！捡柴不犯法。试试看，我一扁担砸你们两个！"其实，因为我个子小，胆子也小，平时我最不爱惹事打架，那天也不知道怎么突然来了点勇气。他们两个一看我们不示弱，人也多一些，就不敢惹事，乖乖地从旁边的岔路溜掉了。这大概是我小时候做得最勇敢的一件事了。

为什么说是"佳话"呢？因为半个世纪过去之后，这故事还有"下文"呢。2002年，我和爱人回家乡过春节，正月初二那天，我想带她到我小时候常捡柴的地方走走，登一登石龙寨。我们走着走着，却找不到登顶的山路了。在半山村口，见到一个60岁左右的老头正在菜地边上，我走过去向他问路。他给我指了指方向说"走那边"，我说了声谢谢，转身就想离开。突然，听到他在我身后喊了一声："你是郭传接吧？"我回过头去，惊讶地望着他，说："是呀。你是哪个？怎么认得我？"他高兴地说，他叫陈学西，认得我弟弟，我弟弟与我长得比较像，刚才是猜的。他问我，还记得小时候捡柴被两个男孩拦截的事情吗？我说，怎么能忘记呢？那是我小时候最勇敢的事迹呀！原来，他就是那两个男孩中的一个！50年前的趣事，我们越说越近乎。他拉我们到家里去做客，按农村春节的习俗，放了一长挂鞭炮，还给我们好东西吃，真可谓是"不打不相识"（笑）。

童年时期，虽然物质生活清苦，但精神上是轻松愉快的。当年一个村子的那些伙伴，而今都是古稀老人了。他们基本都一辈子没离开过家乡，只有我一个靠读书走出了山村。但直到现在，我们见了面都还是很亲切的。自我上大学离开家乡以来，每次我从外面回家，一到村口，只要有一个人看见了我，喊一声"传（我的小名）回来了"，老伙伴们就都会分别从田地里、山坡上，带着劳动的锄头、镰刀工具，带着腿脚上的汗水、泥巴，自动聚集到我家，开始天南海北地聊起来，问这问那、说东道西的，格外亲切。这份情谊一直持续到现在，也会永久珍藏在我心里。

第 二 章

青葱岁月

一、自扛椅子上"学堂"

王：黄冈地区是 1949 年解放的吧？您上学是在解放前还是解放后？

郭：我也不清楚，靠长江北岸，应该是 1949 年解放的吧。我是 1951 年开始上学的。

聪：您那时 7 岁了。

郭：对，已经 7 岁。小学的第一个校址是在离家一里外的一个旧祠堂里。学校里只有一个教书先生，叫郭南都，是我的启蒙老师。学校里也只有几个破旧的桌子，没有椅子，学生上学要自己从家里带椅子。我扛不起来，椅子是我父亲帮我送到学校的。一年之后，学校迁到了更远一点的地方，叫香姑庙，那里地方大一些。一个厅堂做一个教室，一共两个。每个年级一个班，一共四个年级四个班。每个教室里同时有两个班的学生。大家都是挤坐在一起，老师给这个年级上课的时候，另一个年级的同学就自学，轮流上课。

王：现在有些山区还是这样的，因为学生数量很有限。

郭：那时小学分初小和高小，香姑庙只办初小，四年制。但我初小只上三年。因为那个时候规定可以跳级，我跳过一次。1954 年初小毕业后，再到更远的官硚畈去上高小。

聪：您上小学时的课本是什么样子的呢？

郭：那时候初小只有两本书，语文和算术。

王：原来的课本要比现在的课本薄多了，内容也简单一些。

聪：小学时，有没有哪位老师给您留下了比较深刻的印象？

郭：有。一个是启蒙老师郭南都，但他去世很早。另外还有两个老师，印象深刻。一个是初小时期的校长，叫余良弼，个子高高的，对人总是很和蔼可亲。我的第一个外号还是他叫出来的。

聪：是吗？老师给学生起外号？他叫您什么？

郭：那时学校鼓励成绩好的同学，都用练习本或几张纸做奖品。我当时学习成绩相当不错，总是拿奖。初小阶段我记得自己好像没买过练习本，一是家里没钱，二是靠得奖的练习本也足够了。可能是出于这个原因吧，余校长很喜欢我。有一次，他给我发完奖，当着全校同学的面，一下子把我高高地举了起来，说："你们看这个细砣儿，学习那么好，你们要跟他学习啊！"细砣儿就是"小不点儿"的意思，我那时确实又瘦又小。从那以后，"细砣儿"这个绰号随着我从小学到了初中。

王：还有一个印象深刻的老师？

郭：对，他叫郭啸宗，大概是在我三年级的时候来到我们小学的，教语文。

那时他二十多岁，白白净净的，高挑的个儿，颇有点风流倜傥的味儿。准确地说，当时我对他并没有很深的印象，因为不记得他是否给我上过课。我上初中以后，听说他在"大鸣大放"中敢于提意见，被划为了"极右派"。1957年划的"右派"，1980年才被改正错划"右派"。因是"极右"，在多个劳改农场劳改过，"文革"期间甚至差一点被枪毙。按说，23年的"挨整"足以从身体到心态完全地改变一个人。比如我们高小时期的几个老师，在被划为"右派"后，都早早离开了人世。但是啸宗老师则不然，完全例外，简直是个奇迹。

2007年元旦，我母亲82岁生日，我回了趟老家。与村人聊天中，听说啸宗老师还健在，并打听到了他改正之后的一些情况，第二天，我就约上认识他的两个朋友郭治成、周彩和，一起去看望他。他家离我们村有四里多路。走在路上，我脑子里一直在努力搜寻他年轻时的形象，并想象他现在的佝偻老态。走进他家位于小山坡上的门口，在见到他的那一刻，我完全被震撼到了：这哪像一个年近80岁并受过20多年磨难的老人！挺得直直的身板依然硬朗，刻满岁月沧桑的脸颊上，看不到一点愁容，只有坚毅和淡然，甚至还能看到一点当年风流倜傥的神韵，这个人让我肃然起敬。那天，我们几个聊了很久。从那次见面后，只要有机会回老家，我一定会去看看他。我母亲83岁生日的时候，他还专程走到我家，用红纸写了两首七律以及一副寿联给我母亲祝寿。

温柔善良，克勤克俭，教子有方臻博学；
仁慈贤惠，令名令德，得天多寿享遐龄。

2016年国庆节期间，我们全家一起从北京回家乡看望我生病的母亲，我还特意提前写了一个大"寿"字，到海淀街上去做了精心装裱，带回去准备送给啸宗老师，因为10月初是他89岁的生日。遗憾的是，因为有要事阻搁，未能及时送到他家，5日一早却听到了他突然去世的噩耗。我匆匆赶去吊唁，然而永远失去了向这位睿智、豁达、坚朗的师长面晤讨教的机会。一年后，啸宗老师的儿子把他一生所写的诗词和对联结集成册，要我写个序言。我自知不敢，但又无法推辞，只能勉力为之。序言之末，附了一首小诗，算作对老师的敬意与怀念：

遽闻先生乘鹤去，泣思往事一帧帧。
韶华春风育桃李，书生意气呼民生。
无端风雨催玉树，有幸铁骨铸强身。
欣喜晚秋多日照，满腹珠玑著诗文。

聪：这位老师真是不一般。您初小毕业后，就去更远的官硚畈上高小。1954年，您那时刚十岁。每天都要回家吗？

郭：是的。天天早上去学校，晚上回家，每天至少得走一个多小时，而且是山路。当时，我们学院村的几个同学一起走，他们年龄都比我大一些。不过，我也没觉得特别累，大家都是这样走的。只要有书读、有学上，心里就满足了。

二、"大跃进"年代的中学生

聪：您初中学校是在本镇上的吗？

郭：不是。我是1956年上初中。当时，我们浠水县共有十多个区镇①，但只有五所中学，我家所在的关口区还没有中学。考上之后，我们官硚小学的毕业生都安排去了位于团陂区的浠水第五中学，那里离我们家有50多里的路程。

王：50多里？按照当时的交通状况，那已经是很远的路了。

郭：可不！而且，当时也谈不上什么交通，不仅没有汽车，很多路段连可走的小路也没有，得从田埂上绕过去。

聪：你们每天都要走去上学吗？

郭：那倒不是，50多里远，也不可能。我们都住校，一两个月回家一次。

王：当时能上初中已经算是有文化的人了吧？

郭：是的，在其时其地也算个知识分子了，虽然当时还不知道"知识分子"这个词儿（笑）。

聪：你们学院村还有和您一起上初中的同学吗？

郭：有，还有三个，但是年龄都比我大一些。我未满十二岁，他们已经十四五岁，有一个差不多十六岁。

王：那您一路走过去也确实很辛苦。

郭：50多里的路程基本上要走一整天。直到现在我还记得，1956年秋天第一次去学校的时候，是我父亲送我去的。那时候我家里没有棉被，我是与郭修明同学共用被子。他家里的经济情况比我家好些，记得他还带了牙粉，当时很少有人用牙膏。上初中之前，我从来没刷过牙，第一次刷牙还是他给我的牙粉。

聪：当时是两个人一个床位吗？

郭：学校都是上下铺，每人有一个床位。刚进校时，天气还热，有个被单就可以了，所以我也是单独睡。十月之后，天气开始变凉，我就和郭修明共用一套被褥合睡。到第二年，家里帮我添置了一床棉被。

王：初中期间，有哪些让您印象深刻的事情？

郭：我的初中是在1956—1959年这几年上的。在中国现代历史上，那是个颇有影响、有故事的历史时期。除了日常的学习上课之外，还真有不少有趣且值得

---

① 当时的行政单位，属于县下一级的设置。现在统一改称为镇。

回味、反思的往事。

第一件就是 1957 年的反右派斗争。当时的我只有十二三岁，不清楚什么"派"。只记得那年假期结束后，我们返校回到团陂，走到校门口，看到到处都贴满了各种颜色的标语和大字报，还有漫画。又过不久，老师们经常开会，再过些时候，那些大字报、标语都被撕掉了，一些老师已被划为了"右派"，有的离开了学校，听说是"劳改"去了。我们那个学校是个刚刚办起来的农村初中，共有二十几位老师，大概有十个被划为了"右派"，其中就有我们的班主任（语文老师）。再后来，听说在我原来上的官碛小学，五年级、六年级时的两个班主任皮老师和范老师也都被划成了"右派"，因为他们当时的年纪就有点大，所以早早就殁了，没等到后来的改正错划"右派"。

第二件是 1958 年的大炼钢铁。当时我们小孩都觉得挺好玩的。按照要求，学生都把家里的镰刀、锅铲、斧头之类的铁器拿到学校，每个班在学校操场上，用土砖搭建个小炉子，旁边还做了个小风箱，然后用木柴去烧那些从家里带来的铁器。其实，柴火燃烧的温度怎么能熔化那些钢铁器具呢？不过，没关系，只要把它们烧红了，就可以算数，然后，各个班争先恐后地把"炼铁"成果写在大红纸上，敲锣打鼓地到学校、区镇去报喜。我们年级共三个班，我们班的学生平均年龄最小、最调皮，三班学生年龄最大、表现最好。所以，我记得我们班好像没报过什么喜，挨批评最多。

王：这些都是反右派斗争之后立刻就开始的运动。当时粮食生产"放卫星"，影响到您所在的中学了吗？

郭：当然。我们每个班当时都分到了一块试验田，都呈长方形。我们班分的田小一点。每块田地本来是平平的，对吧？为了高产，有人教我们先把田里的土壤挖深、挖松，然后把松的土壤往中间集中，形成一个中间高、两边低的拱形。这样，一块田地的表面积就会增大很多。再之后，把别的田地里快成熟的小麦移栽过来，密密麻麻地栽下去，要求连风都透不过去。等到收获时，让人参观，显示一亩田能收多少斤。直到很多年之后，我才知道麻城是全国的"产量卫星"，水稻可达亩产 36 000 斤，而麻城县（今麻城市）就是我们黄冈地区的，离我们浠水县只有 200 多里远。

第三件是宣传当年的总路线。

聪：您也被派去参加了吗？

郭：对，大家都参加了。你们知道，1958 年，中央提出"鼓足干劲，力争上游，多快好省地建设社会主义"的社会主义建设总路线，要求广泛宣传、家喻户晓。因为当时农村里初中生已经算是有文化的知识人了，当然应该冲锋在前，所以我们都成了总路线宣传员。怎么宣传呢？很幼稚，也好玩。首先，我们自己要把总路线的 19 个字背诵得滚瓜烂熟，然后两个学生一组，到学校外面去，找来来往往的各条道路，分别站在大路两边。看到前面路上过来一个人，我们就拦住问："你知不知道总路线？"他如果说知道，就要他立刻背诵出来。要是不会，就教他，直到能熟练背出来，才能放行。别看我们那时人还小，但是可有权威了，很少有人能违抗的，因为我们有"尚方宝剑"嘛（笑）！

王：那段时间还有"消灭麻雀"的事情。您当时知道吗？

郭：不只知道，而且学校还组织学生参加了。

王：是打校内还是校外的麻雀？

郭：都打。校内很快就没麻雀可打了，然后就去校外打。不仅我们自己打，还给家长布置任务，帮助学生打。因为，那时候，每个班都规定了任务，每天都要交够多少只麻雀腿，有了两条腿，才算一只麻雀。我们班孩子小，总是完不成任务，班主任很聪明，就想个办法，动员离家不远的同学回家去请家长帮忙。这一招很管用，我们班的麻雀腿数量一下子超过了别的班，得到了表扬。不过，好景不长，别人很快知道了我们的秘密，又领先于我们了。

吃"大食堂"的事给我印象很深。"人民公社大食堂"是 1958 年秋天出现的"新鲜事物"。我从学校回家的路上，沿途 50 多里，大的村子基本都有大食堂，很热闹。走饿了，随时都可以去免费吃饭，很享受，当时宣传说粮食多得吃不完。

聪：这种情况持续了多长时间？

郭：大概两三个月吧，好景不长，到了那年冬天，粮食供应就开始紧张了，到了 1959 年春天，开始越来越严重。学校比农村还稍微好一点，没彻底断过粮食供应。记得我们学生的定额开始是每天 12 两米（那时还是 16 两一斤制）。每月回家前，我就把自己的那罐饭留着，带回家给我奶奶他们吃。再后来，干饭没有了，只有稀饭，而且越来越稀。

我们班里发生过一件事，至今难忘，想起来还有些后怕。

聪：怎么回事？

郭：那时基本餐餐都是稀饭，每班一大木桶，由食堂的工友送到各班。我们班学生年龄小，调皮的又多，喜欢捉弄工友，因此工友不太喜欢我们班。那时同学们都是周末轮着回家。有一次星期天，班里回去的人多了，留校的只接近一半。工友还是送来平时那么多稀饭，我们必须吃完，否则工友会说："这个班孩子小，吃不完，下次少给他们一点！"所以，为了全班长久的"集体利益"，我们这留校的一半人就得"一人顶俩"地干掉那一大桶稀饭，任务可不轻松（笑）！

王：要为班级争口粮（笑）。

郭：对。但决心是大，可困难更大！20 多个人要吃完 50 个人的稀饭，谈何容易！我们都喝饱了，但桶里还剩余了约有 1/3。怎么办？继续喝！大家相互鼓励，喝一口，跳一跳，再来一口，最后总算基本上完成了任务，木桶终于见底了！但是，紧接着，新的难题出现了：胃被撑得受不了。平时，我们一直以为饿肚子是最难熬的，这时候发现，其实太饱更难受。站着吧，胃往下垂，受不了；坐下吧，弯不下腰，也不行；仰卧躺着吧，撑不住；俯身卧着吧，压得受不了。怎么办？最后有个同学建议，大家移步厕所，加速排尿。厕所在户外一百多米处，我们相互扶持，牵着手，沿墙根慢慢地一步一蹭地挪往厕所。到了厕所后，我们男同学倚靠在厕所墙边，扒下裤子，站在那儿使劲撒尿。这样过了大概一个多小时，大家才算慢慢轻松下来。现在想起来，真很后怕：幸好当时吃下的是稀的米汤，主要成分是水，如果吃的是干饭或馒头，一定会出人命的。

聪：当时上高中也要考试吗？

郭：要考。我是 1959 年上的高中，正好是"大跃进"的尾期。1958 年的时候新办了很多学校，所以我们那一届初升高相比于之后的几届来说要容易，大概百分之七八十都可以升高中或读师范、技校。我们学院村的四个，其中三个都读了师范或技校，就我一个上了高中。

聪：上高中还是去师范、技校是由谁来决定呢？

郭：与老师商量后自己填志愿，老师起到的作用是比较大的。他根据学生的学习情况、年龄高低、家庭状况等给出建议。当时老师觉得我年龄小，学习不错，将来能上大学，所以强烈建议我上高中。其实，从家庭经济情况出发，我是不想去读高中的，因为高中要交学费，而师范和技校不要钱。但后来，我还是尊重老师的意见，去了高中。不过幸好是念了高中，我们村那三个上师范和技校的同学，到后来因为国家缺少资金，学校都下马停办了。

王：您那些同学是不是后来都失学了？

郭：是的，他们先后都回家当了农民。

三、专业选择与高考夜游

聪：您高中是哪所学校？

郭：县城里的浠水一中，距离我家有 70 多里路程。虽然比初中更远，但毕竟大部分是土公路，所以好走得多。不过，当时路上主要是跑一些拖拉机或大货车，没有客运汽车。即使有，我也没有钱去乘坐。每月回家的时候，我全靠两条腿走。

王：您高中时期正是三年困难时期，学校提供饭食吗？

郭：学校提供一部分，也要交些费用。高中三年我一直都享受助学金，所以基本没向家里要过钱。但是，有一部分粮食和菜，我们必须每个月从家里带来交给学校。

王：70 多里路，全部靠步行？

郭：对。少数时候，我父亲去送过，多数还是我自己挑去，大约每次有 20 斤大米和几斤腌咸菜。

聪：当时学校里有给您留下深刻印象的老师吗？

郭：高中三年，我前后待过两个班，先是在二班。分文史、理工、医农后，到了理工四班。这是个重点班，班主任是个女老师，叫丰于德，教数学，对我很好。她活了 80 多岁，我后来从北京回家乡时还去看望过她。另有一位是教我们俄语的詹学凡老师，我毕业离校后，他调回老家大冶县（今大冶市）去了。在大学期间，我和他还通过几次信。再有一位语文老师，听说他是中国人民大学毕业的，较有文采，写过小说，在当地有一点名气。1962 年最困难的时候，他从宿舍外面的校园菜地里，偷了一颗包心菜，准备拿回家煮了吃，但被人当场抓住。他是个有脸面、爱脸面的人，听说学校准备"批斗"他，他当晚就自杀了。后来有没有救过来，我不清楚，反正毕业离校后，再也没见过他。

王：由此可见当时生活困难的程度了。我记得那段时间，还有号召学生参加勤工俭学活动的，您有过类似经历吗？

郭：怎能没有？！那时候各种劳动是很多的。少数属于勤工俭学性质，有点报酬。例如，建浠水县糖厂时，帮助从大河里挑沙，干一天，可得 8 角钱。但大部分是义务劳动，没有报酬。譬如，修过柳界公路，建过浠水白莲河水库的东、西干渠，等等。1961 年学校放寒假后，通知我们去里店修建东干渠。全班都去了，原来说春节也不回家，就在工地过年。但到了农历腊月三十上午，突然通知我们，大家可以回家过年，午饭后可以走。我们步行先回到学校，再由学校回家，总距离差不多有百里之远，走啊走啊，到农历正月初一凌晨才走到了家。

聪：您在高中期间比较喜欢文科还是理科？

郭：除医科、农科这两个方向外，文科、理科好像都还可以。高二的时候，我以"我爱绿色"为题，写过一篇自选作文。作文是散文体裁，内容从描述我上学途中所见大自然的绿色开始，写到绿是生命之色，它象征着生命，体现了勃勃生机。作文交出后，语文老师大加赞赏，选它作为范文，在班上念了一遍，又贴到了学校大樟树边的墙报栏里。展出一个多星期后，提前取了下来，据说是有的领导认为它"政治倾向有问题"——"为什么不写爱红色？"好在没有进一步批判。高二开始按专业领域分班，文科老师要我报文史，数理老师希望我报理工。经过一番考虑后，我还是选择了理工，因为我也喜欢数学、物理，全黄冈地区开展数学竞赛，我还得过一次二等奖。

王：那还是很不容易的。您为什么不愿选医科和农科呢？

郭：那时对农科的理解很狭隘。我本来出生于农村，从农村出来，还要学农科、干农活，怎么能跳出"农门"？不愿学医，是因为我从小就胆小，直到现在，我连杀鸡都不敢。如果学医，要学解剖，会遇到血腥的场面，我可不敢。

王：您是在哪一年参加的高考？

郭：1962年，最困难的时期。那年是"文革"以前全国高考升学率最低的一年（全国高校只招生10.7万人），是个低谷，从1963年开始，又慢慢地提升了。

王：是的，由于国家经济困难，大学从1961年开始调整，其中相当多的高校被下马了，从而导致1962年整体的入学率低。

郭：我们那一届，1959年升高中容易，因此1962年的高中毕业生人数多，不少中学高考前就动员年龄偏大或学习较差的一些学生不参加高考，毕业考试后就直接回家去，以减小高考人数的分母，提高升学率。我们浠水一中也是这么做的。本来我们年级原有480名学生，最后真正参加高考的只有200来人。考试结束后，被第一批重点院校录取的仅有12人，其中9人在我们班（共8个毕业班），二类学校共录取26人。即使（录取率）如此之低，我们那里比周边的几个县还是强一点，因为听说附近的两个县在当年高考中居然被"剃了光头"[①]。

聪：您在高考之前知道当年大学很难考吗？

郭：大家都知道。不过，当时我还比较淡然，没感到有什么压力。

聪：为什么？是成绩特别好吗？

郭：实际上有两个因素。当时成绩还可以，是其一。那时，浠水一中在黄冈地区的中学排名是很靠前的，而我在学校里也算靠前的吧，因为校长和班主任都对我说过，只要浠水一中不被"剃光头"，其中就一定会有我。另一个更重要的因素是，我没有一丁点的家庭压力，考不上更好。为什么呢？你们知道，我下面还有五个弟弟妹妹。家里穷，不能支撑他们都上学，而我的父母又都是非常公平和开明的人，总想有机会让弟弟妹妹们都能念些书。我中考以及高考之前，父亲不止一次对我说过："你要是这次考不上就好了。"我很理解他的心情，我自己也是这么想的，该留点机会给弟弟妹妹们。但是，因为我每次都顺利地过了升学关，使得弟弟妹妹们因此过早辍学务农，我的二妹和三妹甚至连小学校门都没进过。因此，对五个弟弟妹妹，我常怀歉疚之心。时至而今，他们也差不多都是花甲、古稀之人了，全在老家农村干活，他们的孩子基本都在广东、江浙各地靠打工维持生计，生活依然清贫。尽管如此，弟弟妹妹们对我一直亲爱有加，总是默默地关心我、理解我、体谅我，从来没有抱怨过我！甚至当附近村中有人跟他们讲："如今社会到处都是一人当官，鸡犬升天，你大哥在北京当那么大官，你们怎么还都在农村种田？你大哥也不关心关心你们？"他们听后，总是淡淡回答："你们不

① 就是指全县高考中没有一个学生考上大学。

晓得，我大哥不是那种人。他也没有你说的那些个本事。"说心里话，随着年岁增长，一想到弟弟妹妹们劳苦、敦厚的一生，我心中的愧疚感越来越重。唉，此生是难以解脱了！对不起，不该在这儿跟你们讲这些话。

聪：郭老师，我们很理解您。您当年高考报的就是化学专业吧？

郭：不是，是物理方面的。那年高中毕业考试，我的物理考了120分，因为两道10分的附加题我也做对了。我比较喜欢物理，所以第一志愿报的是北京大学（简称北大）地球物理专业。

王：北大地球物理专业是一个非常"新"的专业。由于跟苏联合作搞国际地球物理年，那时候全国没这方面人才，中科院要求北大办这个专业。您当时知道这个专业的具体内容吗？

郭：不知道。拿到志愿表的时候，发现有这个专业，又是在北大，就想考。当时根本不知道地球物理是干什么的，我问老师们，他们也都不清楚。

王：那您为什么要报考这个专业呢？

郭：一是因为我比较喜欢物理，以为地球物理是物理的一个分科。另一个原因大概是由于生长在山区，喜欢站在山顶上看远方的景致，从小对地球、地质、地理这些带"地"的概念有些模糊的热爱。大概是有这么个因素吧。直到很多年以后，我才知道地球物理是研究什么的。

聪：您后来怎么改学了化学呢？

郭：是啊，我也说不清。人生中有些意想不到的事情，有时会改变人一生的轨迹，不知这叫不叫"宿命"？反正我这辈子就碰到过那么一次（笑），至今记忆犹新，宛如昨日，但我没法解释。

王：是吗？！什么事情那么有意思？

郭：当年填报志愿时，第一志愿，我毫不犹豫写了北大的地球物理系，第二志愿呢，选的是武汉大学（简称武大）化学系。现在，全国高考的时间是在每年6月初，这是很人性化的考虑。以前，高考是在7月的7、8、9号三天，共考6门课。我们湖北本就是个"大火炉"，7月份正热。7月7日上午考试的时候，因为太热，我连背心都脱了。当时监考的教导主任走到我的考桌旁边说："大头，高考可不能光着膀子考啊！快把背心穿上！"我说："好热啊！"他说："快穿上！我帮你扇一会儿。"

聪："大头"？您的新外号（笑）？

郭：是的，到高中后的新外号。因为我个头矮，高中毕业体检，我体重只有77斤（不是公斤！），身高1.48米。但脑袋可能已经跟现在差不多大小了，显得很不匀称，因此同学们给我起了"大头"这么个新外号，老师们有时候也这么叫。

前两天的考试很顺利，我一点儿也不觉得紧张，就剩下第三天，9 号上午考物理，下午考俄语。但 8 号晚上，我却稀里糊涂地搞了次梦游，那是我人生 70 多年来唯一的一次，那之前没有，之后也再没有过！你们说怪不怪？！

事情是这样的：当时都是大宿舍、上下床，我睡在靠门口不远的一个下铺。睡到半夜，我做了个梦，迷糊中觉得同学们都不在宿舍里了，半醒之间问了一声："人呢？都上哪去了？"这时候，一个也没睡着的同学开玩笑地回答我："大头，都上教室考试去了。"我听他这么一说，信以为真，就穿上背心，走出房门，直奔考场。我们宿舍是在小山坡上，山下操场边是教室，考场就在那几排教室里。我走到坡下最后一节台阶上，就站着不动了，因为发现所有的教室都一片漆黑，操场上也空无一人，只有旁边的一个路灯，浅黄色灯光孤零零地照在那里。几十年过去了，这个画面至今还深深印在我的脑海中。我站在那儿，大声喊了几次："有人吗？"没任何回应。当时，我就站在那里冥思苦想：他们都到哪儿去考试了呢？百思不得其解。就这样，大概在那盏淡黄色的灯光下，站了约莫十分钟，然后昏昏沉沉地走回宿舍，倒下又睡着了。早上起床时，当晚那些个没睡着的同学都笑话我："大头，你昨晚上哪儿去了？"奇怪的是，直到现在，这些情节在我脑子里还印得清清楚楚。

9 号上午是考物理。非常糟糕的是，我脑子里像有一团糨糊蒙着，连题目都看不懂！在未知与已知条件之间，根本建立不起逻辑关系，头脑完全是蒙的。考完之后，再对试卷，天哪！那些做不出来的考题，平时都是复习过了的，都会做！待到下午考俄语的时候，脑子又开始恢复正常了，很顺利。因为物理考得特别糟，后来听老师说，只考了 40 多分，总分被拉了下来，物理还不及格，自然无缘北大地球物理系，被第二志愿录取，此生就和化学结缘了。

聪：还真有意思，听来有点神奇。那时候的录取通知书是什么样子的？收到录取通知书的时候，您父亲是什么心情？

郭：高考之后，我就回到了学院村家里（那时更名为丰胜大队），天天做农活，帮父亲挣工分。有些同学常到学校里打听什么时候发榜，我一次也没去过。一是不太关心，本来就无所谓，而且又没考好；二是到县城太远，懒得跑，顺其自然吧。大概到了 8 月中上旬的一个下午，我和父亲正在家门口的稻场上干活，我们大队的会计来了，把一个信封交给我父亲，高兴地说："恭喜国明，传考上了！""传"就是我，村子里的人，无论大人、小孩，到现在还是这样叫我。看得出来，我父亲那一刻也有点高兴，他不识字，顺手就把通知书递给我，叫我念一下。那时候的通知书不像现在的这么豪华精美，只有一个大一点的信封，里面装着两张 A4 大小的纸，一张纸用红字印的，是录取通知书，写着"珞珈山东湖水，欢迎你！"

之类的喜庆话，另一张上印着入学要准备的各种事项。这时候，旁边聚拢看热闹的人越来越多，都高兴地对我父亲说："恭喜啊，国明！我们村里也有大学生啦！""传是我们学院村的第一个大学生呢！不容易！"我父亲苦笑着说："唉，好是好啊！可是拿么事去读呢①？"

---

① 指"可是拿什么去读呢？"，就是没钱供孩子上学的意思。

第 三 章

求学珞珈

一、珞珈印象

郭：收到通知书后，家里就想办法筹钱，因为去武汉要交通费，上学还要生活费。我记得从大队借了点钱，我舅舅等亲戚们送礼，最多的两元，少的几角，家里还卖了一头猪，七拼八凑地总共大概筹了 30 多块钱。那可是一大笔"款子"，之前我从没见过那么多钱。

聪：是您父亲送您去武汉的吗？

郭：不是，是我伯父送我去的。伯父稍认得一些字，大概知道怎么走，所以他主动提出要送我去武汉。伯父和我父亲虽然分了家，但他们兄弟两人因为从小就跟着奶奶一起吃苦受累，所以一直很亲，对我也很好。我和伯父先走到县城，去了趟学校，第二天又走 30 多里路，到长江边的兰溪镇码头，买了两张傍晚去汉口的轮船票，坐了整整一个晚上，第二天上午到达汉口的王家巷码头。之后转乘公交车到武昌珞珈山，校门口有新生接待站，那里的工作人员热情地把我安排在黄字斋宿舍。

把被褥和书包放在宿舍后，伯父和我就在老图书馆附近逛了逛，看着后面的东湖水，前面的珞珈山，水阔山秀，秋色烂漫，只觉得武大校园实在是太美了。走累了，我们俩就在老斋舍平台的边上坐下休息一会儿。伯父说他第二天一早就要回家去了，要把带在他身上的钱交给我。一掏裤兜，他大惊失色，半天没说出话，只急急地乱翻身上的每个口袋，眼泪都要出来了，不住地说："钱呢？钱呢？"在来的路上，他怕我把钱弄丢了，只让我带 5 元钱，大部分由他带着，就放在衬衣上面的口袋里，估计是在公交车上被人偷了。他知道钱来得不易，所以特别难受，不断地自责。

伯父第二天就回去了，但我第一个月的饭钱就成了问题。没办法，只得告诉辅导员，他先给了我一个月的餐票，说不久后就要评助学金，让我放心，先安心学习，我非常感激！后来，根据我家的经济情况，我评上了乙等助学金，每月 11.5 元，正好是每个月的伙食费。

王：当时最高的助学金是多少？

郭：甲等，每月 13.5 元，就是说每个月还给 2 元零用钱。拿甲等助学金的同学极少。我的零用钱得靠家里，主要是买肥皂、牙膏、笔记本等，我每半年一般从家里带 8 元钱，这 8 元钱也是父母靠东拼西借、卖菜卖粮凑起来的。那时，我也没有特别觉得钱不够花，只有周末看电影的时候，才有点缺钱的感觉。当时，武大每个周六晚上，都在小操场放一两部电影，露天的，票价很便宜，一毛五分钱买一联 4 张票，印在一块小纸上，可看一个月（4 个周末）的电影。有时没钱买电影票，又有好电影想看怎么办？我后来发现了一个小窍门。王老师也是武大毕业的，所以你知道，武大的小操场在珞珈山和狮子山这两座小山中间的谷地上，位势较低，周边围墙外边的山坡上种有很多树。有一次，我发现有同学坐在后山坡的树杈上看电影，正对着舞台银幕，看得还比较清楚，不用买票，我就心想，真是太好了，爬树是我的长项，我从小上山打柴、放牛，早就练有上树的本事。虽然那时都是很小的屏幕，但我视力不错，所以不少好的电影，如《早春二月》等，就是趴在树杈上欣赏到的（笑）。

图 3.1　1963 年大学二年级摄于武汉长江大桥

王：您对珞珈山的第一印象怎么样？

郭：十分地美！现在的珞珈山，盖了太多的房子，显得有些拥挤而杂乱。当时不是的，建筑不太多，翠绿色的山林中，各种风格的建筑错落有致，点缀其中。特别是樱花时节，从我们老斋舍窗口向外望去，樱花犹如一片片粉红的淡云，漂浮在山间。站在琉璃瓦屋顶的老图书馆上，遥看壮美的东湖，如痴似醉，心旷神怡。我们化学系上课的理学院，外观别致典雅，内部的阶梯教室又大又亮，让我这个从农村来的学生大开眼界。在刚开学的那段时间，我心里总涌动着一种兴奋之感，夹带着暗暗的欣喜与庆幸。毕业离校以后，我也回去过几次。只要到武汉分院出差，住的宾馆离武大不远，我就一个人或早晨或晚上溜到珞珈山去，寻踪访迹，沉浸于回忆之中，非常享受。2013 年，我们化学系 62 级同学返校聚会，印了一本纪念册，我也填词一首，回忆在珞珈山的难忘岁月。

南乡子·人生悟

能不忆珞珈？人有几段好年华？！樱桂留香青春驻，如画！人生玄黄①由此发。

岁月如漏沙，半纪风云走天涯。回首湖山依旧是②，呵哈！惠风朗月伴清茶。

聪：您的大学生活就这样开始了。

郭：我记得，刚刚入学不久，李达校长就和我们那一届的新生见面了。他的讲话至今我还记得一些。他说，我们这批新生是他最看重的一届，因为都是经过严格考试，凭硬分数进来的，希望将来能出若干学问大家。那时大家的学习热情很高。我们住在黄字斋宿舍，离图书馆近，每天早上六点钟左右，我们就到了图书馆门口，等大门一开，同学们就冲进去，把书包放在桌子上，表示这个位置有主了。虽然宿舍和理学院的教室都可以看书，但是，宿舍比较拥挤，理学院的教室只有椅子和能够翻上来的小桌板。只有在图书馆里学习最舒服，虽然人多，但特别安静，氛围特别好，所以位子总是十分抢手。我们住的地方离图书馆近，"近水楼台先得月"，我们的座位占有率相当不错。

图 3.2　1964 年 6752 班同学合影（后排右二为郭传杰）

聪：您这一届有多少人？您的同学里有家庭成分不好的吗？

郭：我们 1962 年入学的这一届，化学系有 5 个班，共 150 人。因为这届学生主要看成绩，政治因素考虑得少，因此，家庭成分不好的同学还不算少。据说，有一位同学的家庭成分相当复杂，若在其他年份，她上大学是不可能的。因为那

---

① 1962 年入学时恰好住在黄字斋宿舍。

② 古人云人生有三境：少儿时代，看山是山，看水是水；青壮时期，看山不是山，看水不是水；老年时，看山还是山，看水还是水。

一年处于经济困难时期，因此阶级斗争的政治气氛也相对淡薄一些。比如，系里就给年级文体委员部署了扫"舞盲"的任务，要求所有学生两年内都得学会交谊舞。我们农村学生以前从来没见过，刚开始不敢学，但也得先站在旁边看，有的人还慢慢上瘾了。不过，时隔不久，到了1963年下半年，形势发生了变化，逐渐不让跳了。因此，直到大学毕业以后，我依然是"舞盲"一个（笑）。

聪：您对学校的食宿有什么感觉吗？

郭：当时我们是5个人一个宿舍，因为那一届招生少，相对来说宿舍还稍微宽松一点。我们住黄字斋宿舍，房间不大，但条件不错。分宿舍的时候，还有个有趣的事儿。有个男同学叫罗进香，广东人。他在我们男生宿舍里就是找不到自己的床位，辅导员也帮他找，还是没找到。巧的是，女生宿舍有个罗进香的床铺，一直空着。原来，是分宿舍的总务人员错把罗进香当成了女生，以至于弄成笑话。几十年过去了，大家见面，还要说说这件事。不过，"文革"一开始，他就把名字改成了"罗震"，不再"男扮女装"了（笑）。

那时学校的生活虽然艰苦，但比我们农村家里还是要好些，至少餐餐有饭有菜。我记得，大概从1963年开始，食堂开始配粗粮。我第一次看到那黄灿灿的窝窝头，兴奋极了，一口塞到嘴里，哪知道根本咽不下去，老噎在喉咙口。但是北方来的同学就很喜欢，觉得吃起来比大米饭带劲，我就用粗粮票换他们的大米票，各美其美。

聪：您具体学哪个专业？

郭：那时是五年学制。前四年不分专业，只学基础课。那几年，我们的班级调整过好几次。1962年开始时是男女同学混合编班，1964年改为男女分班。到五年级时按专业分班，我报的元素有机专业，编号为"6751班"。还有无机化学、分析化学、有机化学、物理化学，每个专业一个班。我们元素有机专业的老师有曾昭抡、卓仁禧这些知名学部委员（院士），后来闻名全国的著名大学校长刘道玉，当时就是这个专业的老师。

二、糟糕的肝炎

王：您在大学期间的学习、生活应该挺顺吧？

郭：怎么说呢，既顺又不顺。开学不到两个月，我同宿舍住我上铺的广州同学冯健仁就上吐下泻、发烧，后来确诊为急性黄疸型肝炎，住进了校医院。又过了一个星期，就是开学后的第九周，我也出现了同样症状，去校医院看大夫，立马就被留下送到东湖边的铁道（部）疗养院住院了，和小冯同学难兄难弟，又住在了一起。当时，急性黄疸型肝炎传染性很强。那个年代人们的营养水平普遍不高，所以患肝炎的人很多，就像现在营养水平高了，患糖尿病和高血压的人多，是类似的现象。

与糖尿病不同，当年治肝炎要特别加强营养。我们同病房三个人，小冯、我，还有一个是物理系的青年教师。其中，小冯家境比较好，父亲是中山大学的教授，两个哥哥都大学毕业了，他本来就较胖，外号"肥仔"，生病之后，医院的营养本来就不错，家里又不断给他寄奶粉、红糖、肉松之类的好吃的，他吃不完，找我们俩"帮忙"，我们就跟着沾了不少光。结果，我住院45天，打针又吃药，休息加营养，抽血一查，黄疸、GPT（谷丙转氨酶）等各项指标都正常了，可以马上出院。

按照学校的规定，45天没上课就必须休学。我因住院请假的时间加起来超过了45天，系办公室要下通知让我休学一年。我一听就急了，家里还等着我早点毕业挣工资呢！我马上去找辅导员方佑龄老师，他知道一些我家的经济状况，也感到很为难。反复问我，一个多月没上课，你怎么能赶得上大家的课程进度？经我反复保证后，他答应帮我向系里反映，最终系里破例批准了我不休学的请求。可怜小冯比我早住院几天，又比我晚几天出院，大大超过了45天的期限，不得不休学，因此比我晚了一年毕业。

聪：那您赶功课的时候是不是很辛苦？

郭：那当然。一个学期只有4个多月，我一个半月没上课，要想不掉队，的确追得有点苦。不过结果还可以，功课都算赶上了，期末考试没有一门挂科的。但是，刚刚治好的肝炎，到了第二年，复发了，好在过了传染期。就这样，在整个大学6年期间，我的肝炎指标时高时低，身体一直时好时坏，健康状况欠佳。

为了锻炼身体，我在大学里学会了太极拳和游泳。因为个儿矮，体育一直是我的弱项。初中的时候，全国学习苏联"劳卫制"，学生必须达标。但我就是过不了关，扔铅球、手榴弹，要力气，不行；打篮球、排球，要个头，没人愿意陪我玩。达标考试的时候，体育老师使劲拽着我跑完100米，蹲下来让我踩着他的肩膀爬竹竿，就算这样，最低一级的"少年劳卫制"也没通过，而当时有的同学已拿到了"少年健将"的证书。

上大学初期，正值国家三年困难时期，各个学校鼓励大家练太极拳，增强体质，有利健康。大多数同学都喜欢球类运动，对太极拳这种慢慢腾腾的活动没什么兴趣。我正好相反，趁着那段时间倒是把太极拳学会了。

到了大四的时候，又去东湖里学会了游泳。虽然速度不快，但是耐力还不错，在水里泡一两个小时没问题。1966年7月16日，毛主席横渡长江引发了全民游泳的热潮。后来，武汉组织万人横渡长江，我也报名参加了。作为民兵，我应该背着步枪游。当我游了小半程时，旁边小船上负责救护的同志看我实在游不动了，就帮忙拿走了长枪，这样，我终于也算横渡成功。这大概是我生平在体育方面最辉煌的一次记录（笑）。

三、随州"四清运动"①

王：1964年的时候，刘少奇与王光美在河北省桃园大队开展"四清运动"，总结了桃园经验，并开始在全国推广。您当时是否参加了"四清运动"？

郭：参加了。1965年，当时我们已经是大学四年级了，湖北跟全国一样，省委从机关、大学里派"四清运动"工作队下乡，大学生都得去。我们年级被派到了湖北随州②，时间先定半年（实际只有4个多月），名义上叫"省直工作队"。在农村搞"四清运动"的时候，有同吃、同住、同劳动的"三同"严格要求。而且必须是到村里最苦、最困难的人家里住。吃饭是在全村里轮流派，安排到哪家就去哪家吃。白天和村民同劳动，晚上开会、查账、找人谈话，等等。对我来说，"三同"并没有什么特别的难处，因为我就是在农村长大的，习惯农村的生活。而且随州是平原地区，比我老家浠水条件还好一点。我当时最喜欢吃那里的白米饭、红薯和菠菜，所以那段时间我身体状况相当好。对一些在城市出生的同学来讲，那段生活还是相当艰辛的。

当时的"四清运动"还有一个比较"左"的政策，就是鼓励我们在大队和公社的领导班子里抓出"坏蛋"，就是"四不清"干部。如果一个大队查了一两个月，一个"坏蛋"也没抓出来，就是没有"成绩"，达不到要求，带队的老师及班干部要挨批评。我们厉山二大队带队的是龚老师，她教我们化工课，人很和善。有些工作组为了完成指标，把一些小事情上纲上线，比如，有的大队干部和会计多吃多占一点，或账目不清，或有生活作风问题等，统一定性为"严重四不清"，被当"大鱼"抓出来批斗。我记得最后的总结阶段，我们那个组工作成绩一般般，不是最落后的，但在中等偏后。

"四清运动"对我最大的影响，就是我主动写了入党申请书。在高中毕业前不久，班主任动员我写入团申请书，写后没几天就批准入团了，但那时候，其实自己对政治没啥感觉，也没什么要求。在"四清运动"期间，作为生于农村、长于农村，与农村有着天然情结，希望农村天天变好、农民年年变富的我，天天与农民"三同"，耳闻目睹着农村的问题、变化与进步，思想上发生了不小的改变。在大学那几年，我常常钻图书馆，看了不少国内外的名篇小说，期望公平正义，喜欢独立思考，所以，那段时间心中常涌动着一股激情。"四清运动"结束回校之后，我认真写下了生平第一份入党申请书，这是我经过思考后，完全是自己主动写的。写后交出不久，第二年就开始了史无前例的"文革"。

---

① 1963年至1966年5月在部分农村和少数城市工矿企业、学校等单位开展的一次清政治、清经济、清组织、清思想的运动。

② 当时名为随县。

再写入党申请书已经是在化学所工作期间了，距离上一次已经过了十多年。一天，我们五室的老书记找我谈话，他开门见山地说："档案里边有一件你十几年前写的入党申请书，你准备收回吗？"我一愣，问他是什么意思，他这时不再那么严肃了，面带笑容地说："一般同志写过入党申请书之后，总要向组织写写思想汇报，过几年还要再写一份入党申请书。可是十几年了，再也没见你写一个字，既没思想汇报材料，也没入党申请书。是把这件事忘了还是想把以前写的收回去？""没忘，也没打算收回。"我也笑着回答。他告诉我："你条件不错，研究室里的同事们对你印象也挺好。再写份申请吧！"于是，按他的要求，我认真写了一份入党申请书，真实地写出了自己"文革"以来十几年的心路历程。几个月后，在两位我真诚敬佩的本室同事方一非和方世璧同志介绍下，我顺利地加入了党组织。

四、我当红卫兵

聪："四清运动"之后不久，"文革"就开始了。您当时在学校受到过比较大的影响吗？

郭：没有。"文革"刚开始，由学校出面组建了红卫兵组织。个人申请，组织批准，分批加入，当时要求还是相当严格的。因为我家庭出身下中农，个人表现也还可以，所以加入得还比较早，但不记得是第一批还是第二批。那些家庭出身差的，譬如地主、富农，或父亲曾经被划为"右派"的，一般不易获批，即使获得批准，也是在较晚一些的时候。

王：当时学校中是否已经有了不同的红卫兵组织？

郭：开始的时候只有官方组织的红卫兵，也就是后来被造反派称呼的"三字兵""老保"。带上专门制作的红袖章，颇有点神圣、自豪和新鲜感。直到1966年7月北京的造反派学生来武汉串联"点火"之后，红卫兵队伍才开始分化，根据个人的造反倾向，分成不同派别，出现了许多不同的红卫兵组织。武汉地区，大专院校的红卫兵主要分成三大派别：偏保守的红卫兵（简称红一司）、造反派的"毛泽东思想红卫兵"（简称钢二司），以及成立较晚的中间派"三司革联"。

王：您当红卫兵时，参加过哪些活动？

郭：我记得比较清楚的一次，是"文革"刚开始时组织我们去武昌洪山附近的一个教堂"扫四旧"，具体是天主教还是基督教的教堂，我也分不清、记不得了，因为那时我对什么"教"完全没有概念，那也是我生平第一次见到教堂。走进教堂，我发现有许多东西从来没见过，领队说这些都是"封资修"，符合"四旧"的标准。我们这队红卫兵的任务是把从屋里搬出来的东西往麻袋里装，抬上卡车，然后运去什么地方，就不是我们的事了。

王：1966年全国"大串联"的时候，您参加串联了吗？

郭：参加了。1966 年国庆节期间，学校组织全体同学去北京，到天安门广场接受毛主席的检阅。你们知道，那是当年我们这些红卫兵最向往、最激动、最幸福的事情！毛主席自从 8 月 18 日接见北京红卫兵以后，又接见了多次，我们国庆节的这一批，已属于比较晚的了。去的时候，火车上非常拥挤，学生很多。我们 9 月 29 日晚上出发，第二天上午到了北京，武大的学生被安排住在永定路的第七机械工业部（简称七机部）招待所。

9 月 30 日晚上，我们接到通知要去西长安大街，按不同的学校，分块坐在大街边上，等候 10 月 1 日上午毛主席在天安门广场的接见。大家都很兴奋，也不怎么困。第二天早上，天蒙蒙亮，我们就跟着大队伍往天安门方向移动，到广场边上时，差不多快到 10 点钟了，广场上已然人头攒动，人山人海。随着向城楼方向行进，我们心情越来越激动，口中不停喊着"毛主席万岁"，很多人已是热泪盈眶了。走到金水桥附近时，大家都面向天安门城楼，按规定手拉手侧身前进，不许停步。这时，有人喊道"我看见了！"随着越来越多的同学说看见了，我也似乎隐隐约约地看到了毛主席高大的身影，他正在天安门城楼上向广场上的红卫兵们招手。我跟同学们一样，顿时情不自禁，热泪满眶，真想站住多看一会儿，但不可能，手被人拽着拉着呢，几乎有点站不住。那一刻，我们真的觉得，我们是天底下最幸福的人，因为亲眼看到了毛主席！

王：被接见后，马上就回学校了吗？没有在北京参观一下？

郭：大部队好像是 10 月 3 日一起回武汉的，但我们年级有 7 个同学选择留京晚走，我是其中之一。当时到哪里都是吃饭、住宿不要钱。我们离开永定路，决定到海淀一带去，因为那里大学多。于是，就到了北大，记得是住在未名湖边的北大老体育馆里，住了三四天。现在，每每路过那个体育馆，还会回想起那段年轻的岁月。那几天，我们天天跑北大、清华、北航（北京航空航天大学，当时名为"北京航空学院"）、人大（中国人民大学）等校园，看大字报，抄大字报，"革命"激情十足，颐和园这些景点一个也没有去玩。

离开北京前，我们商量不从京广线原路回去，打算绕一大圈，从京沪铁路走，看看全国的"革命"形势。第一站选择去青岛。那时，只凭学生证就可以上车。车厢里人头攒动，十分拥挤。一出火车站，就能看到大标语和红卫兵接待站，他们帮我们安排吃住。在青岛，是住在中国海洋大学。我们第一次看到大海，所以印象特别深刻。当然，主要的任务还是去大学等地看大字报。不过，和北京的大字报比起来，青岛的大字报整体质量差很多，我们不太看得上眼，没怎么抄录。还有件事至今难忘，就是青岛的油炸对虾，一毛钱一盘（如果是当地学生，凭学生证完全免费），香香脆脆的，真好吃，实在忘不了。

在青岛待了两天，我们就乘火车直接去了上海，红卫兵接待站安排我们一行住在上海机械学院①。到复旦大学（简称复旦）和上海交通大学校园看了看，似乎没留下什么特别深的印象。两三天之后，我们坐火车去长沙，因为想去韶山参观。在路过江西向塘站的时候，一个小男孩独自上车来，坐在我们旁边。我们怀着好奇心跟小家伙聊起来，才知道他刚 13 岁，是南京的初中生，一个人出来"串联"，出门时爸妈给的 20 元钱还留在口袋里，半个多月已在上海、杭州、南昌转了一大圈了。问他怕不怕，他小圆眼一眯，说："怕什么？！"车厢里的大人都发出了赞叹："了不得！"

我们经株洲到了长沙，第二天就怀着激动的心情去了韶山。记得从主席故居出来后，我们几个站在他家小池塘边上，戴着红卫兵的袖章，庄严地举拳宣了个誓。不过，我们当时都没有照相机，很遗憾没有留下个人照片。回长沙后，我们先去了毛主席就读过的湖南第一师范学校②。听说毛主席为强健自己的身体，曾每天在那口井边上冲凉水澡，我们也想模仿一下。当时已是 10 月中旬，又赶上阴雨天，有点凉意。不过，参访的学生们热情还是很高，有人专门负责从井里提上水来。我们几个也和大家一样，一瓢一瓢地舀水往自己身上浇。紧接着，我们去的地方是岳麓山的爱晚亭。据说毛主席当年为了锻炼自己的胆魄，常一个人在那里过夜。我们本来也想试一试，但几个人的意见没统一，就没能露宿爱晚亭，留了个小小的遗憾。第二天，我们踏上了北上的火车，7 个人一起返回了阔别半个多月的珞珈山。

图 3.3　1966 年 10 月在韶山毛泽东同志故居，左起：郭传杰、梁书俊、
罗忠旷、王景林、刘象元

---

① 1994 年 2 月 5 日，经国家教委批准，上海机械学院更名为华东工业大学；1996 年 5 月，华东工业大学与上海机械高等专科学校合并组建为上海理工大学。

② 当时叫"湖南公立第一师范学校"，现为湖南第一师范学院。

　　10 月下旬的武汉，"造反"氛围已经相当浓烈了。从 7 月份开始，北京南下武汉串联"点火"的大学生越来越多了，他们带来了一股股强烈的"造反"精神，武汉高校的红卫兵队伍也开始出现分化。学校里大大小小的不知有多少个"司令部""兵团""战斗队"等组织，一个班里就有几个战斗队。我们从长沙回校的几个同学，也成立了一个"金猴战斗队"，隶属于"毛泽东思想红卫兵"，取意于毛主席的诗句"金猴奋起千钧棒，玉宇澄清万里埃"，而且我们几个属猴的多。成立后，除了转抄过几次大字报，基本没干过什么事，没有影响，没几个月就自生自灭了。

　　到了 1967 年初，清华的杨继绳、北京邮电学院（今北京邮电大学）的黄植三来武汉，他们都是浠水一中的校友，邀我们武汉的同学去浠水的巴河镇，做一次调研，为此，自取了一个名字叫"京汉联合调查组"。调查什么呢？调查对象叫王仁舟，他原是北京外语学院（今北京外国语大学）1960 届学生，因在学校时说过反对金日成、反对国家外交政策的话，1963 年被划成"反革命"学生，开除学籍，被遣返老家浠水巴河镇劳动改造。1966 年下半年，他作为头头，成立了"巴河一司"，带领当地农民造反，不久被判刑入狱。我们十几个学生组成的调查组，就是去了解这件事的。我们先到浠水县城，找县领导和公安局了解情况，然后就去了巴河镇。巴河镇位于长江北岸，是闻一多和汤佩松先生的故乡，他们两人的老家都在望天湖边上。我们一行就以望天湖边的一个小农场为住地，在附近乡镇和农民中开展调查、了解情况。那段时间虽然不长，只有十来天，但在我们心中留下了很深刻的印象。一是我们很自觉地效仿革命前辈，白天入村调查，晚上开会讨论，写调研报告，生活很艰苦，但都以苦为乐，自认为"革命"精神很强；二是我们在那段时间里结下了一辈子的友情，至今无变。其中，还缔结了两三对姻缘，我和爱人周寿康就是其中之一（笑）。

　　我们的第一段工作是完成调研报告。报告写成后，我们将其送到县里，然后各自返回了学校。不久之后，得知县公安局要释放王仁舟，我们又去了巴河镇。记得王仁舟获释回到巴河镇的当天晚上，继绳、植三、易应文和我们几个，在湖滨的一条小渔船上与王仁舟做了几乎彻夜的长谈。那是我第一次见到王仁舟，也是第一次当面了解他的思想，那也是最后一次见到他，以后再也没与他见过面。因为刚出监狱，他脸庞比较瘦削，在湖空夜色的映照下，颇显苍白，但是仍然十分亢奋和健谈。彼时彼地，我们的谈话都是坦诚相见，单刀直入，毫无遮掩的。先是友好，继而问答，转而争辩，我们发现他的思想受无政府主义影响很深，希望绝对自由，但在行动上，他又是个颇有权欲、喜欢一呼百应的人。我个人心中，隐约感觉这是个比较危险的人物，并非志同道合之辈。因此，就在第二天，我就先回武汉了。由于他是刚出狱的造反"英雄"，当时不少人对他崇拜至极，趋之若鹜，纷纷从武汉、浠水各地投其麾下，以至于随后几个月，他领导的"巴河一司"名噪一时，还率造反队伍到武汉干出了著名的"红旗大楼"（长江日报社驻地）事件。但我从那天夜谈之后，再也没与他有过任何联系。后来的事实果如我们的判断，没多久，他又被抓入狱，并死于狱中。

五、冷眼观潮江浙行

王：您那届好像在学校待了六年，直到 1968 年才分配工作，对吧？那从 1967年春天到毕业离校这一年多，学校的情况怎么样？您和同学们主要干些什么呢？

郭：是的，在校整整六年。1967 年 1 月，学校已经被造反派夺权，原来的领导系统完全瘫痪。1967 年这一整年，只有低年级的少数造反派骨干还比较有热情，多数学生成了"逍遥派"，高年级的学生尤甚。我们年级只有一个是校革命委员会（简称革委会）成员，还在忙"革命"，其余多处在无所事事的状态，我也如此。按照当时的规定，我们大学学制五年，本该在 1967 年的夏天毕业①，但那时候，全国大学都处在"停课闹革命"状态，学校实际无人管理。同时，那段时间武汉的武斗出现了升级的情况，爆发了震惊全国的"七二〇事件"。这种情况下，大部分同学都回老家待着。由于武汉离我老家浠水不算远，那年下半年我先后回去过两三次，和父亲一起干农活。在学校的最后半年多时间里，我主要做了两件事情，一是"复课闹革命"，我们去求老师，帮我们"复课闹革命"，为我们讲课或带我们去实验室做实验；二是和同年级的杨阿鲁同学一起去江浙一带做过一次旅行。

1968 年在家过完春节后，我回到学校。学校还是那个样子，都不知道何时能毕业分配，又无所事事。3 月下旬的一天，我和阿鲁一起聊天，突然萌生了一个想法，效仿古时文人，"读万卷书，行万里路"，去游历一下祖国的名山秀水。我们还初步做了个颇有雄心的三步走规划：第一程先选择江浙东南一线，第二步去洞庭湖、湘西一带。如果时间容许，第三次出游将重走长征路。

当时，我们很为自己的这个想法感到兴奋。但是，付诸实践却不容易。因为那个时候已经过了"大串联"时期，乘车、住宿、吃饭都不免费了，怎么办？我们想了个办法，以搞"教育调研"为名，每到一个地方，先去学校，那时学校里学生都不多，住在当地学校很容易。于是，我们先去武汉大学校办公室、后去湖北省革委会办公厅，开了个"教育革命调研"的证明信，既能证明我们是好人做好事，又可能免费解决住宿问题，岂不是一举两得（笑）。

我平时本来就没什么零花钱，出发前去食堂把一个月的餐券兑换了一点钱做旅费。阿鲁说，钱的事主要由他解决。他是湖南洞口县人，出自书香之家。他姑

---

① 当时的大学多数是五年的学制。

父是早期从苏联留学归国的教授，"文革"前是我们化学系的系主任，"文革"中成了"反动学术权威"，当时在"靠边站"。因此，阿鲁的经济条件还可以。再说，那时除车旅费以外，也花不了多少钱。3月底，我们收拾了一两件换洗衣服，背上个小书包，去汉口王家巷码头，乘船沿江而下，开启了我们的远行之旅。离开武汉的时候，我们也没有订个完整的行程规划，两个人好商量，走到哪儿算哪儿。

那之前，我们都没登过庐山，所以，第一站决定上庐山。庐山下的九江，已较暖和了，但沿山路往上走，越走越冷，没遇到一个游人，山路两边还有一片片未融的积雪，更彰显了"冷清"二字的含义。我们在牯岭找了个地方住下，待了两天，仙人洞、五老峰之类的景点都去了。一天下午，到了黑龙潭口，路面很窄，我们一前一后，蹒跚而行。四周望去，偌大一片庐山，除了我们两个之外，见不到游人踪影。行至潭边，突然，一股漫山遍野的大雾向我们迅速蔓延开来，刹那间，除了乳白色的浓雾，什么也看不见了。彼时彼地，左边是无底的深潭，右边是陡峭的山崖，前面茫茫一片，后面看不见阿鲁，似乎浩浩天宇之间，唯我一个，一种孤独和惊恐的感觉强烈袭来，我不由得放声大喊："阿鲁！阿鲁！"他接着也喊我的名字。原来，我们两个相隔很近，彼此一伸手，就碰着了，一下子心里就踏实了很多。此情此景，我们不敢前行半步，只得手拉手地站在那里，静等大自然的安排。幸好，差不多十分钟以后，大雾开始逐渐消散，我们慢慢看清了彼此，看清了周边的山山水水，惊恐的心随着云开雾散而逐步轻松起来，体验了一次难忘的天然景观和心路历程。那以后，我曾多次去过庐山，每次必去走走黑龙潭，想再次体验一下那种场景，但是，再也没有遇上机会。

从庐山下来，我们乘船直抵南京，早晨到港。去南京大学（简称南大）、中山陵看过一遍后，我们傍晚来到了汤山，住在一个学校，可能是南京炮兵学校，记不太清楚了。为什么要去汤山呢？因为"文革"期间有大字报说，宋美龄在那里有专用的"牛奶-温泉"泳池，过着十分奢靡的生活，我们想去实地"批判"一下，看个究竟（笑）。结果，在那里是看到过一个，当时破破烂烂的，也不知是不是宋夫人的那个泳池。离开汤山后，第三站我们决定去镇江。为了省钱，我们在车站看到有辆运煤车，就去跟司机说，我们要去镇江，但是没钱，可否捎我们一趟？那个老师傅特别好，见我们是穷学生模样，爽快地说："好，上车吧！"于是，我们爬上煤车，一路顺利地到了镇江。下车之后，我们向司机师傅道谢，他看着我们笑了。原来，我们脸上、身上都沾了不少煤屑煤灰，成了花花脸。于是，大家都相视大笑。

那时的镇江还没有大学，我们就找了一所挺有名的中学，不记得是不是镇江一中，住了下来。学校里的人也不多，只有少数老师在校。既是以"教育调研"的名义到了人家学校，而且还免费吃住，总要有点调研的样子。稍微一深入了解，我们大吃一惊。中学生年纪小，不那么理性，一旦被鼓动起来，干起整人的恶作剧，相当触目惊心。这就不细说了。

在镇江两天，我们去看了著名的焦山、金山寺等地，然后就趁"烟花三月"下扬州了。离开扬州，接着去了苏州、上海、杭州。全是江南美景胜地，又逢春意盎然时节，一路走来，我们非常惬意。现在想来，唯一遗憾的是没留下一张照片！因为当时没带相机，我本没有相机，阿鲁可能有，但是也没有带上。

从杭州接着去了绍兴。这是我们当时最想寻访的重点之地，因为鲁迅先生的精神当年在我们心目中就是旗帜和信仰。那两天，我们去了鲁迅笔下的几乎每个去处，从百草园、三味书屋，到他看社戏的地方，从小河里的乌篷船，到卖茴香豆的街头小店，等等。也看了秋瑾故居。此外，"文革"前有部电影叫《舞台姐妹》，说的是一群旧社会艺人的故事。这部电影在武大的小操场上放映过，我是趴在树上看的。镜头很有艺术的美感，剧中有句台词我很喜欢，印象很深："干干净净地做人，认认真真地演戏。""文革"开始，这部电影就受到批判，说是宣传了"小资情调"。电影里的故事听说就发生在绍兴的柯桥镇。我们特别打听到了去柯桥的路线，专门去了那里的河边，很有兴致地沿着石板路走了一大段，因为据说那里就是这部电影的外景地。

图3.4　1993年武大百年校庆返校时与杨阿鲁（右一）留影于闻一多雕像前

在绍兴游玩后，我们还颇有雄心地准备去看舟山群岛。但是，很遗憾，没去成，因为舟山的地域特点，那里当时属于部队驻地，管控很严，但我们原来不知道这个背景情况。那一天，我们两个在买渡海船票的窗口，打听去舟山群岛如何买票，一个戴红袖章的人走到我们面前，口气严厉地问："你们干什么的？你们想去干什么？！"我们掏出了学生证，说明了情况后，他仔细打量了我们一下，态度好了一些，告诫我们："那儿是军事重地，你们还是别去的好。"我们一想，也对，当时阶级斗争抓得正紧，去了那里，要是被当成打探军情的特务就麻烦了。于是，我们就从绍兴折返杭州，到无锡、常州，再经镇江，直接乘船返回武汉了。

到了镇江，发现钱已不够两人买回武汉的船票。于是，我们就买了到九江的票，剩下的一点钱买了一袋红薯和一些馒头，这是我们在船上那段旅程的每日三餐。船行到了九江，我们没下船，直接回了武汉。到了汉口王家巷码头，我们向管理人员说明情况，把学生证押在那里，回学校借了钱后，再去补票把学生证给赎了回来。

回校之后，我们本来准备休整一下，再继续第二次出行，即去洞庭湖，看范仲淹笔下的岳阳楼，看沈从文笔下的湘西。但是，还没到出行的时候，学校就下了通知，说我们这一届要准备毕业分配了，于是，我们的旅行计划就此终止了。

王：你们两位的这段经历还挺有意思的。学校里别人这么走过吗？那个杨同学后来在哪里？干什么了？

郭：是挺有意思的，因此至今难以忘怀。我们年级当时别的人没有过类似经历。不过，要不是来了毕业分配通知，倒是有几个同学也想和我们同游洞庭湖呢。阿鲁毕业以后，遭遇十分坎坷，他已经去世多年了。

王：是吗？怎么回事？

郭：1968 年毕业分配离校之后，我和阿鲁一直没有联系过，因为我们不同班，当年离校时也没有任何毕业典礼之类的仪式，都是分散离校，也不知道谁分配到了哪里。直到十多年后，1984 年 4 月的一个星期日早晨，我家突然来了位"不速之客"，那时我家住清华园五号楼。听见敲门声，我开门一看，只见一个很疲累、憔悴的人，穿一件黄绿色的旧军大衣，站在门口。我第一眼没认出来，问他："你找谁？"他答："我是阿鲁。"我大吃一惊，简直不敢相信，面前的他与在校时的阿鲁完全判若两人！这哪像一个常看英文原版小说，会写自由体诗，文采飞扬、风度翩翩的杨阿鲁！我赶紧请他进屋，洗漱之后，倒上热茶，边吃早餐，边请他讲讲十多年来的情况。

原来，他毕业时分到了重庆的一个大制药厂，在当年这算是分到了不错的单位。不像我们，是先到农场劳动，要接受再教育。他在车间，本来业务能力很强，人很勤快，同工友们关系很好，很快在厂里颇有些威信。后来，结了婚，生了孩子，可以说是比较幸福美满的。

到了 70 年代中后期，"文革"仍迟迟不能结束，生产不能正常进行，人们的生活越来越糟，工人们在车间里经常牢骚议论，并开始与他这个大学生技术员一起议论有关"文革"的问题。在学校的时候，他给人的印象是个从不关心政治的"逍遥派"，实际上，我知道，他是个很有思想的人。在工厂里，因为他的威望，周围一些工人常常向他讨教，并说这些情况应该让毛主席知道才好。于是，他这个"不关心政治的人"，找来了一些书籍研读，结合当时社会现状进行思考，先后通过邮局给毛主席寄出了九封信，力陈革命与生产的关系，历数"文革"的各种弊端，力主早日结束"文革"，言辞甚为激烈。可以想象，在那个年代，通过邮局寄发这样内容的信件，会招致什么样的后果！很快，他就被打成了证据确凿的"现行反革命"，并说他是"反动小集团"的头头，因为他身边常聚有一群工人。他坚称，没有什么"小集团"，一切都是他一人干的。于是，他独自一人被判入狱 8 年，其间，妻子与他离婚，家破人散，自己的身体垮到了崩溃的边缘。直到粉碎"四人帮"后，他才以保外就医的名义被提前释放出来。出狱后，他孤身一人回到湖南洞口老家养病。因为家乡人了解他的学问和人品，附近中学聘他为临时老师，化学、英语、语文他都能教，抱病奉献乡梓，深受师生欢迎。改革开放之初，他任教的中学一下名声大振，他被评为模范教师，事迹多次登上省、市报刊。不久，他组建了幸福的小家，爱人小蒋是个温良纯朴的农村女青年，婚后喜添了两个十分聪慧的男孩。劫后余生，他总算品尝到了一些人生的甘美。

然而，好景不长，命运多舛。随着农村改革的推进，他总想为家乡多做点事，于是，又领头创办了校办工厂，主产化工产品。开始还顺风顺水，产品深受市场欢迎，为学校和家乡赢得了可观的经济效益和良好的社会声誉。但不久，一片澄心的他在扩大工厂产能时，遇上了坏人，上当受骗，事业再次掉入低谷。

他经多方打听，找到了我的地址，于是在那个春天来到了北京。看到他那副落魄的惨状，我心中剧痛，直呼老天爷不公！那一次，我们促膝长谈，我劝他从长计议，以身体为重，回去只搞教学，别弄工厂了。我和爱人想尽力多给他点帮助，他还再三推让。回去以后，我们一直保持着密切的联系，他后来又来过一次北京。两年后，不幸的他"屋漏偏遭连夜雨"，一个更大的打击又降临到他的头上，他那十分宝贝、聪明可爱的大儿子，在校园里突遭事故而夭亡。从此，本来就多病缠身的他，身体每况愈下，90 年代初就过早地离开了人世。我常想，如果他的人生际遇稍好一点，凭他的过人才智和纯洁人品，一定能成大器，若从事学术研究，评个教授、当选院士，当不成问题。然而，历史没有如果！不过值得欣慰的是，他的小儿子杨知，没有辜负他的厚望，也承继了他的禀赋，聪明善良，在小蒋含辛茹苦的培养下，终于考上了爸爸的母校——武汉大学，继而作为中科院培养的遥感专业博士，已经走上了工作岗位，在北京建立了幸福的小家。阿鲁泉下有知，当会欣慰安息了。

六、"复课闹革命"

王：杨同学的命运映照了那个时代的某些特征，令人扼腕。您刚才提到，找老师"复课闹革命",您还记得一些具体事情吗?

郭:"文革"伊始,正常的上课就开始不正常了,从贴大字报开始,上课就不是必须的,学生似乎可以因为去看或者抄大字报而不上课,老师们慢慢地也没有心思给学生上课了。但具体是什么时候宣布全面停课的,好像没有一个明确的时间点。1966年开始"文革"的时候,我们这一届已经大四了,所有的基础课和最基本的专业课都已学完,可以说,我们这届学生,在学业上受的影响不是太大。

到1967年上半年,除了少数比较坚定的造反派之外,大多数人对天天"闹革命"已经产生了厌倦,特别是我们这些高年级的学生。考虑到未来工作,如果专业课没有上完,参加工作就会受影响。于是,我们一些同学就去找老师们给上课。当时,老师也分两种情况,一部分老师一听说学生要上课,就非常高兴、非常积极,但也有老师的主要精力放在了其他方面,比较漠然,经常说"没空"。当时我们元素有机专业的副教授卓仁禧老师(90年代当选中科院院士)很赞同我们复课的愿望,积极给我们讲课,而且只要有人去,无论多少,他都给讲。除他之外,还有张国敏等几位老师也给我们上课或带实验。我们都想多做点实验,但在当时的情况下比较困难,仪器和试剂都不容易满足需要。我去过实验室几次,但更多的时候是听课,真正动手做实验的机会比较少。

除了找老师上课,我们还主动找一些学习材料。曾昭抡先生生前是中国元素有机化学专业的开创者,他主编了我国首套《元素有机化学》的系列教材,篇幅有200余万字,还未及正式出版,"文革"就开始了。我们把其中的部分书稿找来,对一些关键章节刻钢板,然后油印(那时候没有复印机),做成资料供班里同学们自己学习。曾昭抡先生出生于湖南湘乡曾国藩家族,是著名化学家,早年留学美国麻省理工学院(Massachusetts Institute of Technology,MIT),1948年被评为中央研究院首届院士。新中国成立后,他先后任中科院化学所所长、国家高教部副部长。1957年,他与费孝通、钱伟长等著名"六教授"因提意见被划为"大右派",1958年应李达校长之邀,赴武汉大学化学系任教,培养了一批优秀人才。但他本人却于1967年12月含冤逝世,至1981年经中央批准,为其改正错划"右派",恢复名誉。

七、武大师生情

聪:武大给您印象比较深刻的老师有哪几位?

郭:一位是张畹蕙老师,她是查全性先生的夫人。查先生是著名的电化学教授,1977年夏天,在北京饭店召开的科学和教育工作座谈会上,第一个向邓小平建议恢复高考的就是他。我们刚上大学的时候,张老师先是讲师,带我们的无机化学实验,后来做了副教授,也协助钟兴厚教授给我们讲过课。她人很爽快,对学生也很和善，但对实验操作要求却一丝不苟、极其严格。那时候，讲师就非常厉害，很有水平了，不像现在，教授遍地都是。在毕业离校之后的二十多年里，我一次也没见过她。

但碰巧的是，1991年我们在美国却意外地相逢了。那次我去纽约开会，抽空回康奈尔大学看望我的老师 F. 麦克拉斐尔特（F. Mclafferty）教授。下午到了伊萨卡（Ithaca），直接去老师家，他家在卡尤加湖（Cayuga Lake）湖滨的一片树林中，幽静而娴雅。当我快到他家时，麦克拉斐尔特教授早已站在门外的小径上等候，见我的第一句话是："传杰，你会有一个大大的惊喜！"我正要问他是什么惊喜，分别多年的张老师和查先生已站在了门口。我万万也想不到，能在美国的恩师家里遇上在国内大学时期的两位教授！后来的聊天过程中，我才知道其中的故事。原来，20世纪80年代中期，我国向世界银行申请获得了一大笔贷款，购买了一批先进的科研仪器设备，以支持重点大学发展科学教育。世界银行贷款项目一向管理严格，经费使用是否合适、有效，需要经过严格的检查。因此，世界银行从全世界邀请了六位顶尖教授专家，深入中国的相关大学一项项地检查。麦克拉斐尔特教授是美国科学院院士，应邀担任专家组组长。中国方面也请了六位教授，清华的张光斗院士任中方组长，查先生是中方专家组成员之一。他们在几个月的合作检查过程中，有友好商谈，也有过不少面红耳赤的争论。中外两个小组的学者在合作过程中建立了深厚的友情。查先生对麦克拉斐尔特的学问和人品评价极高，因此把女儿也送到了他那里读博士，学习有机质谱学。查先生夫妇这次来康奈尔大学，既是来看女儿，也是看望老朋友。那天下午，我们在麦克拉斐尔特教授家的湖滨别墅开怀畅谈，度过了一个难忘的下午，直到很晚才离开。

另一位是教我们分析化学的老师，他那时也是讲师，也姓张，叫张懋森。他是一位儒雅、有风度的典型知识分子，戴着一副金边眼镜，总是面带微笑，说话轻言细语，温文尔雅，我们从来没见他发过脾气。他讲课的思路也非常清晰，同学们都很喜欢他。当时他夫人在北大工作，他一人在武大任教，住在珞珈山南边半山腰上的一套平房里，红色的砖墙掩映在翠绿的丛林之中。我清楚记得，我们毕业离校前夕，他特地邀请了我们四五个同学去他家玩。他家布置得很典雅，大排书架的旁边有一架钢琴，书架上还斜放着两把小提琴。屋里养了不少我不认得的鲜花，门口的木支架上挂着两个鸟笼，几只小鸟欢快地欢迎着我们几个"不速之客"。此情此景，可让我这个山村出来的乡下佬见大世面了。那天，我们在他家玩了足足三个小时。"文革"之后，为解决夫妻长期两地生活问题，他和夫人同时调到了中科大。他是国内最早从分析化学转到计算化学方面的学者之一，也是全国分析化学、计算化学领域颇有影响的著名教授。我1983年从美国回国，研究领域也属于计算化学。1984年，在兰州召开的第一届全国计算化学学术报告会上，我们师生相见，为同时进入一个新兴的交叉科学领域，感到十分高兴激动。从那以后，我们彼此见面交流的机会就多了起来，一起创办过国内第一个计算化学杂志，一起筹办过在北京举办的第 8 届国际计算化学会议（8th ICCCRE）。更巧的是，2003 年我被调往中科大，又有机会和张先生在同一个单位工作。去中科大后，他是我首批看望的教授之一。他和夫人吴老师住在 60 多平方米的狭小房子里，一楼既潮又暗，这一情形使我更坚定了要解决教职工住房困难的决心。张老师2005 年因病过世，他在武大和中科大的大批学生都十分哀痛。张先生和我的师生情谊，从珞珈山到合肥的中科大校园，持续了近半个世纪，多年以后，他那谦谦君子的音容笑貌，还深深地铭刻在我的记忆中。

八、没有典礼的毕业

王：您是什么时候正式毕业的？那时还是靠组织分配吧？

郭：1968 年 6 月，我们终于被告知，即将毕业，要分配工作啦！此时，学校的管理权力由进驻的解放军毛泽东思想宣传队（简称军宣队）军宣队负责。我们的毕业分配当然是由系里的军宣队管。

聪：军宣队怎么给大家分配工作？征求同学们的意见吗？

郭：好像没怎么征求过个人的具体意见，就算征求了，肯定也是走走过场。我现在也记不清楚有没有先填报分配志愿。开完毕业分配动员会，根据用人单位的条件要求，再按学生的政治、业务表现，初步确定分配方案后，将方案发给我们看了看，如果有人有合理的不同看法，再做些微调，就定了下来。那时，有具体需求的单位并不多，大部分只是意向或待定。明确去向的有这么几种情况：一是直接去部队，全年级只有两个同学（一个去罗布泊核试验基地，一个去海军部队），政治上要绝对可靠，家里是三代老工人或者老贫农。二是去国防科学技术委员会（简称国防科委），政治和业务成绩都有所要求，但具体是去哪里，不知道。三是去化工部等部门的企业。除那两个到部队的同学外，其余全部先到军垦农场劳动锻炼，接受再教育。

聪：如果两位同学已确定了恋爱关系，毕业分配时会照顾这种关系吗（笑）？

郭：你以为像现在这样讲人性化？当时的观念跟现在可大不一样。如果去艰苦、边远的单位，两人一起去还可以；如果是好地方、好单位，那就得拆开，好处不能让你们两个全占了呀（笑）。当时我们年级有一对，就是按照这个原则，一起去了克拉玛依。

聪：您是直接分到中科院的？

郭：不是。"文革"中，中科院有部分研究所划归国防科委，化学所是其中之一。我被分配到国防科委，但具体在哪里、干什么，当时一点也不知道。直到很久以后，才慢慢得知，是到国防科委总字826部队，搞材料研究，其下辖研究机构都用部队番号，譬如京字138部队就是化学所。从武大一起分到化学所的同学，有四五个。

王：分配确定后，就离校去单位报到了吧？一点毕业典礼之类的仪式都没有吗？

郭：7月中旬，大部分同学的去向都确定了，只等待离校通知。其间，我回了趟家，看了看奶奶和父母他们。我们在大学待了六年，还没拿过工资能支持一下家里。知道终于毕业了，分配了工作，快拿到工资了，家人和朋友们都很高兴。8月上旬，接到正式通知，我们这些到国防科委的，全部到南京军区的一个军垦农场接受解放军的再教育，具体地点就是安徽当涂县的丹阳湖农场。

在珞珈山待了六年，本来盼着早点毕业，但真正到了要离开的时候，又有一股离愁油然而生。同学们离校也是三三两两、有先有后的，学校没有任何的毕业仪式，大家就这样怀着落寞之情，一个个灰溜溜地不辞而别，先后冷冷清清地离开了学习、生活六年的武大珞珈山，连一张年级、班级的同学合照也没留下！与现在毕业离校的大学生们相比，不得不说是个挺大的世纪之憾。直到50年之后，我们才以特别的方式，补回这个迟到了半个世纪的毕业典礼。

图3.5 2013年武大120年校庆时化学系67届同学回校聚会
（前排右二为郭传杰）

聪：那是怎么回事呢？

郭：我们这个年级的同学在学校的时候就相处得不错。虽然20世纪60年代离校的境况不堪回首，但自80年代以后，基本每10年都要聚一聚，多数是同回珞珈山。随着到了退休年龄，特别是互联网以及微信等软件出来后，大家彼此之间的联系更密切了。2017年正是我们这一届毕业50周年。大家酝酿全年级同学一起回到母校，自办一次当年失落了的毕业典礼。于是，金秋十月，80多位70多岁的同学齐返珞珈山，追忆青春，抚今思昔，好不热闹。时任校长窦贤康和化学与分子科学学院的领导都出席了我们的活动。大家聊以自慰，说总算补回了迟到整整半个世纪的毕业典礼。

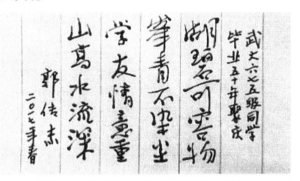

图3.6　化学系67届毕业50周年聚庆寄语（摄于2017年）

不仅如此，大家相聚的热情不减，相约第二年还要聚游北京，以纪念我们1968年的离校50周年。2018年国庆节刚过，60多位70多岁的老头和老太们从全国各地来到北京，在北京城聚游了四五天，游兴十足，非常开心。我作为在北京的东道主之一，那些天虽然很忙很累，但看到老同学们一个个开心快乐的样子，心里也蛮有喜悦感和成就感的。

我毕业后有幸到了北京，一直在北京工作生活，所以，从工作年代到退休之后，我接待过的从外地来京的同学都数不清有多少人次了。其中，还有些好玩的轶事。几年前的8月，外地来了几个同学，想去北大看看未名湖。那天，我们10个老头和老太，来到了北大的东大门。没想到，北大在暑假期间，校门口门卫管得特别严格，不让我们进，我出示事先借的化学所同事张金彪的北大校友证，也不管用。怎么办？我看到前面不远处的生命科学楼，突然想到了饶毅。我问保安："你知道饶毅吗？如果他叫我们进去，可以吗？""饶教授？当然知道！不知道校长，也知道饶教授啊！你能给他打电话？"那位保安师傅以异样的眼色瞧着我说，周边一片笑声。他们想不到我这么个普通老头也能认识大名鼎鼎的饶毅教授，其实我们从1992年起就相识了，是忘年交的老朋友。我拿起手机，拨通了饶毅的号码，他正好在生命科学楼里开会。我说明了情况，他叫我把手机给保安，说："郭老师是我的客人，请让他们进来。"保安很客气地放行了。但是，我们刚走进校门十来步，两个保安就从后面追了上来，喊我们站住。他们说："刚才只听到饶教授的声音，按规定还得看到他的证件。"我明白了，原来他们还不放心，不知道刚才接电话的是不是饶毅真人。于是我又把电话打了过去，说保安还要看证件。饶毅笑着说："是的，假期里校门管得特别严。我要不是正在四楼主持会议，就去接你们一下。这样吧，我把工号卡照相发给你，再对保安说一下。"保安再次接听他的电话，并看到了他发到我手机上的证件照片，这才十分客气地放了行。

天净沙·立秋聚游北大

今天，八月七日，立秋时刻，倪运德、程晖双双伉俪来京，邀在京同学相聚北大校园。

气爽天蓝出夏，

"一塔湖图"①如画，

同俦畅游北大。

未名虽雅，

难阻心驰珞珈。

---

① 指北大的标志性景色，"一塔"指博雅塔，"湖"指未名湖，"图"指的是北大图书馆。

第 四 章

军垦磨炼

一、丹阳湖里趣事多

王：那时候的大学毕业生都要到部队、农村去劳动锻炼。你们这一届毕业生要去接受"再教育"，有姚文元那篇《知识分子接受再教育》文章的背景吧？您劳动锻炼的丹阳湖好像也是个很有故事的地方。

郭：对，正是姚文元写了那篇文章之后，才有了"再教育"这个词的。丹阳湖位于安徽当涂县，地处马鞍山和南京之南。那里确实有故事，李白就是在那里仙逝的。传说他是在丹阳湖醉酒乘舟溺亡的，现在当涂县还建有规模不小的李白墓。

离校的时候，我行李很简单，所有的东西就放在一个小木箱里。木箱是我母亲的嫁妆，我上大学时从家里带出来的，多年来一直带在身边。1968 年 8 月，我们一行乘船先到安徽当涂县，住了一晚，第二天坐大卡车到丹阳湖。丹阳湖农场很大，有两个团的解放军在那里驻扎围垦，隶属南京军区的 20 军。全场共有 24 个学生连队，在此劳动锻炼的大学生、研究生达 3000 多人，大多毕业于国内名校，还有来自科研院所未毕业的研究生。

进农场以后，我们就开始有工资了，每月 43.5 元，两个月一起发的。在那之前，我从来没拿过那么多钱，于是，一下子就给家里寄去了 80 元。作为老大，终于可以给家里做点贡献，心里的愧疚感稍微减轻了一点。

王：当时的农场生活很艰苦吧？

郭：很艰苦。那里处于武汉和南京之间，夏天很热，冬天很冷。丹阳湖既不属于皖南也不属于皖北。我们到那里时，农村普遍住的还是茅草房，瓦房很少。村民在春、夏两季用水车提水灌溉时，都不穿裤子，只在腰间系一条土布毛巾遮羞。我们到了农场后，不仅要种田、修大堤，还要自己盖房子住。

王：连房子也要自己盖吗？

郭：解放军连队的战士给我们搭好了一个基础框架，但是没有完全建好，剩下的部分由我们自己完成。学生连队的房子统一建在大堤的内侧，堤外就是滔滔湖水，房前就是自己开挖出来的片片农田。建造营房的过程大概就是把从江西运来的大毛竹一根一根地插到田里，房顶盖上厚厚的几层草。每列房子住一个排，其中四个班各按顺序居住。床分上下两层，都是大毛竹搭建的。我属于一排四班，多数时候都是睡在上铺。

王：劳动期间也有比较凶险的事情吗？

郭：有，主要是两种情况。一个是夏天防汛。丹阳湖地势较低，每到汛期，我们都得上大堤抗洪。在一个雷雨交加之夜，靠花津镇附近的农场大堤面临溃口，形势十分危急。幸亏抢险及时，未酿成大的灾祸。从全国范围看，相比较而言，丹阳湖的情况还算比较好的。我记得在广东的牛田洋农场，也有 3000 多学生在那里劳动锻炼，在 1969 年 7 月的一次抗洪抢险中，因为洪水决口，470 多名解放军官兵以及 80 多名大学生为了堵住缺口而牺牲。

另一个风险是我们丹阳湖特有的，就是流行性出血热。这是一种怪病，当时还没有治疗方法。其传染源是湖中的一种螨虫，这种螨虫还能寄生在湖中的一种小老鼠身上，这种鼠很特别，它背上有一条小黑线，我们称其为黑线鼠。人一旦被螨虫叮咬，过了十多天的潜伏期就会突发高烧，达 39～40℃，持续多天高热不退。其间的症状与感冒极似，但如果吃了感冒药，人就马上不行了。所以每到夏天，团里都会把连队里所有的感冒药收走，以免误用。一旦发现有人发热，立马抬到团部的医院观察。闯过了高烧期，就进入少尿期，连续几天没一滴尿。接着进入多尿期，一天不喝水，也能排出一桶。最后一关是血管问题，其间会全身出血，此病也因此得名"出血热"。若有幸闯过这四关，人就能逐步自愈。但这种幸运儿很少，想闯过四关极其不易。因此每年都有几个大学生或解放军战士因此病而丧生。为了预防出血热病，我们创造了一些特别的方法——深挖沟、多养狗。

聪：多养狗？是什么意思呢？

郭：首先，营房的周边都挖 1.5 米的陡壁深沟，灌上水，田里的黑线鼠过不了这道"护城河"。其次，每到秋收，各排各班还有硬任务，必须消灭多少只黑线鼠。看到鼠洞，我们一铁锹下去，老鼠就都跑出来了。这种黑线鼠特别小，但跑得飞快，人根本反应不过来。怎么办呢？我们就养狗，让狗去抓耗子。见到田洞里跑出几只黑线鼠，狗们就飞奔过去，把黑线鼠咬死，再去追咬另一只。那场景绝对激动人心！俗话说"狗抓耗子，多管闲事"，但丹阳湖情况不同，丹阳湖的狗抓老鼠，绝对是正事，而且是它们的职责所在（笑）！我们养狗就是为了让它们去追咬老鼠。在我们丹阳湖，狗是座上宾。奇怪的是，这种病很容易传染给人，但是狗却不受影响。

聪：您在学校时患过肝炎，农场劳动又那么累，身体能吃得消吗？

郭：开始的时候，我和大家一样，在大田里干活，在大堤上挑土，冬天踩在冰上挖壕沟，夏天光着膀子割水稻。但后来，身体觉得越来越没劲，闻到肉味就恶心呕吐，肝病也越来越严重了。连队了解到这一情况之后，就照顾性地安排我去搞小生产，也就是种菜。一个连队一个食堂，吃的菜、肉、蛋等都是我们自给自足的。

聪：近两年的连队生活有什么故事吗？

郭：有故事的人和事可多了！当时，我们军的军长是林彪的嫡系，比较"左"，对知识分子的态度很不友好，把我们这些大学生都看成是"一年土，二年洋，三年不认爹和娘"的"臭老九"，必须老老实实接受劳动改造。但这 3000 多学生都毕业于名校，既然分配到了国防科委系统，用当时的话说，应该属于政治上可靠，比较"根正苗红"的，没有什么污点，没什么小辫子可抓，而且自身的反抗精神也较强，胆儿都比较大。这样一来，就出现了许多有趣的事情。

农场里除了每天要辛苦劳作之外，还要学习，学习的材料主要就是各大报纸上的文章。刚去不久，我们就学习了上海《文汇报》上的一篇文章，主要观点是，知识分子大学生（社会上时称"老九"或"臭老九"）还没有被搞臭，立论根据是当时上海的年轻女工还愿意嫁给大学生，因此"老九"是闻起来臭、吃起来香的臭豆腐，没臭彻底。用这种让人啼笑皆非的报纸文章做我们的学习材料首先就给我们留下了特别深的印象。

还一个有意思的人就是我们连的指导员，他入伍前是上海的一名高中毕业生，最擅长讲那种假大空的套话。例如，每天劳动回来之后，大家的肚子已经饿得瘪瘪的，到了食堂，看见大木桶里装着香喷喷的米饭，大家免不了争先恐后去盛饭。"抢饭"的时候，总是免不了有人不小心把饭粒掉到地上。对这种事，指导员多次在开会期间特别严肃地提出批评："这掉的是一粒饭吗？不！你们丢掉的是贫下中农的阶级感情！"有一次，连队要求我们"表忠心"，方式是让各班在塑料窗纱上绣毛主席像或毛主席诗词。白天要搞大田劳动，我们只能晚上绣。一个班绣一幅，通宵达旦地接力绣，每人绣一个小时。睡到半夜被叫起来轮班的人常常有点迷迷糊糊，绣像的时候可能会绣偏一针。那个指导员在检查时如果发现了这种情况，就会大声批评："你这绣偏的是一根普通的丝线吗？不！你这是偏离毛主席的革命路线！"如此等等。因为这成了他无限上纲的话语模式，所以，开会的时候，只要他一说到"这是……吗？"的时候，大家就不约而同地跟着高声模仿，齐声回答："不！这是……"常常弄得他十分尴尬。

王：听说当时在农场接受"再教育"时，不许谈恋爱不许结婚，是吗？

郭：是的，有规定不允许谈恋爱，更不能结婚。这方面也有好玩的故事。为了结婚的事情，6293团8连还闹出了一起"反革命事件"。该连队有个大学生（据说是清华大学的），老家在山西，他的女朋友是家乡县革委会的副主任，两人年纪都不算小了。她在县里开了结婚证明，到农场来准备结婚，但是农场不批准。全连同学们知道后，就帮他们想办法。到了星期日，有人用借口把连长和指导员"骗"出连队，全连所有人给他们筹办婚礼，买来鞭炮、红花、红纸，写上婚联贴到每个排的草门上，在一派洋洋喜气、欢歌笑语中，大家把新人推入"洞房"。有副对联写得很有意思，上联是"九三不批九爷批"，下联是"五十结婚也不迟"。"九三"暗指6293团，"九爷"指的是"臭老九"，暗指学生们自己。上联的意思是你们团领导不批结婚，我们自己批准。下联是学生们的自嘲，两个新人的年龄加起来已经超过五十岁了。傍晚，连长和指导员回到了连队，见此情景大为恼火，大发雷霆，把全连狠狠批了一通，并且连夜向上级报告，最后，把这件事定性成了破坏"再教育"的"反革命"恶性事件。

另一件事发生在我们旁边的 11 连。我们是 12 连，三个排没有一个女生，我们自己戏称为"和尚连"。隔壁的 11 连则不同，还有一个女生排。按当时的规定，所有人一律不准谈恋爱，看着这些大龄男女青年平时表现得都挺老实的，连队领导们很满意。1970 年过了新年后，我们就要离开待了近两年的丹阳湖农场，回到各自单位上班了。就在离开连队的前一天晚上，11 连公开宣布了 18 对恋爱对象，而且都是在连队劳动期间谈上的。这件事弄得首长们大跌眼镜，又非常无奈。他们说："你们这些大学生真鬼，就在我们眼皮底下居然谈出了 18 对，而我们一点也没有察觉，还以为你们都很老实！搞地下活动倒是有一套！看来，你们一点都没改造好！不过，也没办法，你们马上要回单位去，不归我们管了。"

二、湖友情深半世纪

王：当时对知识分子的政策确实够"左"的！除了劳动外，日常生活很枯燥乏味吧？

郭：那倒也不是。刚进农场的时候，小生产还没搞起来，物质生活很贫困，精神生活也很贫乏。特别是每逢星期天不加班，或者下大雨不好外出干活的时候，大家只能躺在床上侃大山，我们四班和三班 20 多人住一块，主要是来自北大、中科大、武大和少数复旦、浙大的，大家就天南海北地聊起来，倒也不愁没话题，但聊得时间多了，也没啥意思。于是，就各自找些事儿消遣。

聪：您做了些什么？

郭：一是集邮。那时没电话，更没微信，唯一的通信方式就是写信。大家都写，所以信封很多。许多人知道我在集邮，收到信后就会把信封送给我，渐渐地我还真收集了不少。不过，当时全国发行的邮票就那么几种，如毛主席语录、样板戏、学雷锋等，一共集了两大本，说不定还有"全国山河一片红"那枚宝贵的珍邮呢，记不清楚了（笑）。后来在 20 世纪 80 年代初，我女儿上小学时把邮册带到学校去玩，不知是有人特别喜欢拿走了，还是她自己弄丢了，反正再也没找着。从那以后，我就再也没集过邮票了。有趣的是，几十年后的 2010 年，中科院集邮协会换届，他们见我已经"下岗"，不再是领导了，而且早年还曾有过集邮的爱好，非要推我做了两届集邮协会会长（笑）。

二是抄古诗词。当时在军垦农场只有《毛主席语录》，没有其他书可以读。不记得是从谁那里看到了一本《唐诗三百首》和北大王力教授写的《诗词格律》，我如获至宝。那本格律我一字一字地啃，几乎都能背下来；那本唐诗我不但能背下来，还一字一句地全部手抄了下来，前些年还留存着，算是对那段生活的一个纪念。

三是学做乐器。我的音乐素质很低，不会唱也不会弹。但那时候突然心血来潮，居然想做把二胡玩玩。相关的原材料很好找，连里有废旧毛竹，随便就可以锯一节竹筒下来；田里有蛇，抓来一条打死剥皮晒干，蒙在竹筒一端，二胡的琴箱就有了；借着星期天去釜山团部的机会，剪几根马尾毛做琴弓。一把琴就完成了。做好后一拉，还真能发出声儿来，我当时挺高兴的。但在练习拉曲子的时候，别人老打击我的积极性，说："你又在杀鸡啦？行行好吧，我们耳朵起茧子了！"（笑）这把土二胡是我的劳动成果，颇有纪念价值，离开丹阳湖时，我也带到北京来了。

四是学会了理发。当时理发很贵，每次要一两毛钱。我就积极地向有这个手艺的同学学习，学得还不错。从那时算起来，我做业余理发师已经整整50年了，是个真正的老师傅了。说来你们可能难以置信，我这一辈子去理发店理发大体上不会超过10次！

聪：真的吗？怎么可能！

郭：是真的。小时候在农村，有理发师挑着担子串村串户给我们剃头，农村没有理发店。上大学、参加工作后，包括80年代初期在国外，都是和同学、朋友们相互理发，真的极少去理发店。

现在回头来看，丹阳湖农场那段生活虽然艰苦，但是苦中有乐、苦中有情，可以说是我们这批人青春与生命的重要组成部分，在那一两年里结下的"湖友"情谊一直持续了半个世纪，直至今天，还将继续延续下去。

图4.1　50多年来"湖友"们一直坚持相互理发（右起：张金彪、戴道荣、郭传杰、方世璧、刘树全。史维明摄）

聪：能介绍得具体一点吗？

郭：我们当时都是刚出校门的大学生，都比较单纯，背景相似，年龄相仿，都未成家。整天吃、睡、劳动都在一起，相处时间一长，对彼此间较深层次的东西，如思想、人品、价值观念等，都有所了解，彼此的共同语言和信任感就逐渐多起来了。特别是在那个"阶级斗争为纲"的特殊年代，共同语言和信任感这些都是十分珍稀、宝贵的东西！后来，丹阳湖的部分"战友"又一起来到了化学所（当时叫京字 138 部队），包括北大、清华、中科大、南大、武大的（学生）等等，我的入党介绍人方世璧就是其中之一。50 多年来，我们每个月都要聚一次，互相理发。方世璧和我担任理发师，水平还比较高呢，特别是老方，水平相当专业，比我强很多。现在我们自己理发当然不是为了省点理发钱，而是把它当作一种联系机制。你们想啊，男士每个月至少得理一次发吧，这是一种生理和生活的基本需求，因此我们每个月就必须聚会一次。如果没有这种生理机制的保证，各自一忙起来，聚会就难以坚持。这么多年来，我们这些人即使因为某个观点的不同而争吵得面红耳赤，也丝毫不影响情谊；在一块静静地坐着，即使 20 分钟不说一句话，也不觉得尴尬。我们这些人的家庭，夫人、孩子们也都成了朋友。有一个时期，每逢大年初二，我们就轮着聚到某一家去，孩子们过家家，夫人们聊天包饺子，男士们打桥牌，玩得通宵达旦，连续十多个小时不累不困。2008 年，我在中科大即将结束使命返回北京之前，还特别邀请他们到合肥一游。我们一行十几人驱车皖南，回到了阔别近 40 年的丹阳湖农场！虽然时过境迁，物是人非，变化巨大，但再次看到那大堤、湖水、农田，睹物思人，回忆当年在农场劳动的青春岁月，老头和老太们都激动不已。现在还驻扎在农场的解放军官兵看见我们这群老头老太回访丹阳湖，也很感动，很高兴，诚恳地邀请我们在釜山团部共进了一次丰美的午餐，又增添了对丹阳湖的一道新记忆。

图 4.2　2006 年"湖友"重返丹阳湖农场在釜山留影
（后排右五为郭传杰，右六为军垦团长）

三、难忘釜山牵手情

聪：看来农场劳动虽然很艰辛，但也很有趣。还有什么难忘的事儿没有？

郭：还真有（笑）。我和我老伴周寿康当年在丹阳湖牵手的一幕，还像昨天一样，清晰地印在脑海里。我们是同乡，都是浠水一中毕业的，她晚我三届，高中毕业后考上的是华中师范大学物理专业。毕业前，我们就确定了朋友关系。她毕业后，先到湖北沉湖农场劳动锻炼。

我在丹阳湖劳动的第二年秋天，她专门从武汉来到丹阳湖看我。前面说过，在农场接受"再教育"期间，按规定是不准许谈恋爱的。她的到来给我们连的同学们带来了些许好奇与兴奋，虽然我嘴上说她是我"同学"，但大家都明白是怎么回事儿。我向连队首长如实汇报后，安排她住在连队的一个招待间，住了两天半，其中正好有个星期日，我们休息。农场的旁边有一座有草无树的小山，名叫釜山。山不高，其形如倒扣的大锅，因此得名。我们的团部就在釜山之麓，所以在当地颇有点名气。星期日下午，我们两个来到山脚，牵手慢慢登上釜山，在山顶的一块平石上坐下。仲秋季节，蓝天白云，暖风徐来，秋高气爽，山下是一片金色的稻浪，大堤外的远处是茫茫的湖波涟漪。按古时的地理，这一带正是故事颇多的吴越之地。说不清是年青恋人的心境，还是彼时彼地的外景，情景交融，让我们感到有点如醉如痴，总有说不完的话语，讨论不完的问题，直到太阳的余晖在湖水中慢慢消散，我们才手牵手回到连队。当晚，我思绪难平，一气呵成填了一词《沁园春》。第二天送她去南京的途中给了她，她也觉得较准确地表达了她的感觉。这首《沁园春》我们一直珍藏着，它是我们年轻岁月的见证。

沁园春·釜山眺远①

青春作伴，大步凌霄，共浴秋风。

怀峣峣太白，薛津饮恨②；娇娇仙子，丹阳情钟③。

千帆去矣，湖波稻浪，人在山川画图中！

陶然醉，问吴天越地④：谁在仙宫？！

---

① 1969 年 9 月，时在皖南丹阳湖农场接受再教育。寿康从鄂来皖，牵手登上湖畔小山（釜山）。

② 传说当年李白就是在丹阳湖饮酒沉船而逝。薛津是湖旁一小镇。

③ 相传《天仙配》中的董永即家住丹阳。

④ 丹阳湖在历史上应属吴越之地。

天生疾恶平庸，好儿女岂是混世虫？

忆峥嵘岁月，历历在目；农工苦乐，耿耿于胸。

有识有胆，敢为真理舞刀丛。

路安在，又关山雾漫，仰首苍穹。

1969 年 9 月

第 五 章

科研生涯

一、化学所名称的变迁

王：农场劳动锻炼结束后，直接到了研究所是吗？

郭：1968 年 9 月到丹阳湖，劳动了近两年后，我们接到了离场通知，要求返回各自的工作单位。1970 年 1 月，工作单位派人事干部去农场接我们上班。我的单位是国防科委总字 826 部所属的京字 138 部队，即中科院化学所，地址就在北京中关村。

你们可能听得有点糊涂，怎么一会儿是什么部队，一会儿又是中科院和研究所。其实是这样的，在"文革"期间，聂荣臻负责国防科委。为了加强国防科研，他经过中央批准把中科院高技术口的一批研究所划归了国防科委系统。化学所的工作除部分基础研究外，还有为原子能、航天、潜艇材料等军事目标服务的部分，因此也被划转到了国防科委。归国防科委管理后，任务、经费和物资器材都不再由中科院负责了。所门口还有解放军站岗。研究所内部也以连排为建制，几个研究室编为一个连，我到所里后被分在四连（原四室和五室）。穿的衣服是解放军战士穿旧的黄军装，没有红领章。所以，我们自称是"土八路"。这种体制一直延续到 1973 年才完全"脱军返民"，重新回到中科院系统。也就是说，在化学所 60 多年的历史中，有几年是归国防科委管理的，我们恰好就是在此期间入所的。因此，听起来就比较绕人。

图 5.1　今日化学所

我们那批毕业生分到研究所的人不少，近 30 人。1970 年 1 月，我们一起乘火车到达北京。刚出车站，就见到了所里来接站的同志。然后，我们乘坐敞篷大卡车，迎着冬天的寒风，来到中关村，住进了化学所北边的集体宿舍——中关村 90号楼，开启了我们人生的新篇章。

那时正处于"文革"中后期，虽然研究所天天都在上班，但是工作状态和现在是不一样的，政治学习和运动很多，真正做实验、搞业务的时间少，能有 1/2 时间做科研就不错了，因为当时是"政治挂帅"。当时还有个"天天读"制度，就是每天早上 8 点上班后的第一个小时，要雷打不动地政治学习，内容是红头文件、"两报一刊"（《人民日报》、《解放军报》和《红旗》）文章以及"老三篇"（《为人民服务》、《纪念白求恩》和《愚公移山》）。当时的形式主义很严重，我举个例子，那时候搞"开放办所"，常常有社会上的企业或学校来与我们联系工作，找我们帮助解决一些实践中的难题。如果客人 8 点多就来了，对不起，先去旁边坐等一下，9 点以后才能接谈，因为我们在"天天读"，正按规定学习毛主席的《为人民服务》呢（笑）！

不过，说实在话，在当时那种大环境下，与大学、企业等单位相比，我们的科研工作秩序应该算是好的，因为毕竟有中科院的架构、中科院的底子和文化。比如我们课题组的科研氛围就很不错，组长刘汉范是北大 50 年代的毕业生，很有科学家的气质。组员四五个，有中科大、南大的，我来得最晚，当时年龄也最小。组里每个人都有任务，做实验很认真，也很忙。组里氛围很好，在讨论问题时，大家都能各抒己见，有时甚至争得面红耳赤，这都是老刘所倡导的。

我们当时主要做军工任务。任务性的科研项目怎么做？对于这一个问题，不同的人有不同的看法。有的人只管完成任务指标，可以交账就行，至于个中机制、科学道理不去过问。老刘非常反感这种做法，他常说："我们是做科学研究，不是大师傅炒菜。"做军工任务，虽然完成指标很重要，但也需要找准其中的科学问题，研究科学机制，"说出个道道"。我们都很赞同老刘的想法，并以此自律自励。这种科研理念与科学思维方法对刚入科研之门的我来说，更是受益匪浅。

聪：您刚入所的时候，研究人员之间也是以军职称呼吗？

郭：建制虽然是军队建制，但是因为京字 138 部队本来就是中科院的研究所，所以彼此之间的称谓并没有改，还是叫"老刘"或"小郭"，只有开玩笑的时候才叫某人"连长"，整体上还是中科院的文化氛围。

王：您刚工作的时候，化学所是由革委会领导的吗？

郭：刚进所的时候，似乎还是军事管制委员会，后来才是革委会领导。主任是陈本明，他也是中科院革委会的常委，是个造反派，观点比较激进，但是人品不坏，为人也比较稳重、正派。记得后来成立（化学）所党委时，所里还推选他做党委书记。但因为他曾经是比较有名的造反派，中科院没有立即批准，直到后来派人到所里调研之后才同意。化学所革委会里还有其他人，但不是喜欢揽权，就是个性太张扬，因此，群众不喜欢他们。这说明老百姓在评价人的时候，还是把人品放在第一位，至于路线、观点，往往还在其次。

1973 年以后，化学所完全回归中科院，不叫"138 部队"了，仍称化学所。

所内也不再按连、排编制，回归叫研究室，我从四连到了五室。从分配到所直至1987年调离，近二十年的时间，我除了去美国访学两年外，全都在所里，基本没离开过实验室。科研工作主要集中在两个不同领域——无机高分子和计算化学。

二、无机高分子探索

聪：无机高分子？主要是做什么呢？

郭：前面说过，我在大学里学的是元素有机专业。从元素有机到无机高分子，其实是顺理成章的，可以说我的工作与在校所学是很对口的。你们知道，现在绝大部分的高分子，如塑料、橡胶、纤维，甚至生物大分子，几乎都是有机的，即高分子的主链都是由碳元素构成的，它们在材料和生命过程中都有极为重要的价值。但是，因为是碳碳主链结构，用作结构材料时，其耐温性能都不会太高，因此在航天等特殊领域的应用比较受限。为了获得耐高温的高分子材料，人们已成功地把碳换成非金属元素硅，从而制得的有机硅高分子材料的耐温性能大大提高了。为了满足更高温度的要求，能不能把碳-碳主链结构的分子链更换成金属元素的分子链呢？我们就是做这些新型无机高分子探索研究的，目标是合成航天器返回大气层时的烧蚀材料。当时我们选择了许多不同的体系，难度很大，主要是分子量长不到足够大，加工性能不行（现在的烧蚀材料多采用碳纤维复合材料）。但是，还是获得了一些有意义的现象和负结果。

王：当时能做这些前沿性探索是很难能可贵的。当时的"大气候"是要做马上能够应用的，否则就会被扣上"脱离实际"的帽子，遭到批判。中科院在改革开放前的几十年中，总在"理论与应用""任务与学科"的大方向问题上，随政治气候摇摆不定，教训不少。

郭：当时我作为一个初级的科研人员，也能感受到你说的这些大问题，其中有两件事让我记忆深刻。一是在做锌、镁金属的膦酸配位聚合物时，发现反应过程的催化和温度等条件如果控制得好，可以制得一层透明的薄膜，能够提起来，有点像豆腐皮的感觉，在水和有机溶剂中的溶解度相差很大。虽然强度不很高，但能成膜就意味着分子量不会太低。简单测试了一下膜的光电性能，也有点意思。这个意外的发现让我感到很兴奋，很想继续深入地探究下去，琢磨一下机理，组长刘汉范也支持。但是这个膜的分子量肯定达不到作为烧蚀材料的要求，如果沿着这个方向继续研究下去，还得更换新的仪器、试剂等，当时条件也不允许，而且继续探究下去，会不会有结果，也不确定。加上又有了新任务，根本没有时间和条件继续深入地研究探索它，只能放弃，这也成了至今不能忘怀的一个小遗憾。

聪：那时的科研经费充足吗？发表论文的压力大吗？

郭：对于科研经费，我的感觉是经费不多，但压力也不太大。因为与军工科研相关，当时我们被称为"04单位"，缺什么实验仪器和试剂，到器材处领就行了。因为我当时还不是课题组组长，所以对经费问题既不关注，也没什么感觉。当时不要求写论文，写了也没地方发表，因为所有的科学期刊都停办了。

聪：当时有针对科研人员的考核吗？

郭：如果有考核的话，也是在组长层面，对一般的科研人员没有严格的考核。对于我们来说，具体的考核形式和各个研究室的组长有关。比如我们的组长刘汉范比较坚持学术报告这个形式，每个月需要报告一下自己做了什么。但是报告的重点和一般的学术报告不太一样，关注的还是是否有用的方面，毕竟当时我们的任务是探索烧蚀材料。

聪：那您是从什么时候开始发表论文的呢？

郭：发论文是粉碎"四人帮"、改革开放之后的事。"文革"结束之后，学会和科技期刊逐渐恢复，我们所在的京字138部队也重新回归中科院，中科院的文化又开始起主导作用，这时我们才开始考虑发表论文的事情。那时发论文的目的，并不是评职称，当时还没启动职称的事儿呢，写论文是为了总结做了哪些工作、有什么新的结果，既然科技期刊也陆续恢复了，那就整理一下发出来。

在组长刘汉范的提议下，我们那些年的无机高分子研究后来整理成了两篇文章，在复刊不久的《高分子通讯》上发表了。

聪：当时所有的课题组后来都发表论文了吗？

郭：不是，有的课题组就没有文章。当时是任务导向，有的组只一味地做材料，今天做得比昨天好一点就是成绩，至于原因是什么，他们并不关心，所以之后也就不可能发论文。我们组是因为组长刘汉范是一位研究型人才，即使是做任务，也能够从科学问题出发，所以才能做出在学术上有价值的工作。

关于王老师刚才问到的科研方向、任务与学科这些问题，我深有感触。我们五室以做有机硅为主，而且在国内是学界公认的开拓者，没有之一。但到了20世纪70年代，化工界的研发机构都跟上来了，一些企业也能生产硅油、硅酮、硅橡胶等产品，我们中科院的研究室还继续停留在这个领域与工业部门去竞争吗？室里曾经开展了一场大讨论，两种意见都很强烈。结果是让曹镛带几个人去大学、工业部门的研究机构做些调研再作结论。

曹镛是"文革"前夕从苏联留学回来的，年轻，学问好，为人正派，全室全所都很认同。他挑选了方世璧和我等四五个人，分两组去调研，不仅去了北京化工研究院和化工部的晨光化工研究院等，也去了大学；不仅有民口单位，也去了军口。人家一致的意见是："你们中科院应该去做基础性、长远战略性的研究，别跟我们抢饭碗。"有的研究院领导说得很坦率："做前瞻性、探索性的新方向、新课题，我们绝对不是你们的对手。但是，要做下游的事，你们做不过我们。你们一个研究室，虽然水平高，但只三五十个人，我们是研究院建制，有几百号人；做应用时，你们设备不配套，我们有小试、中试，还有关系密切的化工厂。所以，做下游的工作，你们不是我们的对手。"这些话都一针见血，非常中肯。但由于多种原因，那次调研并没有促成五室的集体转型，主要是一些年纪较长、发言权较大的研究人员不愿转向去探索新路。最后，曹镛个人转到了新的有机导电材料方向，我换到了计算化学方面。从一个研究所的局部和我们科研人员个人的经历，也能够对中科院的整体方向、战略性上的大事有所折射。

说到曹镛，我还想再补充几句，他也是我在化学所的老朋友之一，后来被华南理工大学请去了。说他学问不错，是因为他是20世纪80年代初东京大学的博士，90年代初成为中科院第一批政府特殊津贴的获得者（他自己拒领），是较早的中科院院士，是2000年因发现导电聚合物而获得诺贝尔奖的艾伦·黑格（美国）以及白川英树（日本）两人的朋友。他们两人得到诺贝尔奖委员会的通知后，都第一时间打电话给曹镛，对他在学术上的贡献表示感谢。

他这个人人品好，我仅举一例。1974年1月，我们还同在一个课题组。那天政治学习的时候，他透露了一个"阿尔巴尼亚可能出了点事"的消息。你们知道，当时阿尔巴尼亚是"社会主义的明灯"，是我们最好的"同志"加"兄弟"。于是，大家就好奇地议论猜测起来。我立刻从图书馆借来报纸，试图从新闻的字里行间找出点线索，最后大家判断可能是巴卢库出了问题，因为我国在一个月前祝贺他们的建军节时，没有提到这位国防部部长，但在以前，基本年年都提到了他。在那个年代的政治氛围下，阿国出事，那可是大事，传播阿国出事，那是政治大谣言，我们全组都知道此事的严重性，彼此都心领神会，闭口不言，再也不说这事。

可是春节之后不久，我记得我从湖北探亲刚回到所里，就得知曹镛正在因"重大政治错误"写检查。我大吃一惊，不知因为啥事！经过了解才知道，原来是这么回事：春节期间，江浙地区流传了"巴卢库出事了"的传言，阿尔巴尼亚使馆获悉后，对我国政府表示了不满。于是周总理亲自过问，下令追查这个"反动谣言"的最早源头。查来查去，竟然查到了我们小组的曹镛这里。幸好曹镛没有任何政治污点，又是科研骨干，所以只要求他"做认真深刻的检查"。我们对他讲，即使咱们真是"源头"，也不是你一个人的责任，报纸还是我去找来的呢！你别一人承担！但是，他写了三次检讨才过关，却一直坚持是他一人的责任，与任何他人无关。事实上，我们后来得知，他的消息是从他的一个老邻居那儿来的，他这位老邻居就是我们国家鼎鼎有名的大经济学家，当时还戴着"资产阶级反动学术权威"的帽子。试想，如果曹镛把责任上推下卸，这位老学者恐怕就没命了。后来我们才知道，阿尔巴尼亚的那件事并非捕风捉影，而是完完全全的事实。从这件事情上，可以印证曹镛这个人可交可信。

三、转行计算化学

王：您在化学所的另一个科研领域是计算化学。为什么选择转到这个方向呢？

郭：两个原因。一是之前提到过的健康原因。我在农场干活时，虽然身体感觉特差，但每次到团部医院化验，肝炎指标GPT（即谷丙转氨酶，正常参考值为0-40U/L）都不算高，最高一次才80。可是，1970年1月到了北京后，先要经过体检，我的GPT居然高达500还有4个"+"号，高得出奇！后来猜想，也有可能是军垦农场在极左思潮的指导下，为便于知识分子改造思想，当时故意把检测结果压低了？！否则，一两个月之内，检查结果怎么会有如此大的误差！经过一段时间的治疗，指标基本恢复正常。上班的时候，我对做实验还是挺上心、很热爱的，有时一个化学反应必须连续进行20多小时，我们小组其他几个同志，都有家，有小孩，我那时是单身汉在京，因此晚上经常抢着实验值班。做无机高分子，常常涉及一些毒性较大的有机单体，如用次膦酸盐做螯合物配位体，既有毒性，又刺鼻难闻。我们原来的实验室在大楼一层，所图书馆附近，一做有机单体合成实验，整个楼道都是臭的，有人要进图书馆，离我们很远就开始捏鼻子。不久之后，我的肝病又反复了。就这样，1970—1980年这10年，我一直在慢性迁延性肝炎的状态下工作，身体很差，特别疲乏无力，当年才20多岁的我在上楼梯的时候，必须一只手扶栏杆，另一只手拽着裤腿，不然迈不动步。见到身体好、走路快的人，我心里那个羡慕啊！好在有了这种经历后，我体悟出了一个生活哲理，许多东西当你拥有它的时候，你不觉得珍贵，只有当你失去它以后，你才能认识到它的存在价值。健康、空气、亲情、朋友，等等，不都是这样吗？所以，对看似平常的一切好的、美的东西，一定要懂得珍惜！

另一个是科学的因素。20世纪70年代末，计算化学刚在国际上兴起，中科院化学部抓住了这个苗头。大概在1977年初，中科院化学部提出在化学口的几个大所抽调些年轻人往这个新领域转。我这人本来对新的事物就比较有兴趣，对数学还较热爱，特别是考虑到在计算机上做研究，不用整天做化学合成实验，肯定有利于身体健康，所以就主动报了名，很顺利获得了批准。

聪：当时化学部是谁具体负责组建计算化学这个领域呢？主要的设想是什么？具体都涉及了哪些院里的机构呢？

郭：我记得具体工作是由化学部的郁小民处长负责。当时的设想主要是做两个方面，一是以化学领域为主体建设一个汇集全院的科学数据库；二是研制计算机辅助化学结构解析的几套软件系统和谱图库，包括红外、质谱、核磁，具体分别由中科院上海有机化学研究所、中科院化学研究所、中科院长春应用化学研究所负责研制。此外，中科院大连化学物理研究所负责色谱，中科院化工冶金研究所（简称化冶所，现更名为中科院过程工程研究所）负责化工过程方面的计算机系统。

聪：从高分子合成化学转到计算化学领域后，您的身体渐渐好起来了吗？

郭：是的！自从我爱人和女儿调来了北京，我转行到了计算化学领域之后，肝病逐步痊愈，自 20 世纪 80 年代以来，身体完全康复了。现在我七十多岁了，自我感觉比二十多岁时走路更有劲，上楼梯喜欢一步跨两个台阶。你说怪不怪？

开始转行到计算化学的时候困难很多。一方面，这是块"处女地"，没人懂，没带头人。在化学所懂计算机的人就很少，懂计算化学的更是没有。幸好我们所后来有个从多伦多大学回来的梁曦云博士（他在多伦多大学攻读有机化学与计算化学专业），他在国外用计算机较多，我一开始就向他请教，同时去中科院计算技术研究所参加培训。1983 年，从康奈尔大学访学回所后，我们组成了一个室，由梁曦云和我负责，是中科院计算化学联合开放实验室的一个主要组成部分。另一方面，缺计算机设备。化学所当时只有两台国产的"130 机"和一台进口的小型机 Digital，只能做些实验控制用，根本做不了大型的数据计算。我就去用数学研究所的 Felix-C-512 上机，这是罗马尼亚给我国"还债"的一台机器，体积庞大，机房占了几间大房子，但性能不高，用穿孔卡片输入，靠磁带输出。用 FORTRAN 语言编写一小段程序，就产生一大盒卡片。几年后，院里给我们联合实验室购置了一台 DEC 公司的 VAX-780 机，放在化冶所，计算条件才有所改善。

王：您就是在这个时期前后出国的吧？出国访学对您的科研工作影响大吗？您后来在这个领域取得了哪些成果？

郭：是的，就我个人而言，两年访问学者的收获还是很大的。这些我想放在后面专门谈一谈。

前面也提到了，中科院化学部对全院计算化学的发展有分工和统筹安排。大家知道，计算机人工智能是 1956 年提出来的，那是第一波热潮。到 20 世纪 70 年代末，专家系统研究较多，那是第二波热潮。自 AlphGo 出来后，现在正处于第三波浪潮，热得很，以深度学习算法为标志。当年，在专家系统研究方面，斯坦福大学的 DENDRAL 系统在人工智能领域很有代表性，名气很大，那个系统就是针对有机质谱做结构解析的。我们当时确定的策略是两步走，先面向应用，研制一个人机友好、可多种方式检索的大型有机质谱数据库；第二步，在此基础上，针对某些结构特别复杂、应用价值高的专类有机物，如生物大分子、重要农药等，利用特定算法研制计算机专家系统。两步研究都取得了一定成果，分别获得了中科院的重大科研成果奖一等奖和二等奖，第一项（成果）也填补了国内空白，在国内外发了几篇文章。此外，在量子化学、分子力学与化学结构模型化等领域，也带研究生开展了一些工作。

计算化学是 20 世纪 70 年代才发展起来的新学科，至今已产生了三次诺贝尔化学奖。在这一领域，我前后做了十来年的工作，有一些感悟。开拓新的领域，的确很苦，没人指导，没有积累，也缺乏条件支持，都得自己学，自己干，自己创造工作条件。但是，也有一个好处，特别是对于年轻人来说，能够得到很好的锻炼，也容易脱颖而出。

聪：当时中科院做计算化学的研究人员都分布在不同的研究所里，要怎么相互交流呢？

郭：中科院化学部在这方面的管理工作做得不错。前面说到的那位郁小民处长就很有组织能力，她有时会组织一些交流会，让分布在不同研究所的研究人员相互沟通。除此之外，在 1984 年，周光召提出了创办开放实验室的思路，计算化学领域在第二批成立了一个联合开放实验室，由前面说到的几个所跨地区联合组成，我也承担了副主任的工作。联合开放实验室不仅加强了各个课题组的交流合作，还共同创办了中国计算化学领域的第一份杂志。这些方式将计算化学领域各个研究团队组织到了一起。

聪：在 20 世纪 80 年代初，计算化学领域还召开了一系列会议是吗？

郭：对，1984 年，在兰州召开了第一届全国计算化学学术报告会，1987 年在北京举办了第 8 届国际计算化学会议（8th ICCCRE）。

王：当时在中国举办国际学术会议还是比较少见的吧？

郭：对，那个年代刚开放不久，国内举办的国际学术会议确实比较少。我们那次会议由中国化学会牵头，组建了学术委员会和组织委员会负责筹备工作。我作为这个领域比较年轻的学术带头人之一，也参与了会议筹备工作。不过计算化学当时在国际上也还是一个刚刚兴起的学科，所以这次学术会议的规模并不很大，中外代表加起来也只有 200 多人。

聪：您从事计算化学研究的经费是从哪里申请的呢？

郭：在 1985 年科技体制改革之前，大家对经费没有什么概念，基本都是从中科院化学部直接划拨的。科技体制改革之后，科研事业费开始减少，但是花钱的方面变得越来越多，物价也普遍上涨，慢慢地钱就成为越来越重要的方面了。在实行竞争性经费制度之后，除中科院的专项经费外，我还拿到过国家自然科学基金的项目资助。顺便说一句，当时，我也是国家自然科学基金在计算化学领域的评审专家。调去院里做管理工作后，我就主动申请退出自然科学基金的评审专家库，并主动放弃了研究生的招生名额，因为这个领域发展变化很快，管理工作又需要投入大量的时间和精力，如果不能留在研究一线，不能时刻跟上研究的进展，就可能误人子弟了。直到现在我仍然认为，如果确定了做管理工作，为了在管理和决策工作中能够保持公正，最好不要再搞"自留地"，这也是国际学术界的惯例。

聪：您是什么时候评上副研究员的呢？

郭：1986 年，也是化学所正式评职称的第一年。科学界已经那么多年没评过职称了，可以想见竞争多么激烈，光我们 67 届那一批进化学所的就有 30 多人，还有前面那么多年进所的科研人员。我记得比我们早一年进所（66 届）的那批一个也没晋升成副研究员，我们这届居然评上了两人，就是方世璧（他 1979 年赴日本留学，20 世纪 80 年代初就在日本获得了博士学位，研究成果不少）和我。现在回想起来，如果不是在一个很新的研究领域，要想取得这些成绩是很难的。因此，我觉得还是应该鼓励青年科研人员敢闯新路子、敢碰新领域，虽然艰苦一些，但对个人的锻炼也大一些，机遇也相对多一点。

四、跟林一先生学英语

聪：您那个年代，大学多是学俄语的吧？您去美国前，英语是怎么学的呢？

郭：我们这些 20 世纪 60 年代的大学生，学的外语 80% 都是俄语。我在高中和大学时期，都是学俄语，学过八九年。当时水平还不算低，可以顺畅地看高尔基的作品呢，现在早就忘光了（笑）！从军垦农场来到研究所，走进图书馆和资料室的时候才发现，新的俄语文献很少（当时正对苏联开展"反修斗争"），50% 以上的文献都是英语的，还有日语和德语的化学文献。怎么办？只有自学。通过自学，我慢慢能看英语文献，日语的科技文献也能连蒙带猜地看一些。但是，要说英语口语，就没门了。

我英语口语起步较晚，是在粉碎"四人帮"之后才开始的，而且得特别感谢两个人。

一位是我们五室的老主任林一先生。他 20 世纪 50 年代初从美国留学归国，"文革"中"理所当然"地被打成了"反动学术权威"和"美国特务"。"文革"后期虽然从"牛棚"解放出来，但还没安排工作，可是他每天都来上班。不久之后，他问我们想不想利用晚上的时间学学英语口语，每周一次。统计下来，全所愿意跟他学的人并不太多，因为只能晚上教，白天得上班做实验。当时我爱人还没调到北京来，我独身一个，虽然有慢性肝炎未愈，但每周就一个晚上，也不太累，因此很愿意跟他学。开始的时候，全所有 20 多人参加，但几年下来，能够一直坚持下来的仅 10 来个人。林先生十分认真，无论晴天下雨、寒冬暑热，每周六的晚上（那时 1 周工作 6 天），他总是第一个到上课地点，带着他亲自编写的讲义，以及从化学期刊里精心挑选的文章。当时没有复印机，林一先生都是自刻钢板，自己油印，免费给我们人手一份讲义。教的方式方法也很特殊，从化学专业名词开始，讲单词、解语法、教语音、带着念、开口说，使我们这些英文功底很薄的人不仅能较快地查阅科学文献，还能学着说几句，极大地增强了我们的自信心。林先生那时已年近花甲了，他不仅没有劳务报酬，而且还得倒贴知识、金钱和精力，但却不辞辛劳、心甘情愿地培养我们，每每想起这些，就让人敬佩不已！

另一个应该感谢的人叫王维通，他是我的邻居。粉碎"四人帮"后，广播电台有个学习频道开始教英语 900 句，这是练习口语的好机会。可是我买不起收音机，更不用说录音机。怎么办呢？当时我爱人刚调来北京，我们住在中关村三才堂，那是一排排的平房。我家前面是王维通家，他家厨房正对着我家的门口。他父亲是北京同仁医院的老教授，家里经济条件比较宽裕，收音机和录音机都有。每天下班后，他在厨房里一边炒菜做饭，一边听电台播的英语 900 句。我呢，就拿个小板凳，坐在我家门口，一边带小孩、做家务，一边听从他家厨房窗口传出来的英语广播或录音机录下来的英语 900 句。就这样，英文听力慢慢有所提高。

王：古人有凿壁偷光，您这是隔窗听音呀（笑）！

郭：有点像，声和光都是以波传播的嘛，道理有点相似相通（笑）。天道酬勤，在林先生的帮助下，我的英语有些长进。不过，说到学英语，那个时候谁也不会想到出国，因为出国在当时简直就是天方夜谭，根本没有这个概念，谁也没这个想法。但到了党的十一届三中全会之后，国家开始打开国门，考虑向国外派遣留学生。按照当时中科院的政策规定，拟选派出国的人员必须先通过英语考试。每年有一次考试机会，我参加了 1979 年的考试。没想到的是，在化学所那次参加考试的几十人中，我竟然蒙上了个第二名，完全出乎我的意料。当然，这成绩多半应该归功于林一先生。1980 年，我被所里确定为出国留学对象，之后到玉泉路中科大研究生院培训了 3 个月口语，1981 年，我就顺利出国了。

五、广场缅怀周总理

王：您在化学所期间，北京曾发生过天安门广场的"花圈"事件。您还有印象吗？

郭：有，当然有！1976 年 1 月，周恩来总理逝世，老百姓都深感哀痛。当时社会上的传言特别多，小道消息满天飞。总理刚走，就传说有总理遗言。我也听说过一个版本，觉得蛮像的。到了 4 月份，很多人都想在清明节去天安门给总理送花圈，以表达哀思。我们也有这个想法。因为身体原因，那时我被调离五室，在所里的情报资料室工作，归科技处管。处长王景盛不仅人品正、能力强，还有个"撞上、爱下"的习惯，所以在化学所很有威望，群众都喜欢他。因为是战地记者出身，他的政治敏锐性很强。清明节前两天，处里准备做个花篮，他要我准备一下，写副挽联。当时他去后边的经济楼开会，就叫我一路去那里领纸和笔墨。在路上，他问我："你听说过总理遗言吗？"我点点头，答了声"嗯"。"你怎么想的？"他接着又问了一句。我说："是真的吧？很像总理的口气。"他以沉稳自信的口吻跟我说："不会。总理绝不会留下只言片语的书面东西。"他这么一说，我很惊讶，对他的判断有点将信将疑。后来，真相出来了，完全印证了他的判断，我对老王更是佩服有加。

4月4日，我们一起去了天安门广场，那里已是人山人海。我们处送了花篮，篮上的挽联是我撰稿和书写的，比较长，现在只记得有"高山仰止""山高水长"这些词，全联记不得了。我们所七室做了一个大气球，写着"总理，我们怀念您！"，气球飘在广场上空，很显眼。没想到，清明节刚过几天，在广场缅怀周总理的活动就被定性为"反革命事件"，公安部派人到中科院坐镇清查，重点是两个单位——109厂（中科院微电子研究所前身）和化学所。那天下午，公安部一个副局长和一个处长在化学所礼堂传达天安门事件被定性为"反革命事件"的文件，部署追查幕后黑手，以及前一年夏天的政治谣言。会议时间很短，不到一个小时，但会场气氛严肃压抑得可怕。散会出场时，鸦雀无声，大家谁都不说话。那场景之恐怖，过去少见，至今不忘。

散会之后，王景盛即刻召集全处开会，马上清查。平时，老王很和蔼可亲，对大家常常是笑眯眯的，但那天他异乎寻常地严肃，问："人都到齐了吧？刚才会上大家都听见了，谁造过政治谣言，谁就是反革命！谁传过政治谣言，也必须交代来源，深刻检查！现在，我问，咱们科技处去年夏天到现在，你们有人听过、传播过'总理遗言'没有？听过、传过'红都女皇'没有？听过、传过……"他用同样的句式一口气连了五六个问题。在那种气氛之下，空气犹如凝固了一般，全处的人大气都不敢出，谁还敢作声！他静静地等了两分钟后，又严厉地追问三遍："有没有？有没有？有没有？！"见无人答话，他就一板一眼地慢慢说："好，就是说，我们处，从去年到今年，没有一个人听过、传过所谓的'总理遗言'，没有一个人听过、传过'红都女皇'，没有一个人……散会！"后来，我们都觉得，我们的"王头"太有政治智慧了！他是用这种集体封口的办法来保护大家的。

其实在当年那种情势下，每个部门都要继续开会部署的，不过，各单位采用的方式及产生的效果完全不同。我们所有个室的某领导会后召开全室大会，在布置追查工作时说："自去年夏天以来，社会上反动政治谣言漫天飞，我们研究室就是个重灾区！据我所知，只要不是聋子、不是哑巴，谁都听过，谁都说过。因此，你们好好想想，都得交代清楚。"然后逼着大家都要写交代、做检查，很不得人心。在这种情势下，有位同志当面将了他一军："老某，据我们所知，你也不是聋人，不是哑巴。那请你先带头做个交代吧！"从那以后，这位室领导就一点威信也没有了，在群众面前抬不起头来。那个年代其实很考验人性，有些平日道貌岸然、心地不正的人，很容易现出原形，生活中这类故事不少。在群众中，也有人以幽默和智慧抵制这种荒唐的追查，我们化学所一室有个老兄就是这样。他平时是有名的"小喇叭",因此很快就成了追查目标。他也不回避,爽快地承认自己传播过。问他是怎么知道的,他说:"去年 6 月 27 日,我去中关村医院看病,取药的时候排队,在我前面隔三个的一个胖胖的女同志讲的,好多人都听见了!"追谣的人一听这么具体,很高兴找到了新来源,急问:"你认识那个人吗?叫什么、姓什么?"他两手一摊,说:"那么多人,那哪认识?不知道!"(笑)

六、化学会年会

郭:"文革"期间,所有的学会、协会一律停止了活动。到 20 世纪 70 年代末的时候,专业社团陆续恢复正常。中国化学会是挂靠化学所的国家一级学会,恢复活动较早,1977 年下半年就着手恢复了,1978 年 9 月,中国化学会在上海(似乎是和平饭店)召开了"文革"之后的第一次年会,也就是第二十届年会。[1]我有幸参加了大会,有两点感触颇深。

一是停顿学术活动达十年左右的化学家和教授们又能相聚一起,又能议论学术问题,大家都非常兴奋愉悦,有点欢天喜地的味道。这一点,我想大概各个学会大抵都是如此。另一个感触则是化学会独有的,就是关于化学学科地位的讨论。为什么呢?因为在那之前半年左右,钱学森先生在《光明日报》上发过一篇关于科学技术发展趋势与战略的著名文章,其中有个观点——物理学是一切学科的基础,化学、生物学等最终都可以归结为原子粒子的运动规律。文章发表后,学术界就有许多不同看法。到了中国化学会的年会上,很自然地,反对这种观点的声音就集中了,显得更为强烈。不过,许多人只是感性地反对,言辞比较激烈,理性的分析并不深刻有力。

但还是有一位学部委员(1994 年后改称院士)在大会上的即兴发言很有说服力,给大家留下了深刻印象。他就是北大化学系的晶体结构化学家唐有祺,我们大四时使用的《结构化学》教材就是他编著的。他夫人张丽珠也很有名,是我国"试管婴儿之母"。我记得,当时他好像是刚从欧洲学术访问回国,就从北京直接赶到上海开会。唐先生在大会上说:我是学物理的化学家,对物理、化学都有点发言权。每个学科都有自己研究的物质层次,每个不同层次的物质运动都遵循自己特有的规律。在某种意义上,物理研究的层次更深入、更基础一些,但是,在原子-分子这个层次,化学的研究是不可替代的。那种认为物理规律支配、代替一切的观点,是错误的,有还原论倾向,我不能接受。

唐先生的这番话把很多人想说而说不出来的话讲清楚了,所以赢得了热烈的掌声。多年后,我调到院部做战略规划工作,与唐先生接触和向他请教的机会更

多了，对他一直非常敬重，这不仅因为他 20 世纪 90 年代曾担任国家教育委员会科学技术委员会主任，还因为他在科学家群体中是位公认的正直、公正，敢讲真话、实话的人。所以，从那时起到现在这多年来，我每年春节期间都要去北大他的家里看看他，他今年（2018 年）已经 98 岁了，还非常关心科学上的大事，头脑非常清楚。

图 5.2　1996 年唐有祺、张丽珠伉俪（右二、左二）
与郭传杰、周寿康（右一、左一）合影

　　这次化学会除了学科性的讨论外，可能还产生了一个不曾预料到的结果。因为是"文革"之后最早恢复活动的一级学会之一，所以社会上也非常关注这次会议，新华社、《人民日报》等重要媒体的记者也参加了会议。会上关于物理和化学关系的讨论，有记者写了内参向高层反映。会议结束后，还有新华社记者到化学所、中国化学会来采访调研。在那之后，中科院领导班子的学科背景结构与过去相比，就出现了很大的改变。在那之前，中科院历任领导中，物理和数学领域的学者多，很少有化学家。但从那次大会之后，院长卢嘉锡和党组书记严东生都是化学家。有些人猜测，这种变化是不是与上海召开的那次化学年会有某种关系。

七、我家的学生朋友们

　　王：听说您在化学所期间，到您家的青年学生朋友很多。是这样吗？

　　郭：有这么回事，从化学所到中科院院部以后，都这样。为什么呢？大概有这么几个原因。其一，我家一直在中关村，与北大、清华、八大学院①邻近。我老家处于浠水和罗田两县的交界处，恢复高考后，两县考到北京来上大学的学生逐

---

① "八大学院"指 20 世纪 50 年代建于北京西郊的一批大学：北京地质学院、北京矿业学院、北京钢铁学院、北京航空学院、北京石油学院、北京农业机械化学院、北京林学院和北京医学院。

年增多。他们一串俩，俩串仨，后来到我家来串门的就越来越多。我爱人调到北京之前，在蕲春县教高中，她的学生及学生的朋友们也经常来。其二，我出国较早，回国时带了彩电、冰箱、洗衣机这些电器，所以我家在20世纪80年代初还是挺现代的。其三，我们家的人不会讲客气，谁来了都一样，很随便，学生们不觉得拘束和陌生。在那些年，每到星期日，我爱人和我母亲就忙着做饭，给他们"打牙祭"改善生活（那个年代都没有外出订餐吃饭的习惯），因此，我家很受刚从山区农村来北京上大学的学生们的欢迎。有的学生刚一进屋，就喊："奶奶，肚子饿了，有好吃的吗？"不等我母亲回答，就打开冰箱自己找了，十五岁上清华的张开翅第一次来家里就对我母亲声明："奶奶，我不吃鱼，只爱吃肉哈。"有的把脏被褥从学校带过来洗；有的说学校食堂的餐票用完了，想要"借"点钱买饭票；有的和我们谈学习，问科研；有的跟我爱人讲他（她）的初恋；还有的在我们家相识后成了夫妻。十四岁考上北航的胡汉中，在美国拿了博士后，要在北京找朋友，让我和我爱人替他跟女朋友见面，并帮他遴选决策，他们后来结婚时就在我们家，60多平方米的房子里挤着30多个参加他们婚礼的朋友。回想起来，那时的许多事情好玩极了。

王：这种情况持续了多少年？大概有过多少人？当年的那些学生现在和你们还保持来往吗？

郭：从20世纪80年代初到90年代前期，前后有十多年吧，这些人走了，新的又来了，你来他走的，也没具体统计过有多少人。估摸着，大概有一两百人吧。其中许多人后来在国内外做了教授，有的成了知名企业家，当大领导的也有。每到春节，从全国各地或国外来电话、短信问候的，络绎不绝。他们中的多数人后来联系得慢慢少了，有些连名字也忘了。但有少数至今一直保持着密切联系，如毕诚、徐彬、张开翅、胡汉中等等。

聪：这些学生很幸运，遇上了您二位这样的前辈老乡。他们应该好好感谢您和周老师。

郭：感谢倒没必要。我们作为年长一点的过来人，这样做是应该的，并不是图什么回报，只要他们好好做人做事，平平安安成长，我们就心安了。我觉得吧，生而为人，如果别人对自己有滴水之恩，应该铭记在心，当以涌泉回报。但是，如果自己为别人做了点事，就应该忘掉它，不要去图什么回报，以这种态度去对待，心态就会平和，少了许多不愉快。原因很简单，没回报时，你也觉得很正常，不会有懊恼；一旦多年之后，当事人还记得跟你说一声"谢谢！"，你会很高兴，产生"成就感"，对吧？事实上，同年轻人在一起，我们已时时在受益了，因为心态常感到是年轻的。心情好了，身体就健康，这不就是最好的回报吗（笑）？

第 六 章

美国访学

一、两个世界的反差

王：郭老师，您是改革开放后较早一批去美国的中国人吧？那时候出国肯定与现在有很大的不同。

郭：我是 1981 年秋天去美国康奈尔大学做访问学者的。康奈尔大学与哈佛大学、耶鲁大学、普林斯顿大学等同属美国常春藤八校联盟，始建于 1865 年，是国际著名的研究型大学之一。它位于纽约州西北的一个叫伊萨卡（Ithaca）的小城镇。胡适曾研读于此，他后来在书中将 Ithaca 译成"绮色佳"，据说因为康奈尔大学的校园在全美国的大学中是最漂亮的。

当时，国门刚刚打开，一下飞机，踏上西方的国土，确实感到惊奇和生疏，完全就像到了另一个陌生世界。我举两个小例子。从北京乘飞机到旧金山转机飞纽约，看到那么多、那么宽的高速公路，上面密密麻麻地跑着那么多小汽车，十分新奇，因为我们那时学的"英语 900 句"里都还没有"高速公路"的英文单词。看到路边和街头那一块块绿油油的草坪，觉得特别舒服，而在当时，我们在国内还是"见草就拔"，而且按单位分任务进行"门前三包"。在日常生活上，买东西进超市，东西随便拿，到门口统一结账付款，感到新鲜而方便，那时北京还没有"超市"这种新鲜事物。到了纽约，我们在总领事馆待了两天，白天开会接受出国教育，晚上连着放映几部好莱坞经典电影或港澳台的电影，那些当时在国内是看不到的，很开眼界。从那时到今天，不过三十多年，可见我们国家的发展变化有多大、多快！

二、有机质谱的计算机解析

王：您在康奈尔大学是做计算化学研究吧？那里工作条件好吗？

郭：具体是做有机质谱的计算机辅助结构解析。有机质谱和红外、核磁共振等一样，是研究化合物复杂结构的重要手段。有机质谱的谱图结构相当复杂，数据量很庞大，要从一张谱图去判断它是哪种未知化合物，专业难度很大。计算机得到应用后，科学家就想用它来做辅助解析的工具。20 世纪 70 年代，世界上只有两个团队在这个方面做得最好，一个是斯坦福大学的 C. 杰拉西（C. Djerassi）教授，他们团队研制的专家系统 DENDRAL 至今仍被认为是计算机人工智能在第二波高潮时期的一个代表作。另一个就是康奈尔大学的麦克拉斐尔特教授。他是国际著名的有机质谱学家、美国科学院院士，年轻时就发现了有机质谱学里最重要的一个化学重排反应，这个反应后来就以他的名字命名。他的研究思路与斯坦福大学团队不同，是在大数据库匹配检索基础上，再利用他的"麦氏重排"理论做计算机辅助精细解析。以此思路建构的 PBM 系统在 20 世纪 80 年代后期就达到了应用阶段，装配到了许多不同厂家的商用质谱仪器上。

那天，我早上离开纽约总领事馆，乘上"灰狗"长途汽车，经过五个多小时，下午到了伊萨卡。当时下着蒙蒙小雨，老教授亲自开车去长途车站接我。在路上，他对我说："后天是星期一，中午是我们小组的小型学术讨论会（seminar）时间，你准备一下，讲一次。"我很紧张，问他："讲什么呀？我能晚些时候再讲吗？"他说："这是我实验室的规矩。大家都这样。第一次讲你自己已做过的工作或讲你准备做什么，都行，大家一起讨论。"后来我才知道，他的实验室有20多人，来自7个国家，有研究生、博士后、访问学者，还有来合作研究的知名教授。我是唯一来自中国的。当时，我国刚刚打开国门，整个康奈尔大学里，中国去的学生、学者也很少。接着他又说："你先调研一下，看准备做什么研究课题。你想调研多长时间？"按国内的进度，一般开题调研得两三个月，我说："一个月吧？"他一边开车，一边吃惊地看了我一眼："一个月？太长了！最多两三天。你只要看看我们实验室自己的研究工作就行了，不用再去看别人的工作，在这个领域，我们就是最前沿的。"

刚到第一天，我就感到了教授的严厉和高要求。那里的工作条件和工作环境自是没的说的。我们的办公室在贝克楼（Baker Hall），我的办公桌窗外就是一个风光绮丽的深峡谷，浓浓秋色中传来阵阵的瀑布声，和着一些小鸟的鸣叫，整天就像听着交响曲。小型学术讨论会之后，教授和我商定的课题是关于 PBM 大系统中的一个小小部分，目的是改进系统的解析精度，进一步提高解析质量。我们使用的是当时世界上最先进的 IBM-370 计算机，运行成本相当高。那时没有网络系统，东部的大学与加利福尼亚州的计算机靠数据通信联网，以利用东西部的时差，提高计算机的使用效率，但这种方式使得计算机的机时费用很高。有天晚上，我写的一段程序出现了死循环，一晚就花掉了教授两千多美元的科研经费，相当于当时一个博士后两个多月的薪酬。我和教授说的时候，原本等着他一顿猛批，没想到他一句也没有责怪我，只和我一起分析了程序出差错的原因。

图6.1　1981年摄于康奈尔大学化学楼前

三、严师麦克拉斐尔特院士

王：看来您的教授对您很不错。

郭：麦克拉斐尔特教授学问大，要求严，脾气厉害，我去之前是有心理准备的。出国之前，我们室从多伦多大学归国的杨曦云就告诉过我："麦克拉斐尔特教授很厉害，脾气大，这在国际有机质谱学界是出了名的。你可要小心点！"

我在那里见识过他几次发火。一次是小组小型学术讨论会时，他对来自剑桥的博士后弗兰克当着全组的面大发雷霆，因为他那个星期和女朋友约会的时间太多，工作报告没做好；还有一次是参与在波士顿召开的美国质谱年会时，他与普渡大学（Purdue University）的一位同行 F. 库克（F. Cook）教授吵得面红耳赤。他发火有个规律——生气之前，脸先发红，算是预告；发火之后，啥事没有，从不记仇。在他实验室里两年的从学经历，让我感到他不仅是个厉害的科学家、教授，也是个非常坦诚、正派、实事求是、善良无私的好人，我从他的身上学到很多，许多事情直到今天仍记忆犹新。

你们知道，我的眼睛还可以，从年轻到现在老年，基本都不戴眼镜。之前在国内做化学实验的时候也没有防护镜可戴。但在康奈尔大学，只要进了实验室就必须戴防护镜。开始的时候，我也按规矩老老实实地戴，但时间一长，我就不想戴，因为防护镜压得耳朵不舒服。第一次被他发现的时候，他问我为什么不戴，我说有点重，耳朵痛，所以没戴。当时他没说什么，第二天早上，他叫秘书带我去系里的器材库，让我自己挑选一副合适的。这副防护镜戴了些时候，还是不习惯，时戴时不戴的。有一次，我在实验室又忘记了戴防护镜，突然，从实验室的大玻璃窗上，我看见他在走廊里正与别的教授边说话边走了过来，我连忙拿起防护镜戴上，心想，千万别被他发现了！没想到，怕什么，就来什么。他进了实验室后，径直走到我的实验台前，问："传杰，你为什么又不戴眼镜？"我怕他批评我，就下意识地撒了个谎："我戴了，我一直戴着呢。"我刚答完，就见他脸色开始涨红。我心想，坏了！要出大事了！果然，"暴风雨"来了，他劈头盖脸地对我大骂："你撒谎！我在窗外就看见了你没戴！你不老实，不配做我的学生。你们中国人怎么这样！"糟糕，他把我当作中国人的代表了，因为他在那之前也没与中国人打过交道。实验室里还有六七个国家的人在那儿，我觉得无地自容，丢了中国人的脸。大骂之后，他又把我带到他办公室，不再骂了，和风细雨地对我说："上一次你没戴眼镜，是你不知道，我没批评你，让你自己去选了一副。这一次，如果你还说是不舒服，也没关系，我们再想办法。可是，你选择了撒谎！撒谎就是不诚实，不诚实的人绝对做不了科学！今天撒谎说戴了眼镜，明天就可能做假数据！"他又实诚地告诉我他那么生气的另一层原因，他说："你在我这儿工作，法律上我是你的监护人。万一眼睛出了事故，这个伤害会伴随你一生，我也要为此负连带法律责任。"那一次猛烈的挨批经验对我的教益太深了。从那时到现在的几十年来，我一直谨记着他的话，并要求自己——努力说正确的话，但不保证不说错话；真话不能全说，假话一定不说，说出的必是真话。后来，看到季羡林先生用两句话总结得很好："真话不全说，假话全不说。"

作为一个严厉的科学大家，我和其他学生们一样，对他有点既怕又亲的感觉，具体的事例太多了。刚到康奈尔大学时，因为中西文化差异，彼此有很多互不理解的东西。譬如，他姓 Mclafferty，我总是用 Professor Mclafferty 称呼他，名字很长，喊得有点别扭，他不耐烦地对我讲："跟他们一样，叫我的 first name，喊 Fred 就行。"从此，我跟大家一样，就直呼他的名字 Fred。有一次，我从办公室出门，正好他在后面也要出去，因为那是个弹簧门，我担心反弹着他，因此站在门边上，用手把门挡着，让他先出去。他却站那儿不走，很不理解地问："你为什么站在这儿？"那语气很不客气。还有一次，他来我办公桌前，找我询问工作进展，见他站着，我就起来到旁边去搬了把椅子，请他坐下。他却紧盯着我说："我现在要的是跟你谈工作，不是来你这儿坐椅子的！"我听了后，心里感到一阵委屈。直到1982 年春天，他和他夫人蒂比（Tibby）来中国访问，在回家的第二天，他和夫人就把我请到他家，在饭桌上向我道歉："传杰，我以前不知道你们中国人对老年人是那么尊重。有一次开门，还有一次拿椅子，我都批评你了，是我的不对。"随后，他又告诉我："现在是在美国，是在我的实验室，那咱们就按美国的文化习惯办吧。"

到了康奈尔大学十个多月以后，有一次他来我们办公室，了解我近期的研究进展。我摊开一大摞打印好的程序纸，给他汇报结构解析的思路。当我讲到第三页纸的时候，他大声说道："错了，你错了。"我小心地探询："哪里错了？"他解释了他认为我错的原因，并说了他认为是对的算法。我一听，心中就有底了，因为我原来的想法和他说的一样，但编程后运算出来的结果不对，才改成了现在的思路，更重要的是后边的运算结果通过与实验比照已经得到了证明。于是小声说："我没错。"他惊讶地看了我一眼："你说什么？"我冷静地再次回答："我没错。"声音还提高了半度。之后，这样的对话又进行了一个回合。这时，我看他脸上开始有点泛红，知道他要发脾气了。果然，盯着我看了一会儿后，他大声说："传杰，你以为我那么傻吗？"同办公室的那几位偷偷地向我伸舌头、做鬼脸。"没，没有！从来没有！"我急忙解释。他说："可是，你跟我差不多说了十次，是你对，是我错！"我再次冷静地自辩："不到十次，只三次。我英语不好，可能没讲明白。"他见我这么淡定地坚持，看了我一会儿，对我说："那你给我十分钟，让我再想想，好吗？"我连忙说："那当然，当然！"他拿起那一大摞打印的程序纸，放到旁边的一个大桌台上，摊开来前前后后地仔细分析着，不到十分钟，当他再一次回到我办公桌前的时候，脸上的红潮已被春风拂净，他微笑着对我说："抱歉，你是对的，我错了。"那一刻，我简直不敢相信自己的耳朵，这么著名的国际权威，当着办公室里那么多博士、访问教授的面，对我这个刚入门的学生坦诚自己错了，可想而知，我受到的震撼与教育简直刻骨铭心！这就叫科学精神，这才是科学大家的风范！

不知道是不是和这件事有关，不久之后麦克拉斐尔特教授给我涨了薪酬。出国之前，我是助理研究员，月薪62元人民币。刚出国时，国家每月给400美元，扣缴20美元医疗保险，每月只有380美元生活费，出国人员都是这个标准。后来，教授给我每月加了一千多美元，跟他的博士后一样待遇。那个时候，我们国内有个规定，如果美方教授付了薪酬，国家的钱就要收回了；而且，如果美方教授给的薪酬超过了国内标准，那么回国时，自己最多可留下10%，90%的部分要上缴国家。麦克拉斐尔特教授从他的同事那里知道我们国家有这个规定后，挺不理解的，他很认真地找到当时也在康奈尔大学访问的中科院外事局干部李明德，生气地问道："听说你们还有这样的政策？我付给学生钱，是因为他在我这里做出了好的工作，我的薪酬是给他的，你们政府怎么能扣去呢？"后来到了1984年，教育部才改变了这项"上交"的政策。

麦克拉斐尔特教授的公私观非常清楚，私事从来不沾科研经费的边。那时候，没有手机之类的通信工具，他有什么事情，常常是写纸条，再让秘书交给我们。我渐渐地发现，如果是与工作有关的事，他用的是从系里领来的带有学校标志的信笺，也就是科研经费支付的信笺，如果是私事，譬如节假日邀我们去他家或湖边别墅玩，就用从校园商店里买的普通纸笺。起初我还不太理解，为什么一张纸还要分得这么清楚。我问他，是不是有意这么分的？为什么要分得这样仔细？他反问，"难道不该这样吗？"想想我们自己，那时给家人、朋友、同学写私信时，用的不都是单位的信封和信笺吗？从来没想到有什么不妥的。

我是1983年8月回国的。离校前的一个周末，麦克拉斐尔特教授带领全组近20人去他的湖边别墅，为我开了一个隆重的欢送会（farewell party），因为我只做了两年的访问学者，不可能有学位，北美也不同于欧洲、日本，没有论文博士制度。组里的同事们开玩笑，自己制作了一纸博士证书送给我，还有一位把他的一套博士服也送给了我，作为纪念。教授和夫人也都全程参加，全组都玩得特别高兴！不过，我因为自己的两个小失误，觉得很对不住教授。一个是把他心爱的小独木舟（canoe）弄沉了。独木舟是用整段木头凿出来的，在小舱两头各放了一个充气的旧轮胎，以增加浮力。大家都很喜欢坐它，轮流划着它去湖里玩。这个湖就是著名的卡尤加湖，湖水很深。轮到我时，仗着自己会点游泳，就把独木舟划到了湖中心，并自作聪明地把搁在舟舱里的旧轮胎拉了出来，丢到了水里。独木舟的浮力一减少，马上就失去了平衡，水很快就漫溢了进来，独木舟迅速下沉，我使了很大的劲也拽不住它。旁边的同事看见，马上游过来帮忙，但也无济于事，只好失望地任凭它沉到深深的湖底。正在十分懊恼、难堪、羞愧之时，就听到了远处教授的呼唤声，他穿着游泳裤在岸边喊道："传杰，你回来！这是个又老又旧的木舟，我早就想扔了，谢谢你的帮助！"

还有一件事，我也觉得对不住他。就是那天下午，我到他湖边别墅时，迟到了一会儿，门前已停满了汽车，我就把车停到了他家旁边的另一栋别墅前面。傍晚，聚会结束后，我去那里开我的车，那家别墅的主人，看样子也是位教授，出来拦住了我，问："你为什么把车停到我家这里？"当时的我也不知道他为什么这么问，就实话实说："因为这儿有空啊。"他一下子就生气了，嗓门提得很高："有空你就可以停吗？这是我家的私有财产，你经过我同意了吗？你这是违法行为！"我一下子蒙了，不知道该怎么解释，因为在当时的中国，我们的住房和其他建筑都是公有的，很难理解房子外面的一块空地也是私有财产这种事情，而且空地停一会儿车还犯了法！正在我窘迫为难的时候，麦克拉斐尔特教授从他家那边跑了过来，对那位邻居讲："我向您道歉！这是我的学生，他来自中国，他不是很明白我们这里的一些规定。"见他亲自道了歉，那位才没有继续追究我的"违法"行为。麦克拉斐尔特教授又对我说："美国每个地方都是有主人的。没经过主人允许，你把车擅自停在他家门口，确实是你的错。不过，你不懂这个规矩，没关系。这件事我来道歉，我来解决，你开车回去吧。"

图 6.2　麦克拉斐尔特教授 1993 年访问中国时合影于北京

［左起：1 麦克拉斐尔特教授、2 蒂比（教授夫人）、4 黄量院士、6 周寿康、7 郭传杰］

聪：您在康奈尔大学期间的经历对您之后的工作和生活有影响吗？

郭：不只有，而且应该说影响相当大。在科研方面，我受益良多，当时国内没有这方面的老师，更不要说如麦克拉斐尔特教授那样高水平的老师。而且国内当时完全不知道计算机质谱解析究竟是什么样的，没有一点直观的感受。在其他方面，通过耳濡目染，我也学到了很多，比如世界一流研究型大学里实验室的科研氛围是怎样的，一流的学术权威是怎么管理科研队伍的，等等。

聪：您能举个例子吗？

郭：麦克拉斐尔特教授每个星期一都有小组小型学术讨论会，每周一次，每次一人，大家轮着讲。这实质上就是检查和考评，虽然不打分也不和绩效什么的挂钩，但是效果很好。当时我们组里一共17个人，来自7个国家，每到报告会的时候，就好像是个7个国家的赛场一样，如果轮到你讲的时候，你没有新东西可讲，那就很尴尬了，所以无形之中，就会有股力量让你不断地去探索，不断地去进步。我觉得这个做法挺好，激发的动力都是内在的，而不是为了应付领导的检查或仅仅填个量化的考核表。我们所原来的科研氛围和管理方式与麦克拉斐尔特教授的实验室比起来，就有不小的差距。我之后在院里推动创新文化，其实也和这段经历有关系。

我觉得，出国学习这段经历对我个人而言还有一点很重要，就是开阔了视野，能够从一个更大的视角去看待一些事情。

因此，我一直比较支持年轻人，比如我自己的学生或者我的家人，如果有机会的话出去一下，时间可长也可短，不一定要很久，两三年的时间也可以，去了解一下发达国家是怎么样的。一个组织，没有开放，没有国际交流，没有相互比较是不行的。自然科学的熵理论和社会的实践都证实了这个道理。

王：从20世纪80年代一直到90年代甚至到21世纪初的时候，在科研和管理一线工作的，其实很多人都如您一样在中青年时期出国留学过，我国改革开放以后各个学科的发展，其实并不全是老一辈留学回国的科学家们撑起来的，而是如您一样的这一批人。

郭：改革开放初期出国的这批人，大部分在科学上的造诣不如现在的年轻人那么高，主要是因为原来的基础以及"文革"的原因，但是，这批人起到了一个很好的桥梁作用，把两个不同的时代、两个不同的科学世界衔接了起来。留学学到的不仅仅是科学知识和仪器操作的技能，还有很重要的科学传统、文化以及管理、政策。这些是靠钱买不到的，只能通过人来承载和传承的。可以说，这批人在推动中国科学向健康方向发展的方面，起了很大的作用。

聪：当时在康奈尔大学的中国人很多吗？

郭：因为在历史上，康奈尔大学就有与中国交流的传统，所以刚刚开放时，去康奈尔大学的中国人是较多的。我去的时候大概有 70—80 人，当我 1983 年回来的时候，全校已经有上千位中国留学人员了，发展速度非常快。

聪：当时的访问学者都是国家公派的吗？

郭：都叫国家公派，但形式有两种，一种是完全由我国政府给钱，还有一种是如果那边的教授比较认可你的工作，他会给你钱。

聪：康奈尔大学的教授出手都比较大方吧？

郭：不好说，这与每个教授自己的经费状况和性格特征有关。

四、回国海关趣事

王：那个年代，回国还有带"八大件"的任务吧？

郭：我们那趟回国的航班上，有五位从康奈尔大学留学回国的，都坐在一块儿。其中，钱易是国学大师钱穆的女儿，现在是清华教授，工程院院士；黄且园是著名水利学家黄万里的女儿、数学家杨乐的夫人，现在是中科院计算技术研究所研究员；江元生，现在在南大，也是量子化学方面的中科院院士；章立明，之前是化学所的研究员，后来又去了美国，现在在美国定居；再一个就是我。当时我们这五个人中，我算是最"有钱"的。所以，我在美国买了个很旧的二手车开，回国时，给研究室带了点小仪器，还与我们所其他人合买了一台 20 寸的彩电（因属于指标外的，不能免税，花了不少美元）送给化学所幼儿园的孩子。回国后，还向中科院交了一笔钱，以抵偿出国两年间家里领取的工资（每月 62 元，当时美元兑人民币是 1∶1.6）。按照当时的规定，如果你回国时带的钱超过了 500 美元，必须有使领馆的证明，说明来源正当。为此，我回来之前曾专门去了趟中国驻纽约总领事馆，开出证明文件，证明我的钱是教授给的工作薪酬。

当时回国人员流行买"八大件"，就是每人可免税购买电冰箱、电视机、洗衣机、自行车、手表、录音机、照相机和缝纫机各一件带回国。

聪：缝纫机也从国外买？

郭：对，现在很难想象吧？实际上，冰箱、彩电、洗衣机都是日本的，在美国交钱，回北京后到西单的出国人员服务部提货。自行车是国产的上海凤凰或天津飞鸽牌。其他几件是需要随身携带的，我还买了一套音响设备。音响设备不免税，一套就得缴一千多元人民币的关税。我知道家里没那么多钱，因此，提前给我爱人写了张美元支票寄回。当时，全北京只有毛主席纪念堂西边的那一家中国银行营业部可以兑换外币。她拿着支票去了那里，接待她的出纳员比较年轻，大概还没见过支票那玩意儿，对我爱人惊讶地说："凭这么一张纸，只签了个名字，就能拿到钱？"她特地拿去问经理，才知道是真的。

按规定，手表每人可以带两块。我当时多带了块塑料电子表，花 18 美元买的，已经戴了半年多。过海关的时候，工作人员说："这个要征税。"我问："交多少？""125元人民币。"我一听，有点不相信耳朵，因为按当时汇率，125元相当于78美元。于是我说："这表我不要了，给你们吧。"他说："那不行！不过，如果你真不需要，国家可以收购。我给你开个凭证，你去西单出国人员服务部拿钱。"过了几天，我去领彩电、冰箱时，顺便把那个收购凭证带去领钱。原本想着，既然税款都要125元，收购价至少也会有100元吧。结果你们猜多少？是15元人民币！

今天我们回头看看，改革开放这40年来，我们国家的变化多大啊！天翻地覆这个词都不足以形容。我们这代人，自己就是亲历者、见证者、参与者。想起这些，心里就激荡不已，心潮澎湃，为民族的复兴感到欢欣鼓舞，为自己的人生感到由衷的幸运！

第 七 章

走向管理

一、借调做 863 计划

王：您是什么时候从研究岗位转到科研管理岗位的？

郭：1987 年 5 月。

王：在那之前，您做过管理工作吗？

郭：没有，除了那前一年，即 1986 年，被借调到国务院科技领导小组办公室参与过 863 计划的制定工作以外。

聪：您参与过制定 863 计划？

郭：是的，被借去打工的（笑）。863 计划是国家高技术研究发展计划的代号，是改革开放初期国家最重要的一项科技计划。为什么被借去参与这件事，我至今也不完全清楚，猜想可能和时任中科院计划局局长的张云岗有关系，因为他以前也在化学所工作过，知道我。

1986 年 3 月下旬的一天，我正在实验室做实验，化学所科技处的同志给我打来电话，叫我第二天到中科院院部去一趟，说是要临时借调去工作一段时间。我问是做什么，他们说不知道。3 月 20 日，我去院部，计划局的一位同志直接把我领到动物园南边的国务院第一招待所报到，在迎宾楼报到后就住下来了。这时才知道，国家要制定一项高技术研究发展计划，由总理做组长的国务院科技领导小组直接领导，小组办公室具体组织，处于绝密状态。我是被借去做工作人员的。当年，"高技术"这个词即使在科技界也是很少听说的。后来才慢慢知道制定这项计划的一些来龙去脉。

20 世纪 80 年代初，美国开始制定"星球大战"计划，目的是取得高技术发展的霸主地位。世界各强国从国家安全和产业发展角度出发，也纷纷着手部署，竞争十分激烈。在我国，具有前瞻性的战略型科学家王大珩、王淦昌、杨嘉墀、陈芳允四位中科院学部委员，敏感地注意到了这一国际科技领域的新动态，经过研究讨论，于 1986 年 3 月初由王大珩执笔，四个人签名，给邓小平写了一封建议信。该信由张宏同志（张宏是邓楠的爱人）带回家转交邓小平（多年后，听张宏提起，其实他回家后也是按规矩先交给邓小平办公室主任王瑞林的）。邓小平看到信后，非常重视，3 月 5 日即批示"这个建议十分重要……此事宜速作决断，不可拖延。"他指示时任国务院总理立即组织研定我国的高技术研究发展计划。很快，国务院科技领导小组就抓这件事情，并在 3 月 20 日成立了工作班子。我就是在这种情况之下被借调去参加 863 计划工作的。

863 计划工作班子的直接负责人是国家科委副主任兼国务院科技领导小组办公室主任郭树言。具体工作地点是国务院第一招待所（简称一招），就是现在的国谊宾馆，整个南楼都被包了下来，门口增派了解放军站岗。我记得参与制定计划的专家是 100 人，一半多来自民口，即中科院和高校，另外的来自军口。这些专家除了少数外，绝大部分都是学部委员（关于具体人数，后来有些文章说是 200 位专家，但我的记忆是至少开始时是 100 位。是我记忆有误，还是由于不同时段数量是不同的？有待考证）。

作为工作人员，我们的第一项任务就是参与专家遴选的工作，在中科院系统，主要负责名单推荐的是计划局张云岗和卢嘉锡院长，军口方面由时任国防科学技术工业委员会科技委主任的朱光亚先生牵头。大学的专家由教育部负责推荐。我们工作人员的任务就是负责通知并联系专家。各方面的专家名单确定后，所有专家都住进了一招的南楼。从 4 月 7 日开始，全体专家在中南海国务院第一会议室连续开了一个星期的会，专家报告，大家讨论。我们工作人员负责记录，整理发言稿，写会议纪要，为起草规划本子做准备。

我记得，在整个一周的会议期间，除了两个半天之外，总理基本上都全程听会，可见中央对这件事的重视程度。除了会议开幕那天他做了简短讲话之外，后来基本上没有发言，只是倾听。在报告、讨论的几天中，专家们讨论得很热烈。但问题是，都说自己的领域很重要，应该列入国家高技术研究发展计划，没有人能谈出个总体性的意见。这样一来，我们几个工作人员可犯愁了：没有重点、没有相对集中的专家意见，我们怎么写规划呀？直到周五的下午，一周的会议快要结束的时候，才由钱老（钱学森）提出了一个整体性的思路。当时是总理主持的会议，他对一直在会的钱老说："您这几天都没发过言，现在请您讲讲意见吧。"

那是我第一次听钱老讲话。他声调不高，讲话速度不快，一字一句特别清晰，很方便我们做记录。钱老说："我对这次规划的理解是，这是我们国家第一次研究制定高技术发展的战略规划，是件事关国家发展大局、全局及长远的大事。现在，不是全面考虑每个学科自己发展的时候，也不是做面面俱到的学科发展规划。我们都要站在国家的高度，思考发展国家的高科技需要做什么，国家安全需要什么。因此，必须集中力量，有所为、有所不为。这几天，很多同志多是从自己的学科出发提出建议的。譬如说，韦钰①同志，你提的那个分子电子学，我认为你到唐先生（唐敖庆）那里去申请个国家自然科学基金的面上项目就可以了，分子电子学目前还到不了这个高技术研究发展计划要考虑的程度。"当时，钱老还对好多其他发言一一做了评论，虽然没有像对韦钰那样直接点名。然后，他提出了自己对发展我国高技术的几点看法以及应该要做的几个战略重点。对军口，他提了航天（火箭、卫星）和高能武器（激光武器）两个领域，民口提到了信息、生物、能源、

---

① 韦钰当时是东南大学的年轻教授，是那次参会专家中不是学部委员的少数几个人之一，因为她是 20 世纪 80 年代初从德国留学回来的第一个女博士，所以受邀参会了。

材料等，每个领域他都做了简要的意义阐述与重点主题的分析，清清楚楚！钱老的归纳提炼，条分缕析，高屋建瓴，博得了全场的广泛认同和热烈掌声。特别是我们工作班子，顿时感觉心中有底、一身轻松，不再觉得无从下笔了！最后，总体组在钱老意见的基础上，最终确定了 7 个领域作为重点发展领域，即航天、激光（军口 2 个），信息、自动化、生物工程、新能源、新材料（民口 5 个）。海洋高技术是在十年之后的 1996 年，在我们的一个软课题研究的基础上，增加进去的新领域。

在那次中南海的全体会议之后，百位专家按领域分成 7 个组，进一步研究确定每个领域下的重点主题，之后的讨论就比较聚焦了。我的任务除了参与规划前言及政策举措的讨论和部分文字起草工作外，主要负责新材料领域的文字起草工作。新材料领域涉及面很宽，除了对材料科学与工程的共性问题的研究外，还要从结构材料和功能材料方面，满足其他四大领域的需求。因此，在制定新材料领域规划时，对其他领域也必须有所了解，这对于我这个规划新手来说，是一次难得的学习机会。

王：那时候还是称国家高技术研究发展计划。什么时候改称 863 计划的？

郭：改称 863 计划，大概是在 5 月份之后。其中，还有段小故事呢。在制定该计划过程中，一直是按"绝密"规定要求的。那段时间，起草组白天写的所有文字，在晚上不是立即封存，就是当即销毁。那时候，我们国家还没有文件粉碎机，听说是郭树言通过外交部从某个驻外使馆要来了一台粉碎机。我们办公楼的门口都有警卫人员站岗，不能见任何记者，整个过程严格保密。但到 5 月下旬，据说是有个记者不知怎么听到了一点风声，在一篇科技报道中写了"中国正在考虑制定高技术研究发展计划"几个字，这个消息一出，马上引起了国外的高度重视。那天晚上，郭树言立即召集全体工作组开会，讨论应对措施。就是在这次会上，有人建议用"863"做代号，因为计划的启动时间是 1986 年 3 月份。获得高层同意后，就正式用 863 计划这个名字了，一直沿用至今。

到了 6 月底，计划的初步框架和内容大体成型，但在两个重大问题上，大家意见不一，分歧很大。一个是该计划以军为主还是以民为主；另一个是到世纪末的 15 年内，该计划要准备花多少钱。军口专家认为，高技术计划当然要以军为主，总经费盘子建议要 30 个亿或 40 个亿；民口专家认为，现在是以经济建设为中心的时代，计划应以民为主，经费盘子可考虑 3 亿—5 亿元，少数胆大的专家提出 10 个亿的预算。各有各的道理，相持不下。这样的大事，只有报告邓小平才能决定。有天晚上，郭树言临时召集我们开会，传达那天下午赵紫阳、宋健去向小平同志汇报的结果，小平同志的答复是：863 计划，以民为主，军民结合；到世纪末还有 15 年，总经费安排 100 个亿。大家听了，对小平同志的胆魄十分感佩，兴奋不已，出乎意料！要知道，在 1986 年的时候，100 个亿是个什么概念呢？！这么多的投入甚至是大家都无法想象的。在 20 世纪 90 年代初，我们的月工资还只有几十元，号称十万大军的中科院全年总经费只有 5 亿—6 亿元。所以，当第二天把这个消息传达给全体专家的时候，好多人当场都惊喜地发出了"哇！"的感叹！

还有个小花絮。就在那期间，宋健从国家科学技术委员会（简称国家科委）主任升任了国务委员。宋健为人很随和，到我们南楼来时，总是主动跟大家打招呼，有时还到宾馆这边来找个房间洗澡。有人笑问他为什么不回家洗，他说家里没有热水。当了国家领导人，家里还没有洗澡的热水，这在现在也是很难想象的。

到了 7 月下旬，工作组已初步完成了 863 计划的起草工作。在领导将计划的送审稿报中央审批期间，我就回了所里，继续做我的实验。9 月份，我们又被召回，按高层领导的审查意见做进一步的修改。领导意见主要集中在前面"指导思想"和后面"组织实施"这两个部分，对具体的七个领域及主题任务没提什么大的意见。修改稿再次提交中央，10 月份中央召开政治局扩大会议审议批准，将高技术研究发展计划以中央文件的形式正式下发。

借去做完 863 计划的起草工作之后，9 月底我彻底回到了化学所。大概是国务院科技领导小组办公室的领导对我的工作态度和能力还算认可，他们还问过我是否想要留下，我觉得自己并不喜欢做管理工作，就直接谢绝了。

多年后，我跟 863 计划又产生了一段关系。1995 年下半年，王大珩等四位先生向国家科委提出，马上要到 2000 年了，863 计划之后该如何继续应该提早做预研了。国家科委很重视四老的这个意见，决定马上着手开展后续规划，当时还取了一个代号，叫"S-863"，其中 S 即可表示 second 的意思，也可说是 super，即"超级-863"的意思。国家科委负责 863 计划的领导找我，要我负责立一个软课题，对 S-863 计划做预研，内容包括进入 21 世纪后国际高技术的发展态势预判、我国对高技术的战略需求分析，以及 S-863 计划的指导思想、大体框架和战略构想。虽然当时我是中科院副秘书长兼学部办公室主任，已不具体负责科技规划工作了，但还是接受了这项任务，组织全国数百位专家，做了几个月的调研规划工作，为 S-863 计划的制定打好了基础。到了第二年春天，因为接到了要参加中央党校中青班学习一年的通知，我只得把这个软课题交了出去，不再牵头了。

二、初上管理岗位

聪：您 1986 年 9 月回到化学所实验室后，又是怎么被调到院部工作的呢？

郭：1986 年 12 月，周光召先生成为中科院第四任院长。为应对改革发展的需要，院部新成立了科技政策局（简称政策局），张云岗从计划局局长调任院副秘书长兼政策局首任局长，他是一位思想活跃、为人正派、能力很强的人。1987 年 1

月，张云岗找我，要调我到政策局去，我说自己对管理没兴趣，也不是干这个的料，当场就谢绝了。后来，院人事局找了化学所胡亚东所长，他也不想放我，就说："小郭一走，我们所计算化学这个研究方向就得中断了！"再后来，胡所长也挡不住，就把皮球踢给我自己了。我从 1 月一直拖到 5 月，后来又提出了两个条件：一是每个星期六（那时每周只休星期日一天）都回所里做实验；二是人事关系仍然留在所里，不转到院部。没想到，院里派来与我谈话的同志当场就答应了，我就只好去三里河院部报到。

王：您为什么不愿去做管理工作？

郭：主要有两个原因。一个是认识上，以为搞管理就是"当官"，搞政治，经历十年"文革"后，我对"当官"、搞政治都比较腻味，不想沾边；二是能力上，觉得自己不是那块料，从学生时代起，除课代表外，我就没当过什么干部，胆子比较小，话都不敢说。譬如，20 世纪 70 年代末 8 点到 9 点雷打不动的"天天读"要求参加人员谈学习体会，我最怕发言。我们小组只有 5 个人，别人都说完了，轮到我不得不讲时，我得先打好久的腹稿，第一句说什么，第二句说什么，可一开始讲，就脸红脖子粗，什么都忘了，就这么个水平（笑）。

聪：院里要调您去，是不是与您上一年参加过 863 计划的工作有关？

郭：我不知道，也许吧。

初到院机关，政策局让我负责战略远景处，主要做全院的学科发展战略和远景规划。除了参与过一点 863 计划的工作外，我从没接触过这类工作，因此必须从头学起。当时，张云岗介绍我认识了计划局刚离休的侯裕民副局长，他给了我很大帮助。侯先生是参加过"一二·九"运动的老清华，长期在钱三强先生的领导下负责科学战略工作，视野开阔，思想活跃，多有创见，且敢说敢言。他家住在三里河宿舍区，离院机关很近，人又诲人不倦、十分健谈，我一得空就去他那里讨教，聊科学、谈战略。20 世纪 80 年代初，他主持调研并编写过关于苏联、美国、日本以及西欧各国的科技体制和发展规划的系列丛书，之后又常看科技政策战略方面的英文原版期刊，一有新的想法或重要文章，就给我打电话，叫我去分享和讨论。从侯先生那里，我真的获益良多，让我对战略规划工作有了入门之感。

我到政策局上班后的第二个月，即 1987 年 6 月，局里安排我和曹效业两个处长陪同光召院长去沈阳分院出差，那是他接任院长后的第一次外出调研。我猜想，这大概是云岗特意安排我跟着学习的。光召到了沈阳之后，去各所看望科技人员，参观实验室，与科学家、省市领导座谈，还亲自做了两场大报告。在讲话中，他从分析当今世界科技发展的趋势、特点，我国我院的经济、科技大势出发，谈科技体制改革的必要性，也提出了中科院的定位和改革设想，循循善诱，并听取了各方面的意见。在讲话中，他总是强调"必须按客观规律办事"的观点，这给我留下了很深的印象。我们三个在沈阳分院一共待了五天，同住在分院招待所，基本都在一个桌上吃饭，但我没和院长主动说过一句话，都是效业与他谈话和聊天，因为效业到机关工作已有几年，跟院长很熟悉，有时还可以开开玩笑。我跟院长不熟，又天生腼腆内向，见到领导或大人物，我是从来不敢也不愿去主动说话的。直到回北京前，在机场候机室的时候，光召微笑地望着我："郭传杰，在沈阳几天了，还没听你说过话呢。"我不好意思地小声答道："嗯，是的。"他又问："怎么样，这趟调研，有什么收获吗？"我就有点结巴地告诉他："我在所里的时候也觉得中关村的公司像'骗子一条街'，对科技体制为什么要改革了解很少，通过这次调研，我听到了不少以前从没听说过的新观点。"

在政策局工作的前一个时期，我还一直抱着"临时"的心态，总想着回所里去做科研。有次在开会期间，局里的潘钏同志（一位很坦诚正直的老学术秘书）把我叫到边上，厉声问我："郭传杰，我问你，讲话的目的是什么？"我有点摸不着头脑，含混地说："表达想法呗。"她说："是呀！你普通话不标准，说话还那么快，讲了十几分钟，别人听不懂，不是浪费别人和你自己的时间吗？要学着讲慢一点。"我回她一句："我又不想在这儿长期干！"

又过了两年，老潘和另一位老同志给我透露了个信息，说有可能要提我做副局长。我一听，马上说："我不干。我也干不了！"他们笑说："恐怕由不得你，回不去啰！"我说："回不了所，我就到华盛顿使馆做一秘去。"中科院有20多个外派做科技外交官的任务，当时国际合作局正在征求意见，物色对象。驻美使馆的一秘也可带夫人赴任。我在美国做访问学者时，依照当年的规定，爱人是不能同去的。做一秘不就是个机会，让我家老周也有机会去美国看看吗？没想到，我的态度立马引起了老潘的强烈反应："郭传杰，你怎么这个样子？你这个人别的方面还行，就是太没进取心！"我又顶她一句："你这个批评我只接受一半。要说是仕途上的进步，你说得对；但是，要说我做科研没有进取心，我不能接受。"她又笑了，对我说："你知道吗？别看提你做副局长，你还不要，想要它的人，大有人在！你回所去做科研，只能对你那个课题或者一个小领域起作用。这个岗位事关国家的科技政策，影响的是全院，你知道吗？并不是每个想做的人都能做得好。组织上提你，是从这两年的工作来看，觉得你应该能胜任。你好好想想吧！"她把话说到了这个份儿上，我就无言以对了。

现在回头来看，从大学毕业算起，我的职业生涯大体可以分为两个阶段：前20年主要是从事科研，后30年则基本是在管理岗位。搞科研，是自身追求；做管理，则完全是被动，每走一步，都是被推着走的，身不由己。

三、全国基础研究调查

王：政策局是周院长任上新组建的一个局，也是您走上管理岗位的第一站。在那个我院发展的关键时刻，您在政策局期间具体做过哪些有影响的事情？

郭：那个时候的确是决定中科院改革发展方向，中科院命运攸关的时期。政策局作为院党组的一个参谋机构，在那个时期的确有些特殊。当时院机关有近 20个厅局，光召院长只分管政策局，其他管钱、管人的局，他自己都不管。但我是个新兵、小兵，只是参与了一些具体工作。其中，第一件事是"全国基础研究政策与学科战略联合调查"（简称全国基础研究调查）。

当时，全国科技界都重视科技为经济建设服务的功能，强调立竿见影，缺乏对科学研究的纵深部署，使得基础研究工作被忽视，得不到支持，某些高层领导甚至说过，搞基础研究，是把钱丢到水里，也冒不了泡。1987 年 1 月，中科院确定了新的办院方针，得到了党中央、国务院的认可，即"把主要力量动员和组织到国民经济建设的主战场，同时保持一支精干力量从事基础研究和高技术跟踪"[①]。

对于基础研究，周光召作为一位理论物理学家，是有深刻认知的，但从全国的角度来讲，对基础研究的地位和作用普遍缺乏认识，对科学技术也没有整体部署，都在一味地强调短平快，强调面向经济建设主战场。基础研究离市场比较远，本来就是需要国家支持的工作，但当时的国家战略并没有考虑到基础科学的特点，反而采取了"断粮"的策略，也就是说，国家划拨的科研经费不增反减，加之那段时间物资涨价，使得基础科学研究雪上加霜。

聪：当时中科院受到的冲击很大吗？

郭：是的。基础研究是中科院的传统优势之一，自从建院开始，国家就把几乎所有的基础研究都部署在中科院，因为当时大学做的研究很少，所以基础研究的人员、基地、成果基本都在中科院，基础学科全国性学会都挂靠在中科院的研究所。可以说，中科院的基础研究在全国一直占有主力军的重要地位。因此，当基础研究在国家战略中缺少合适位置的时候，中科院必然首当其冲。

在这种情况下，一些科学声望高、有战略头脑、有发言权的老科学家们就在不同场合提出了质疑的声音。于是，国家科委就开始考虑对全国基础研究的基本情况开展一次全面调查。

基于此，1987 年 7 月初，中科院与国家科委、国家教育委员会（简称国家教委）、国家自然科学基金委员会成立了联合调研组，从基础研究的现状与政策，以

---

① 当时用"跟踪"这个词，1991 年修改为"创新"。

及学科发展战略两个方面，展开全国性调研。现状和政策方面的调研由国家科委高技术司马俊如司长负责，相关部委派员参加，我是中科院的代表；学科战略的研究委托中科院承担，张云岗总负责，我是日常组织工作的具体责任人。

政策组在马俊如的带领下，用了几个月的时间访问了全国许多重点大学和重要研究机构。所到之处，发现基础研究困难重重，大家"怨声载道"。南京地质古生物所（简称地古所）所长吴望始是早年留学苏联的女科学家，她声泪俱下地诉说道："地古所是我国地学界最早的重要研究机构之一，在国际上很有学术声望。但现在连科研人员的基本工资都发不出，更不用说投入基础研究的经费。"我们随即把该所的实际情况原原本本地通过简报的方式向国家科委主任宋健做了汇报，他破格批了 20 万元给所里救急。

我们在中科院大气物理研究所调研座谈时，该所的老学部委员叶笃正、陶诗言等全部出席，争先恐后地论述基础研究对于国家的重要意义和地位，强烈要求国家对基础研究给予稳定的政策支持。该所时任所长曾庆存是国内外著名的大气物理学家，他带着浓重广东口音的发言至今音犹在耳："中国知识分子素有重视骨气、廉耻的传统，古有陶渊明不为三斗米折腰。作为一个小小的知识分子，我也想学他。但是呢？我学不了。现在的我不仅在折腰，而且已经折得腰肌劳损了，还得折下去！为什么？！我不是为自己。要是为自己，我是绝不会伸手去讨半点口粮的！我是为了这个所。大气所是从竺可桢先生手上一代代传下来的、具有良好学术传承的基础性研究机构，我不能让它断送在我的手上啊。"这么优秀的科学家，为了科学事业的承继和发展，字字泣诉，句句辛酸，为什么呀？！听着听着，我在崇敬他们的同时，也感到了这次调研的沉重的历史责任。不久之后，我们召开了全院基础研究工作会议，他应邀在大会发言，说："基础研究是学科发展的根本，一定要高瞻远瞩，抓住根本。……竭泽而渔的做法，虽可以满足现时工作的要求，但难于长久和保持高标准。基础丢了，已有的优势也会随之丢失；基础在，即使一时丢了东西，还可以捡回来。"何等真知灼见！从那次认识曾先生以后，我们的联系就逐渐增多了。他是国际知名的科学家，但心中满是家国情怀、人民利益；他是数理大家，又是中关村诗社社长，他对诗词很有造诣；他在学术界身居高位，45 岁时就被评为了学部委员，科学成就誉满国际大气物理学界，但自幼出身寒微，家境贫困，刻苦治学，方成大才。三十多年了，我和他是忘年之交，亦师亦友，他的一本诗集《华夏钟情》和一本文集《攀上珠峰踏北边——曾庆存院士谈做学问和搞科研》出版时，竟然要求我为其作序，我只得奉命交卷。他的文章和诗词，恰如其人——精干练达，朴实严谨，清雅无华，淡泊无尘，唯有真情实感，绝无假空之言。从他治学做人的精神、高风亮节的品格里，我学到了很多很多。

图 7.1 曾庆存先生在座谈会上（中科院大气物理研究所供图）

参加政策组调研的只六七个人，白天赶路、开会、座谈，晚上内部讨论、写材料。小组讨论时，因各人的工作经历、单位背景及对科学政策理解的不同，常有争论，有时还相当激烈。这些分歧主要集中于两个方面，一是究竟如何看待基础研究对一个国家科学技术及经济社会发展的作用；二是基础研究的支持方式及管理机制应该如何才能符合客观规律。在小组里，我的分工是材料撰写的主要执笔者。虽然有些问题分歧很大，但我认为既然是调研，应该有理有据地公正反映各种观点，不能偏颇。因此，大家对材料的整理撰写工作还是比较认同的，半年下来，彼此之间的合作甚为愉快。

在参加政策调研的同时，我还要负责学科战略组的策划与组织工作。这项工作涉及面广，参与的人多，包含了数学、物理学、化学、天文学、地球科学、生命科学以及信息、材料、能源、农学、医学、空间科学等十几个一级学科，前后约 1500 位不同领域的专家参加了讨论和战略研究。这次大规模的自然科学基础研究调研持续进行了 8 个多月，基本摸清了我国基础研究的现状和问题，研究了科学与技术的关系以及学科政策的要点，提出了学科的战略重点和举措建议。到了1988 年初，大家决定将调研的主要成果以"中国自然科学的现状与未来"为书名公开出版，我是该书"总论"部分的执笔人。本来我们计划在科学出版社出书，但科学出版社当时没有经费。不久，重庆出版社主动找上门，因他们有"科学学术著作出版基金"可以资助。在他们的支持下，这本书在 1990 年 6 月终于面世。后来，我们发现台湾某出版社还出了繁体字版，说明这本书在当时还是有些影响的。长期以来，我国多以"科技"二字概括科学与技术，对二者在概念上的区别认识模糊，在政策上往往不做区分。这本书可能是第一次明确提出要区分科学与技术的管理政策，也从几个方面全面阐释了基础研究的地位与功能。

这次基础研究调研对国家的科技方针、政策应该说产生了一定的影响。[①]1989年2月中旬，在调研的基础上，国家科委召开了全国基础研究工作会议，提出了国家科学技术工作的"三层次"部署，即经济建设主战场科技、高技术以及基础研究。在国家科委的管理系统中，全国的基础研究工作原来只是由高技术司里设有一个人的半处级机构管理。会后，原来的高技术司更名为"基础研究高技术司"，基础研究开始逐渐得到重视。

作为基础学科战略研究的一个后续，受国家科委委托，我们向国家提出了基础研究的18个重大项目，后来进一步充实，并更名为"攀登计划"，1991年"攀登计划"正式启动。这些关于基础研究项目的遴选研究，可以说是后来国家973计划的前奏。在那期间，我将做科技战略规划的思考、研究与方法，以"镜鉴与思考：关于科技规划的认知"为题，写成了一篇管理学论文。

全国基础研究调查是我被"拽"上管理岗位后的第一项任务。因为同时参与政策调研和战略研究，确实是满负荷工作，也得到了极大的锻炼。虽然我在实验室工作期间，除了计算化学本专业之外，也喜欢浏览各个学科的前沿发展，有一点博闻的爱好基础，但在学科战略研究中有机会向不同领域的专家学习，他们有的原本就是大科学家，如王大珩、师昌绪、唐有祺、曾庆存等，有的是中青年学者，如王鼎盛、白以龙、胡文瑞、姜文汉等，后来也都成了院士，与他们的接触和交谈让我学到了很多东西。另外，我所在的工作团队，无论是张云岗还是潘钏、吴志纯、张涛，以及李喜先、陈永申、吴乐斌，都以极大的热诚和奉献精神参与到了紧张的工作之中，不仅顺利完成了这项颇有难度的调研任务，也在一定程度上改变了我对管理工作长期存在的偏见。

四、倡建工程研究中心

聪：全国基础研究调查是在您在政策局期间的第一项工作，除此之外，您还参与了其他重要的工作吗？

郭：我这人在实验室待久了，有个喜欢琢磨的习惯。到了管理岗位，还习惯于用研究的思维做管理，特别是在政策局，做什么事总要先琢磨琢磨它的规律。但无论是做调研还是找人讨论和琢磨点问题，总得有点开会的小钱吧，但中科院当时的经费特别紧张，用于这方面的钱是一个子儿都没有。怎么办？受全国基础研究调查这项工作的启发，我们找到了一个新的途径：针对国家的需要，我们向国家科委或国家计划委员会（简称国家计委，现为国家发展和改革委员会）提出应该研究的问题，由它们出钱立项，一起搞调研，成果归它们，最终国家如果采

---

① 顾迈南，汤华. 并非"远水不解近渴"——全国基础研究工作会议侧记[J]. 瞭望，1989（11）：4-5.

纳了，部署了什么大事，总少不了我们中科院的研究所受益。这种模式归纳一下，就是我们出想法、出力，它们出钱，全国科技界受益，中科院研究所更受益。在政策局的三年时间里，除日常工作外，我们按这种模式干过好几件事，产生过较大影响的工作主要有三件。前面说过的全国基础研究重大项目遴选是一件，第二件是向国家提出工程研究中心的建议。

我国的科技体制改革全面启动是在1985年。这一年，国家出台了《中共中央关于科学技术体制改革的决定》，科技体制改革的大潮由此全面展开。改革的主要方向是推动科技为国民经济建设服务，解决科技与经济"两张皮"的问题，这是一个到今天还没有完全解决的难题。答案有多种，实践方案有多样，如鼓励科技人员走出实验室创办公司，促进企业与大学、研究院所搞产学研，等等。当时，我们发现，在这个结合的过程中，有一个难点横卡其中，即实验室的成果离企业可生产的产品之间还有很大一段距离。这个鸿沟不填平，企业与研、学界只能隔河相望。

怎么解决这个问题呢？正好1991年我在美国考察时，发现美国国家科学基金会（National Science Foundation，NSF）支持大学和企业共建了12个工程研究中心（Engineer Research Center，ERC），这就是针对此类问题的一种探索。我在卡内基梅隆大学等几所大学访问过这样的ERC，发现当时美国的工业界和大学对这一模式的反响都很不错。回国不久，有一次国家计委科技司的马德秀（她后来当过上海交通大学的党委书记）来我们办公室聊天，我就谈到了ERC模式，她很感兴趣。我们一拍即合，决定由国家计委立一个软课题，由我牵头，她做副组长，成立了"科技与经济结合"课题小组。当时共有14位同志参加，除国家计委科技司的三位、中科院的三位外，还有国家科委、国家教委、清华、机械电子工业部、化学工业部的领导和专家，其中的许居衍和倪维斗后来都成了中国工程院的早期院士。

调研工作持续了大概半年，我们在全国范围内跑过了很多企业、大学和研究院所，召开了各种类型的座谈会和研讨会，也对美国ERC的发展情况做了比较研究，最后由刘晓群主执笔起草了《关于在我国建立工程研究中心的研究报告》。报告的主要框架除摘要和后记外，主要有三个部分。第一，我国科技与经济"两张皮"问题的现状及解决的紧迫性，其中包括调研所得的大量数据及案例；第二，他山之石，国际上解决科技-经济结合问题的成功经验，及这些经验在我国可资借鉴的可行性分析；第三，在我国建立工程研究中心的建议方案，包括战略布局、管理体制、运行机制、建设举措，以及申请条件、评价办法等等。内容还是比较全面的。马德秀把研究报告按程序上报国家计委，国家计委委务会议第一次审议时就获得了通过，并决定，为探索科技与经济结合的新途径，加强科技成果向生产力转化的中心环节，建设科技成果转化的高速通道，在电子信息、高新材料、制造业、新能源等领域，将在条件具备的大学、研究院所及大型企业部署建设一批工程研究中心，每个中心将平均投入五千万元建设经费。要知道，在 20 世纪 90 年代初，五千万元可不是一笔小钱，支持力度是很大的！

　　有意思的是，一个多月后，国家科委也提出了要在全国建设一批科技成果转化基地，名称叫"工程技术研究中心"。国家科委副主任李绪鄂主持会议，发布了这一消息，我代表中科院参加了那次会议。因为我们对工程研究中心已做过半年调研，所以，我在会上有针对性地问了几个问题。工程技术研究中心的运行机制是什么？支持力度有多大？与国家计委刚发布的工程研究中心规划有哪些不同？看得出来，坐在主席台上的领导显得有点不高兴，以为我是故意挑刺儿的。其实我真没那个想法。他们回答说，要用新的运行机制推动工程技术中心发展，至于新的机制具体是什么，准备边建设边研究。对于第二个问题，他们回答说，因为今年的经费盘子已定，暂给每个中心调剂支持 80 万元，明年预算再安排。第三个问题，则避而未答。可以看出，国家科委这项工作的部署是有点仓促的，实际上有点抢"旗子"的意味。那个时候，由于体制上的原因，两个部委间常常产生一些矛盾，我们都看得出来。既然两委都有部署，对于具体单位（院所、高校、企业）来说，有资源、有机会当然都要争取。最后的结果是，有的单位同时挂了两类中心的牌子。截至 2019 年，国家工程研究中心有 190 多个，国家工程技术研究中心 370 多个，它们是国家科技创新体系的重要组成部分。

五、人才涌出的创新联谊会

　　郭：第三件事情，是和其他人一起创办了中关村"创新联谊会"。这是怎么个过程呢？要从一次战略研讨会说起。现在，"纳米科学技术"这个词可谓妇孺皆知。但在 1991 年，这个词对于多数科技人员来说，都是陌生的。为什么呢？因为，1985 年夏天，H. 克罗托（H.Kroto）、R. 科尔（R. Curl）、R. 斯莫利（R. Smalley）发现碳 60 这个化合物（1996 年，这三位化学家因此获得了诺贝尔化学奖），自碳 60 发现后，才开始有了纳米材料这个新领域，国际上第一个纳米科技领域的专业学术期刊直到 1990 年才出现。1991 年，我被调到了计划局任副局长，学科战略还是我分管的工作之一，因此较早就关注到了纳米这个前途无量的崭新方向。当年 7 月，经过酝酿和筹备，我们发起召开了一个小型的"纳米科学技术战略研讨会"，这是中科院也是全国范围内关于纳米科技的第一次战略研讨会，会议就在中关村的外国专家公寓（简称外专公寓）举行，由我主持，参加者有 30 人左右，除来自中科院上海原子核研究所和中科院固体物理研究所的几位专家外，多是中关村地区各个所对此有兴趣的中青年，会议一共开了 3 天。光召院长对科学前沿的研讨活动一贯很有兴趣，除了去国务院开过半天会以外，其余两天半的会议他都全程出席，并不断提出问题，跟大家一样参与讨论。

研讨会开得非常成功！因为纳米科技涵盖了多个学科领域，体现了不同学科的交叉，参加者又多半是中青年，思想本来就活跃，没有什么框框，有时甚至争论得面红耳赤，他们对我院在纳米科技这一前沿领域的发展战略及部署举措，提出了很多好的建议。光召院长在最后讲话时，对会议给予了高度评价，同时又提出了一个新的具体建议，中关村各所学科各异，但彼此间交流很少，这种小型研讨会的形式很好，但最好能建立个机制，形成制度，这样才能长期坚持下去。

光召的这个建议立马得到了大家的赞同。于是，当场就商议决定建立一个叫作"创新联谊会"的民间组织，约定每月第一个星期六晚上活动一次，地点就固定在外专公寓，理事会负责，人员开放、自愿参加。开会总得要点茶水费的支持，光召亲自点名希望公司董事长周明陶当秘书长，让他做点贡献。我请计划局规划处的吴乐斌做副秘书长，具体负责组织协调。运作机制上，由理事会确定每次活动的主题和主发言人，12位理事每人每年轮值一次，筹备并主持会议。事实证明，这种机制很有好处，理事们责任明确，彼此之间还有点竞争性，每人都想比上一次搞得更出色，能充分调动年轻人的能动性。联谊会活动大约坚持了三四年，颇有成效。一是参加的人越来越多，范围不断拓展，后来不仅仅是院内各所，北京大学、清华大学、北京理工大学、国务院发展研究中心都有人来参加，地点也不再局限于北京，比如吴乐斌后来还把类似的联谊会活动发展到了中科院上海、合肥分院，还在外地建立了相关分会。二是从联谊会这个平台上，走出了一大批优秀的人才，他们后来陆续成了中科院领导、两院院士、知名企业家等，如白春礼、李静海、谭铁牛、柳传志、王志新、王震西、杨桂生等都是联谊会的骨干成员，还有一批后来成了各研究所的领导。

熊[①]：您觉得创新联谊会在那个年代的主要功能是什么呢？

郭：开了个新风，以前各所虽然都在中关村，距离很近，但科技人员彼此不相往来，各自封闭，信息不通，这是其一。其二，促进了不同学科间的交流交叉，贯通了创新链的各个环节，沟通了做研究、开发、企业各自的酸甜苦辣，增进了相互理解，产生了新的思想，形成了不少院级或基金课题。其三，由于经常交流研讨，与会者扩大了视野，有利于一批优秀青年科学家和管理人才的培养。还有一点，拓展了我们局的工作平台。以前，没有机关局处出面组织，很难协调起来做个什么事情。联谊会基本上是个民间组织的形态，但是，也有活力、有成效、有影响。

---

① 熊卫民，博士，中国科学技术大学科技史与科技考古系教授。

六、香山科学会议是这么诞生的

王：香山科学会议也是在 20 世纪 90 年代初创办的，现在在我国科技界已经非常有影响力了。听说香山科学会议最早也是您开起来的吧？当时是个什么背景？

郭：香山科学会议在当下的确是我国科技界的一个重要的常设性例会，在全国科技界的支持下，形成了一个很有影响力的品牌，哪位科学家如果能申请到并主持一次香山科学会议，那是有面子、有地位的体现，哪位青年科技人员能参加一次会议，也会觉得很有荣誉感，有点像体育界奥运会的意思。现在，香山科学会议每年开 24 次，要提前半年申请。到 2018 年底，已开到 640 多次了。

第一次会议是在 1992 年 7 月 8—10 日召开的，我是那次会议的主持人。[①]"香山科学会议"的名称就是在那次会上确定的，但会议开始前并没有这个想法，也没想到它能有今天的社会声望和影响力。

1991 年，我从政策局被调到计划局后，虽然分管工作又新增了重点实验室、统计、成果、编制等几个部分，但重点还是放在战略规划方面，因为其他几类工作多是例行管理型的，而战略工作却是研究性较强的。之所以决定要在香山开那次会，主要有两点考虑。一是为下个五年的科学规划做前期的思想准备，如脑科学、复杂性科学之类的学科该怎样布局等；二是针对当时学术界因经费困窘等问题产生的情绪压抑和思想沉闷的境况，想邀约一些思想活跃的中青年学者，创造一种无拘无束、畅所欲言的氛围，进行思想的碰撞，做些前瞻性的思考和展望。经过院计划局和政策局的联合筹备，1992 年夏天，"21 世纪初科学技术发展趋势研讨会"就在北京西郊的香山饭店召开了。关于这次会议的大致情况，正好前不久《科技日报》记者刘园园为《改革开放 40 年·见证》栏目组稿，采访我后写了篇文章，发表在了《科技日报》上，我就把它转录在这儿吧。

香山科学会议竟是这么"吵"出来的

《科技日报》记者 刘园园

"我喜欢爬香山，山上人少时，还会钻进树林里吼一嗓子。"年逾七旬的郭传杰说，他和香山是有感情的。

这种感情部分源于在香山召开的一个会议——香山科学会议。

在当今中国的科技会议中，香山科学会议是个与众不同的品牌。它历史久，迄今已开 20 多年、600 多次；层次高，每次都由各领域知名科学家担任主席；更值一提的是，它是"吵"出来的，特别倡导学术平等、百家争鸣，

---

① 现在每次会议都设了 4 位主席联执，初创时期只有一个人主持。

有着开放、宽松、自由的学术氛围。

众所周知，香山科学会议是1993年4月正式向社会推出的，但那是第5次。从相关资料中记者发现，第1次香山科学会议的执行主席是后来担任过中国科学院党组副书记的郭传杰。为了追根溯源，记者专程采访了他，请他讲讲那段历史故事。

从无话可说到争论不休

"上世纪90年代初，科研经费极其紧张。"郭传杰说，在这种情况下，要提高科研创新能力，尤其需要良好的学术环境。

当时正值"八五"计划初期，郭传杰时任中科院计划局副局长，前瞻并谋划"九五"时期乃至21世纪初的科学发展趋势和重点，是他和同事们的职责。

在这些背景下，1992年7月中科院计划局和政策局一起策划，邀请十几位思想活跃的中青年科学家，在8日、9日到香山饭店开会。

"他们的研究领域各不相同，有物理、化学、数学、生物的，也有计算机、空间科学的，有基础科学，也有高技术领域。除白以龙是1991年的学部委员（院士）外，其他都不是。不过，王鼎盛、朱道本、胡文瑞等人后来都是院士了。"郭传杰笑道。

那次会议的主题是"21世纪初科学技术发展的趋势"。要求大家只谈未来，别讲已经干了什么。会议室不大，椅子摆成一圈，希望开成头脑风暴式的会。

然而，会议开始后冷场好久，不知咋谈。大家来自不同研究领域，一时找不到话题切入点。更重要的是，从没开过这样的会。

"这叫我们怎么谈哪！"有人抱怨说。

作为会议主持人，郭传杰也怀疑是不是有点"过分"了，但仍然试着鼓气："这次会议像'无标题音乐'，大家放开谈。有一点我们都是认同的，未来的新生长点，多数应该在不同学科的交叉点上。"

半天过去，大家还是没找着北。

"下午，终于有人开始放炮，气氛一下子热了起来，思想的火花一经点燃，就成燎原之势。十几个人你一言我一语，抢着发言，争谈新的研究方向，甚至开始相互争辩。"郭传杰说。

晚饭后，大家穿着短袖短裤，三三两两地上山，一边爬山一边继续争论，有的讨论到晚上十一二点才下山睡觉。

一直这样办下去

第二天，会议很有成效。许多人表示，这种会议有意思，应该常开。刚从上海有机所调任国家科委副主任的惠永正即兴介绍了他曾参加过的美国戈登会议（Gordon Research Conferences，是 1931 年美国化学家 Neil E. Gordon 发起，至今还在召开的一个学术会议）情况。郭传杰坦承，为准备"九五"规划，他们原本也打算要多次开这样的会。趁这次机会，定个名称、变成常设会议也好。

大家一起出主意，想了好多名字，如"香山俱乐部""香山会议"等，最后拍板叫"香山科学会议"。

名字有了，还要确定会议的宗旨、规则等。于是原计划两天的会议，临时决定延长半天，专题讨论：要变成一个常设会议，还得做哪些准备？

这次会议过后，紧接着下半年又开了三次，分别请张焘和潘钊主持，既谈科学前沿问题，也研讨会议如何组织的细节。

到这年年末，经过四次会议的筹备，香山科学会议的宗旨、原则、组织机制等基本成形，还设计了会议 LOGO，同香山饭店也签了长期协议。接着与国家科委商定，拟在 1993 年春天向社会正式推出。

1993 年初，郭传杰因工作岗位变动，香山科学会议的工作由张焘负责。不过，说起会议的宗旨，他至今记忆犹新。

一是要营造宽松、活跃的学术氛围。为此，还做了硬性规定，比如会议不设主席台，参会者一律不讲行政级别，不论年资高低，均可畅所欲言。可以激辩，但不能戴帽子、揪辫子、打棍子。二是要促进学科间交叉，促进创造性思维。三是主要前瞻未来发展趋势、探索科学前沿，少说过去的成就，少交流正在做的工作。

1993 年 4 月，在国家科委和中国科学院的领导和支持下，香山科学会议正式向社会推出，成为我国科学界的一个常设学术会议。

科学家珍惜这种氛围

如今，香山科学会议已走过二十六个年头，先后得到科技部、中国科学院、国家自然科学基金委员会、中国工程院、教育部等部门的支持。

会议探讨的主题为前沿科学领域和新的方向，成为我国科技界讨论科学前沿和重大科技问题的著名平台。同时，它在倡导学术平等，贯彻百家争鸣方针，弘扬开放、竞争、合作的科学精神方面发挥了重要作用，形成了独特风格。

"这么多年了，你觉得香山科学会议有变化吗？"记者问。郭传杰说：有变，也有不变。

变化的是，会议得到的支持更多，社会反响更大，每次参会人数多了，设有主席桌，研讨主题更深入，与立项结合较紧，会议的组织规则也越来越完善。不变的是，初创时确定的核心宗旨、原则，一直坚持如初。

记者问，香山科学会议成功的秘诀是什么？郭传杰说："最根本的是，它的宗旨和原则遵循科学发展规律，体现了科学精神。这种精神今天还较稀缺，但符合科技界的基本价值取向，科学家们很珍惜，都愿意坚守，正如周光召在第五次会上所说，愿它长命百岁。"

聪：著名的香山科学会议原来是这么来的，很有意思。这个会议的初衷、宗旨和具体开法，正是今天学界应该大力提倡的。顺便问一下，这个会议为什么会选在香山饭店呢？

郭：要是现在，可能也会选在别的地方。当年，贝聿铭设计的香山饭店刚建成不久，因为位置较偏，价格也贵，一般人出差也很少会选住在郊区，那时也没有现在那么多会议，所以它生意不好。我们选中那里，一是因为环境清幽、雅静，正适合我们开这种会；二是因为它对中科院有价格优惠。特别是知道我们想定下来在这里长期开会之后，香山饭店更高兴，痛快地给了更多的折扣（笑）。

七、学部工作

（一）学部工作第一次有规划

王：您在负责学部联合办公室（简称学部联办）的那个时候，正是学部工作走向正规化的时期吗？

郭：不，正规化工作在张玉台同志负责的时期，即 1990 年，就开始了。他调往中国科学技术协会任书记后，我 1994 年初接替他负责学部工作。

中科院学部在 1955 年选出华罗庚、钱学森、何泽慧等第一批学部委员（1994年后改称院士）后，由于各种运动不断，学部委员增选工作一直处于不正常状态。其间，只在 1957 年做过一次小范围的增补①，以及 1980 年的一次大规模增选。直到 1990 年 11 月，经国务院批准，中科院学部才开始每两年进行一次增选②，实现了学部增选工作的正常化与制度化，在此过程中，张玉台、葛能全、薛攀皋等都做了大量工作，功不可没。

---

① 王扬宗. 一次空前绝后的学部委员增选[EB/OL]. http://tech.hexun.com/2014-05-16/164845440.html [2019-03-08]

② 珏晓. 中国院士制度的演变[EB/OL]. http://paper.people.com.cn/rmrbhwb/html/2013-06/01/content_1248309.htm[2019-03-08]

以前，学部的工作除了增选学部委员（院士）之外，其他的基本就是为学部委员（院士）服务的事情。当时，学部委员（院士）平均年龄在 70 岁以上，多数都是高龄老人，常有生病、离世等情况发生，所以学部工作人员经常忙于送鲜花、上医院或去八宝山。我接任院副秘书长兼学部联办主任后，就开始考虑一个问题：增选和服务的确是学部工作的基本职责，但作为一个社会组织，它的价值更应该体现在为社会发挥作用上，自身建设是基本条件，而不能成为目的。作为国家最高学术机构，拥有数百位各个领域中最高水平的科学家成员，学部更应该在国家科技发展方面发挥更大的作用，这也是许多院士的期望。沿着这一思路，我认为学部也应该在国家咨询和学术引领等方面，制定自己的工作规划，以体现院士团体的价值和社会影响。这个想法得到了光召院长和主席团的肯定和批准。于是，在 1994 年末，学部就开始着手制定《中国科学院学部工作战略规划》，这是自 1955 年以来，学部的第一个工作规划。我们在五个学部及中科院内外开了一系列座谈会、研讨会，在广泛听取院士和各方面的意见后，确定了学部工作的两项基本任务和两项战略重点。基本任务是两年一次的院士增选和对院士的日常服务；战略重点是给国家的经济、社会、科技发展提供高水平咨询建议以及开展高层次学术、科普活动。

（二）学部咨询工作

熊：开展决策咨询，应该是一项很重要的事情。这项工作开展得怎么样？顺利吗？是所有的学部都比较积极吗？

郭：是的，但是因为学科不同，不同学部的关注程度不太一样，比如数理学部的科学家就不太关心经济社会方面的咨询工作，但地学部、技术科学部、生物学部对这些咨询工作就很热心，特别是地学、环境、生态方面的院士很重视咨询。

你们知道，国家给中科院的定性一直是"国家在科学技术方面的最高学术机构和全国自然科学与高新技术的综合研究与发展中心"，这后半句指的是 100 多个研究实体，前半句就是指学部。院士咨询工作是保证国家重大经济、社会、科技问题决策更加民主化、科学化的重要途径，学部应该成为政府决策的科学智库。咨询工作有两类，一是任务型的咨询，比如国家有某些重大问题，需要听取院士团体的意见或论证；二是主动咨询，院士们在工作或思考中，发现一些重要问题后主动向国家提出意见建议。在将咨询工作正式列为学部的战略重点之前，也有过一些主动咨询建议，如 1981 年 89 位学部委员建议设立国家自然科学基金、1986 年王大珩等 4 位学部委员提出制定国家高技术研究发展计划等，就是著名的实例。但那些都是院士们的个人行为，学部虽然鼓励大家主动咨询，而且负责把院士们写的材料递送给有关部委，但是并没有做多少组织性的推动。

为了保证咨询质量，提高咨询水准，有些基本条件是要具备的。在制定学部规划之前，咨询工作没有一分钱的经费保障。制定规划后，院党组专门安排了每年80万元的预算，虽然不多，但因为是零的突破，对院士们也是个很大的鼓舞。据说，现在咨询经费已增长到了每年几千万元。要组织好学部咨询工作，加强工作人员的学术队伍建设也很有必要，因此，学部办经过改革，调整了人员结构，招聘引进了第一批有硕士、博士学位和科研经历的工作人员。

　　聪：学部是怎么组织院士咨询活动的呢？

　　郭：具体活动由每个学部的常委会负责组织，具体过程包括提出问题、组织咨询、写报告，学部办公室安排了专门的工作人员提供专业服务。

　　要想为国家提出真正有意义的咨询建议，不仅需要院士对相关问题具有高瞻远瞩的真知灼见，而且需要在处理问题时能出以公心，保持客观公正。通过咨询实践，我们发现师昌绪和唐有祺两位先生是最佳人选。他们人品公正，敢于直言，在学界也广受尊敬、很有威望。但凡遇到一些棘手的矛盾，我们就请他们出面协调，或请他们亲自担任咨询或评议的组长。有一次，国家计委王春正委托我们对核物理重大项目进行评议，两份项目建议书，一个是中国原子能科学研究院（简称401所）的直线加速器，一个是中科院近代物理研究所（简称兰州近物所）的重离子加速器改造，二者只能选其一。这两个研究所都是我国原子核物理研究的重镇，实力都强，两个方案各有千秋，想要做出决策十分不易！当时的专家咨询会是在京西宾馆召开的，我们请了20多位同行专家，并请师昌绪先生主持。401所的报告人是一位50多岁的中年学者，经验丰富；兰州近物所由不到40岁的詹文龙开讲。擂台上二人的表现都很精彩，在答辩环节，专家们唇枪舌剑，从科学原理、工程细节、人才队伍、成果效益等各个方面，把建议书扒开来"拷打"，最后投票，花落兰州近物所，但401所的团队也心悦诚服，大家对师昌绪先生的主持一致首肯。

　　聪：还有其他给您留下深刻印象的咨询项目吗？

　　郭：有。在气候变暖成为全球性议题之前，我们国家的一些城市已经发现海平面上升的问题，但是原因是什么呢？会带来哪些危害呢？地学部开常委会的时候，有人就提到了这些问题。常委会觉得这是个很重要的大事，就决定围绕沿海地区海平面上升的现状、危害和对策问题，组织一次深入调研，规模较大，影响很广泛。还有一个印象较深的是关于长三角生产力承载这个题目的，因为长三角是20世纪90年代发展最快的地区，但是一个地区的生产力承载是有限度的，过载了就会出现新的问题。这两个项目在调研后都提出了比较有针对性的对策建议。类似的战略咨询还有很多。

　　聪：院士们的这些咨询报告写完之后会怎么样呢？

郭：一般是直接上报国务院，多数都会得到国家领导人的批示，其中，有一些也会公开发表或结集出版。

图 7.2 1995 年访问哥伦比亚大学

（右起：何仁甫、郭传杰、李政道、陈宜瑜、曹杰）

图 7.3 1995 年在纽约州立大学石溪分校杨振宁办公室

（正面照右起：郝柏林、郭传杰、陈宜瑜、杨振宁）

还有一条，就是学部咨询既然涉及国家决策的民主化和科学化，院士们一直期望能建立一种制度保证，即通过立法，使各部委在做与科技有关的重大事项决策之前，主动邀请学部进行咨询，将之作为一种法规下的常态。我们为此做过许多积极的推动工作，但还是很遗憾，直到现在似乎也还没有完全实现。

（三）谁最早把科学精神导入科普？

聪：您提到了科普工作。那时候，国家还没有把科普工作提高到很重要的地位吧？

郭：20世纪90年代中期，国家对科普工作有些一般性的号召，但实际上的支持力度很小。科技界对科普工作的意义也缺乏深刻的认知，不少科学家还存在贬低科普的看法，觉得科普是做不了科研的人才去做的事。其实，这是一种偏见，华罗庚、茅以升等大科学家也是科普大家。我觉得国家层面真正重视科普工作是在进入21世纪以后。

学部科普工作，在张玉台调离之前已经起了头。后来，我们将"百名院士、百场科普"活动推进到全国许多省市，地方领导都很重视，在许多地方，院士报告都是由省市主要领导亲自主持的。后来，我们将这些报告编辑整理后，以《共同走进科学》为书名出版，在当时的影响甚大。不过，现在看来，当时的那个活动还是象征性和示范性的意义更大，虽然轰动效应大，但实际效果并不一定很好，因为许多报告还是学术型的，不够通俗，多数领导干部和公务员未必能听懂，听懂了也未必有用。

聪：原来看过一些材料，发现中科院在这个时候已经开始重视弘扬科学精神了。

郭：是的，中科院明确倡导科学精神就是从那个时期开始的。在20世纪90年代的初、中期，打着科学旗号的骗局，如"水变油""老鼠药"等招摇过市，还有各种各样的门派、迷信活动也十分猖獗。

聪：您觉得为什么那段时间伪科学现象突然开始猖獗？

郭：应该有几个原因。从大背景来看，其一，伴随着市场经济的快速发展，社会上已有的精神信仰和价值观逐步式微，新的正确的观念还没有树立起来，各种各样、稀奇古怪的思潮迅速涌来，金钱拜物变得时髦，大家开始想各种方法赚钱；其二，当时正是社会大变革、大转型时期，有很多不确定性，人们对于明天会怎么样缺少明确的预期，因此一些非自然力、特异功能之类的事情，就很容易得到人们的信任；其三，我们这块土地上，科学精神和理性精神原本就不太强大，而在激烈变革过程中，柔弱的科学精神和理性精神就被很多人抛弃了。还有一些具体的原因，比如当时经济比较困难，一些封建迷信或者伪科学用能赚钱的噱头吸引了大家的视线。

聪：当时科学家群体对伪科学是什么态度？

郭：大多数人都比较反对，无论是比较高层的院士还是一般的科学家。当时，我兼任《中国科学报》的社长（还同时兼过一段时间的总编辑），利用这个科学舆论平台，我们组织了一系列重量级的专题，请科学家研讨，只要我们邀请，无论是什么级别的科学家都很愿意到会。这些研讨活动既抨击伪恶事件，也开展正常的学术争鸣。光召院长只要有空，也常常很有兴趣地参与其中，跟大家一起讨论。后来，我们将那些文字汇编成册，以《维护科学尊严》为书名出版了。

你们知道"水变油"的故事吗？在"水变油"的丑剧闹遍全国上下的十年间，许多大报都给出了整版报道，除"巨大"经济效益外，也有教授从理论上提出"特殊添加剂诱发水中氧原子的冷核裂变或者核改组，转变成为烃"的所谓机制说。只有我们《中国科学报》，始终坚守科学理性，不仅不给一字正面报道，还从科学原理方面出发刊发文章，论证其不可能性。因此，"发明人"王洪成及其追随者特别希望能攻克《中国科学报》这座堡垒。为此，他们还曾给我寄来过邀请函和两张机票，邀我去哈尔滨实地考察。1994年1月，我在开院工作会议时，哈尔滨一个狂热支持"水变油"的著名大学的校长来京要求见我，也希望邀请我们去实地参观考察。

聪：是吗？您去了吗？

郭：没有，不敢去呀（笑）。真的是不敢去！因为，你一旦去了那里，无论你如何表态，他们都会按他们定的调子到处宣传。他们怎么写，并不需要征得你的同意。听说王淦昌先生曾经去过，就被这样"宣传"过一次，再想澄清也难了。1994年末，国务委员宋健决定以"经济诈骗"的名义处理王洪成时，还在中南海找我们几个人商量过一次。在那种情况下，宋健同志的处理方式确实很好，快刀斩乱麻。

1996年2月，国家决定召开首次全国科普工作会议。大会特邀周光召做主旨讲话。会前，光召叫我给起个草稿。其实，他在一般的会议上讲话从来不用稿子，不像有些领导，只会照着稿子念，没有稿子讲不了话。他只在特别正式隆重的大会上，才要我们写稿，因为讲话稿要提前在大会上印发，如中科院的年度工作会议报告、世界科学联合会大会报告、学部工作报告等。他讲话有个特点，不讲套话、不讲旧话，每次都要有新的观点或视角，还要有点理论性。这一次，在他二楼的那个旧办公室里，我问他："这是全国首次科普工作会议，您打算讲点什么？"他从椅子上站了起来，胸有成竹地说："该讲讲科学精神。"说完，他习惯性地背着双手，离开办公桌，在办公室里踱来踱去，边想边说："好长时间没提科学精神了，现在必须讲了。科学普及，最根本的就是要提高全社会的科学意识、科学精神。要讲讲科学精神的内涵和重要性，要剖析为什么当前会出现那么多非理性的各种思潮，指出它们的危害，再讲讲怎么办。"根据他的思路，我以"加强科学普及、弘扬科学精神"为题，拟了一个框架和内容要点，然后去找天文台的卞毓麟商量，找点科普方面的素材，老卞是我院当时有名的科普作家。我写好初稿后交给了光召。大多数情况下，交给他的初稿，他很少改动，但这次他改得较多，在大稿纸的眉边上，他专门用粗重的铅笔加了下面这段文字。

在社会变革的时期，有些人不了解发展的趋势，不能掌握自身的命运，或遭破产，或发横财，都有神秘和不安定感。在缺乏精神支柱时，他们感于今生，期于来世，在迷信活动中寻求心理安慰。近年来，国中迷信活动的泛滥，有一定的社会根源，它是向社会主义市场经济过渡时期，某些消极社会现象的客观反映。

他在大会上的讲话①在会上会下引起了十分强烈的反响。有些人对我说："会上那么多发言，就周院长讲得深刻，有新意，入脑铭心。"直到 2019 年，清华大学刘立教授经过研究论证后，专门著文《周光召：把"科学精神"引入科普政策话语体系第一人》②，其中写道：

> 自新文化运动、《科学》杂志创办以及五四运动百余年来，很多（科技）知识分子论述"科学精神"，比如胡适（拿证据来），竺可桢（不问利害，只问是非），但是把"科学精神"与"科学知识"、"科学方法"和"科学思想"等"四科"作为一个整体，并且最终写入世界上第一部《科普法》——《中华人民共和国科学技术普及法》（2002 年），成为我国科普政策的话语，这个"优先权"（priority），当归于周光召先生即"光召同志"（这是他最喜欢的称呼）。

（四）工程院成立的背景与过程

王：中国工程院是 1994 年正式成立的。您了解其间的一些故事吗？

郭：我没有直接参与中国工程院的组建工作，在这个方面，葛能全知道得更多。③据我所知，关于组建中国工程院的想法，部分有工程背景的中科院院士，如王大珩、师昌绪、张光斗等在 20 世纪 90 年代初期就开始提议了。其实，伴随着工程技术对国民经济建设重要性的日益凸显，这是有道理、合潮流的，美国科学院成立于 1863 年，百年之后的 1964 年，美国工程院成立，其他发达国家也大抵如此，都是为了顺应时代的潮流。但是，在中科院内部，当时有一些同志从中科院自身利益出发，觉得中国工程院的成立会削弱中科院的实力和社会影响力，因此不是以太积极配合的态度在做工作。

1993 年，光召和我去意大利的里雅斯特参加第三世界科学院的一个会议。有天晚饭后，我们两个在宾馆附近的一个风景很优美的海边公园散步，就谈到了当

---

① 周光召. 加强科学普及 弘扬科学精神. 科协论坛，1996（3）：18-21.

② 刘立. 周光召：把"科学精神"引入科普政策话语体系第一人. https://www.163.com/dy/article/EFNJH32J0511C3KH.html[2019-05-21].

③ 葛能全、陈丹. 中国工程院的筹建历程. 科学文化评论，2016（1）：62-87.

天下午他收到的院办公厅发来的一份电报，内容是向他请示与组建中国工程院有关的几件事情。我说，组建中国工程院这件事，在院内还有些不同看法。他说，他了解一些，随即问我："你怎么看？"我说："客观地说，对我们院是有些影响的，但是从大局看……"没等我说完，他就打断了我，说："我们只能从国家大局看，从发展的规律和趋势去看，只能因势利导。现在中科院的章程中，不能包括工程技术方面的多数专家，这不利于国家经济发展，所以我们应该积极支持和推动。当然，在做法上，也要审慎，要引导好院内的人员情绪，开始设计时，就要从制度上确保两院未来有个好的合作关系。中科院的存在定理需要靠我们自己不断地去证明。"听了他这番话，我心里对这件十分重大而敏感的工作就明朗了。在这种理念的指导下，中国工程院的筹建工作得以顺利推进。在确定首批中国工程院院士名单时，数理学部基于他是参与"两弹一星"研制的功臣之一，在他不知情的情况下，在30人名单中提名了他，但他知道后坚决放弃了这一荣誉，把名额主动让给了另一位著名科学家。中国工程院初创之后，他和朱光亚两位院长十分默契，两院的所有合作都十分愉快，这一点，我们作为负责具体工作的人，有特别深切的感受。

图7.4　1994年与周光召院长（右一）在意大利里雅斯特
第三世界科学院总部旁合影

那次意大利之行还有两件小事，我记得特别清晰，也很受教育。去程经过法国戴高乐机场转机时，因为他没带秘书，一路就我们两个人，他已年过花甲，比我年长15岁，所以我就想帮他拿一下拉杆行李箱。他不让，笑着说："你手上不是已经拿了一个吗？"到了米兰机场，在转乘去里雅斯特的汽车的过程中，还需要走较远的一段路，我又试着帮他拿一下那个小箱子，他坚持不让，还有点生气地说："我不是说过了吗？我自己能拿。"另一件事情是在从里雅斯特回国的时候，他把一个鼓鼓的封好了的信封交给我："你回院里后，把这个交给外事局。"我问是什么，他说："前天做的那个报告，他们给了点钱。"我说："您做的学术报告，这是给您自己的呀！"他说："你给外事局就行，别的甭讲了。"回来后，在交给外事局办公室的时候，我才知道里面装了3000美元。直到今天，这件事除他、我和外事局的同志外，估计也没有别的人知道。

（五）袁隆平当年为什么没评上中科院院士

王：袁隆平先生评中科院院士是那个时候吧？为什么没评上，您知道一些情况吗？

郭：知道一些。但对于这件事，张玉台和葛能全知道得比我多些，因为袁先生开始申报中科院院士时，我还没接手学部工作。袁隆平先生是我国科技工作者的优秀代表，对解决我国粮食问题有杰出贡献，但在院士增选正常化初期，他的评审没有通过。对此，社会上多年来一直很关心，也流传着各种不同的说法。就在不久前，我在微信上还看到过一篇炒这件事的"标题党"文章。其实，社会上不了解实际过程，不了解两院各有特点，也不了解两院院士评选角度上的差别。

1995年是院士增选年，在年初召开的一次学部主席团会议上，光召作为主席团主席主持会议，会议要讨论很多议题。在会议开始的时候，他就说："对袁隆平先生的院士评选问题，中央领导同志非常关心，我们今天在主席团会议上，先议一议，请大家谈谈自己的看法。"光召说完后，十几个人的主席团成员都不说话。等了一会，光召对邹承鲁说："邹先生，袁先生申报的是生物学部，您是生物学部的主任，请您先谈谈，好吗？"邹先生说："好。"接着，他以一贯的说话风格，严谨有据、条理清晰地说道："袁隆平同志为我国杂交水稻事业做出的贡献巨大，如果选劳动模范，我举双手赞成。但是，如果评选院士，我们唯一可遵循的就是《中国科学院院士章程》。《中国科学院院士章程》中关于院士资格的第一条是'在科学技术领域取得系统性和创造性的重要成就'。请注意'科学技术''系统性''创造性'几个关键词。袁隆平先生的申请材料中有多少文章和著作，大家都知道。如果要评袁先生当选中科院院士，我认为首先要修改《中国科学院院士章程》。"邹先生以不容置疑的语气说完后，大家纷纷表态，有的说是这个理儿，有的说赞同。光召清楚，修改《中国科学院院士章程》是件很大也很严肃的事情，院士评选是由院士们每人一票投出来的，行政力量不可能左右，所以就没再说什么。会后，他对我说，你写个报告，把这情况报告给总理吧。我说："这个报告不好写。他是打电话来的，还是您亲自回个电话合适一些。"电话打过后，领导后来也没说什么。同年下半年，袁隆平先生以其卓越的工作贡献，顺利当选了中国工程院院士。

（六）院士大会的时间是怎样确定的？

王：在学部工作走向正常化以后，有些日常工作的规矩，是不是也是在那个时候确定的？

郭：是的。比如，每逢单年为增选年，双年为院士大会年，这个就是我们与工程院秘书长葛能全一起商量后报经两院主席团决定的。还有，院士大会是在京西宾馆召开，但京西宾馆是中央的会议宾馆，由部队管理，不能接待外宾。但按规定，自从遴选了外籍院士后，他们应该有权利和义务参加我们的院士大会，这个矛盾怎么解决？经过多方努力，最后终于得到了军方高层领导的批准，允许外籍院士参会，但不得住宿。

还有个具体问题，有了外籍院士后，学部工作就有了很强的国际性。按国际惯例，重大的国际会议日期都是前一年就需要确定的，以便于科学家们安排自己的工作日程。我们每次院士大会，党和国家主要领导人都很重视，开幕式时也都要出席，但领导人何时能来参加，不确定性很强。这个看起来是个具体问题，但影响很大，院士们都希望像国际规则那样，能提前一年知道会议时间。怎么办？我们提出，每双年的院士大会，固定在 6 月的第一个星期一开始。我们跟中共中央办公厅、国务院办公厅会议管理部门说明理由，提出院士们都热切期望国家领导人能出席开幕式并作讲话，但是，万一因时间冲突，领导人星期一不能到会，也希望能够批准院士大会仍照常开幕。你知道，这是个很不容易沟通的事情！不过，经高层领导出面，最后还是同意了我们的请求，解决了一个非常棘手的具体问题，院士们也都很满意。不过，这个约定听说多年后还是没能坚持下来。

（七）"资深院士"称号是怎么来的？

聪："资深院士"是那个时期产生的吧？有什么故事吗？

郭：具体是 1998 年 7 月宣布的，但它的酝酿有个较长的过程。你知道，由于学部工作涉及的层次高、敏感度强等特点，与其相关的规章、制度、名称的更变必须十分审慎，不是说变就能变的。譬如，将"学部委员"改称"院士"这件事，就经历了一个长期而曲折的过程，议论了多年，直到 1993 年 2 月，中科院和国家科委联名向国务院呈递的《关于建立中国工程院有关问题的请示》获批后，同年 10 月，在成立中国工程院的同时，才将"中国科学院学部委员"改称为"中国科学院院士"。改称院士的那批学部委员，多是我国科技界德高望重的老前辈，年事已高，平均年龄当时已达 74 岁。因此，在充分发挥院士们作用的同时，还有两个问题需要我们去解决。

一是如何更加有效地为院士们的健康和生活条件提供保障。当时，他们的就医条件与普通科技人员差不多，如陈景润1995年生病时就住在中关村医院，我去看他时，他坐在床上，双手颤抖得十分厉害，吃饭、喝水都不容易，但他还在给学生修改论文。后来，病情进一步加重，我们在中央组织部知识分子工作办公室（简称中组部知工办）姚雪主任和北京市医政部门的帮助下，好不容易才将他转到北京医院。借此契机，我们进一步与中组部知工办一起，联系国家医疗卫生管理部门，确定了院士的医疗待遇参照副部级医疗标准同样对待。随后，又根据部分院士的建议，联系国家航空、铁道等管理部门，提高了院士出差旅行时，乘坐飞机、火车的待遇标准。

在生活上，20世纪90年代中期的知识分子薪酬待遇普遍很低，一级教授如苏步青等老院士的月薪也只300多元，生活已到拮据的程度。在座谈会上，有人笑谈，在1949年以前每月拿300大洋的薪资，几十年后，是300元人民币。为解决老科学家薪酬待遇低的困难，在争取国家政策支持的同时，我们联系到香港新华集团总裁蔡冠深，他设了一支基金，用基金收益给80—90岁的中科院院士（当时115人）每人每年发1万元津贴，90岁以上（当时17人）的院士，每人每年1.5万元。在今天看来，这点钱真的微不足道，但在当时，高龄院士们都非常激动。我永远也忘不了1995年6月8日晚，在人民大会堂广东厅首次颁发津贴时的场景。当时是我主持会议，何泽慧、钱伟长等都激动地做了发言，年过90岁的科学老人严济慈平时参会从来都不讲话，那天晚上我现场征求他的意见时，他也激情地站起来讲了几句话！总之，通过类似的一项项措施，争取让这些国宝级科学家的安全、健康、生活有更好的保障。

图7.5　1995年6月8日在人民大会堂颁发首届院士荣誉基金

另外，中央领导多次强调，要想办法通过机制与政策，使院士群体的平均年龄降下来。一方面，在增选时，要向中青年科学家倾斜；另一方面，要对高龄院士有个退出的办法。因此，中科院每次给国务院上报有关院士工作的文件中，都要谈到年龄问题。例如，1990年6月国家科委、中科院呈报《关于增选中国科学院学部委员的请示》中明确写有"在这次增选学部委员之后，尽快考虑一部分年事已高的学部委员转为名誉学部委员"。1993年11月国家科委、中科院报国务院的《关于建立中国工程院有关问题的请示》中，明确提出："工程院建立后，即实行名誉院士制度。具体做法是，从召开第二次院士大会起，凡年龄达到80周岁的院士，自动转为名誉院士。"但是，在具体操作执行时，这是个很大的难题！有人指出，叫"荣誉院士"或"名誉院士"称号，都不合适，因为"院士"本身不是官衔，不是职称，本身就是个终身的荣誉称号，怎么能再加"荣誉"二字呢？本来就是真正的院士，怎么能给个"名誉"院士的称号呢？因为名称问题，很长时间都没有办法解决，所以工作就搁置了起来。直到1997年上半年的一天，国务委员宋健把我和中国工程院秘书长葛能全两个约到他在中南海的办公室，再次商量这个名称问题。宋健说："参照新加坡有个'资政'的叫法，我们称'资深院士'，怎么样？"我和葛能全都觉得这个名称好，既体现了尊重，又很庄重，还符合国际规范。我说，要不要先在两院征求一下院士们的意见？宋健连说："不行，不行！直接报请中央批准后就办。因为，现在有的老先生还想不通，知道后，给中央写封信表示反对，这事就又得搁置下来。"我当时真的很佩服宋健同志的老练和政治智慧。之后，我们又从如何执行的角度进行了讨论，譬如说年龄线到底划在哪里合适？"资深"后的权利和义务是什么？他们都是最应该受到尊敬的老一代科学前辈，该给什么待遇？如何宣布？如何宣传？在对这些细节都做好了系统设计之后，这一措施被写成报告报给中央。第二年7月1日，两院资深院士制度同时正式实行。

王：当时为什么把资深院士的年龄定在80岁？

郭：这在1993年的报告中已经提到过。另外，当时用蔡冠深中国科学院院士荣誉基金给院士们发津贴时，我们也把年龄标准定在80岁。

聪：资深院士和一般院士相比，最重要的区别是什么呢？

郭：高龄的院士们为我们国家的科技事业做出了重大贡献，而且年事已高，应该尽量在生活方面给予更好的待遇。在工作方面，最重要的一个区别就是资深院士没有选举权和被选举权。所谓的选举权，就是在遴选新院士时的投票权，被选举权就是被选做学部主任或者常委等职务的资格。

（八）"4+4联席会"

王：看来，那个时候两院合作很多，联系非常密切，是吧？

郭：的确是这样。前面我说过，光召在筹建中国工程院时，就明确要求从制度设计上保证科技界这两个最高团体有良好的合作关系，人事安排上也要有所考虑。首先，他与朱光亚院长在理念和秉性上都很相投。在秘书长执行层面，老葛和我本来就是很好合作的朋友。中国工程院成立后，有很多事情与我们学部办的工作相同或相近，如增选、科普、咨询以及日常工作，如果各自单独做，不仅重复多，工作量大，也会劳民伤财，且易发生矛盾。因此，我们就商量搞个联席会议制度，每季度一次，轮流主持，双方的工作班子在一起开一天会，交流下一步的工作计划，确定可合作的事项及做法。事实证明，这种开放式的合作好处很多。过了一段时间，中国科协办公厅、国家自然科学基金委员会计划局知道后，也希望加入联席会，这就演变成了"四方联席会"，运作机制不变，还是轮值坐庄。再后来，宋健也知道了，有次在会上他问我："听说你们有个四方联席会搞得不错，是吧？怎么不让国家科委也参加呀？"他那时还兼任着国家科委主任。听他这么一问，我还愣了一下，但很快想出了个理由，连忙解释："不！不是不让。国家科委是政府机构，我们现在这四家都不是嘛。"他笑道："结合起来不行吗？"我说："当然可以。"从那之后，国家科委计划司、国家计委科技司、中组部知工办、人事部专家司这四家也"加盟"了，只是它们不参与主持，我们戏称为"4+4联席会"。我一直认为，国家管理部门各自为政的封闭作风是很不可取的，既浪费行政资源，也销蚀管理效率，有时还会产生误会，发生冲突，于国于己都很不好，应该加强开放和协同。

（九）成立学部道德建设委员会

王：这些年，我国学术界的科研不端行为时有所闻，学术道德问题为全社会诟病。在这方面，院士尤其应该发挥好的示范作用。

郭：进入20世纪90年代中期，科技界开始显露出浮躁的气息。这与市场经济的大环境有关，与科技界自身状况有关，也与科研人员的思想人文素质也有关。在1994年的两院院士大会上，周光召在大会报告中第一次特别强调了院士要注意自律的问题。外籍院士也参加了那次会议。其中，陈省身先生在做大会发言时，一边用他拄的拐杖在主席台的破旧地板（那时京西宾馆大会堂还没装修）上用力地敲击着，一边一字一顿地大声说："不要以为我们当上了院士，就可以高高在上、为所欲为，我们这些老家伙更要洁身自好！"那个情景我至今仍历历在目，印象特别深刻。

到了1995年，化学部一陈姓院士（上海某大学的校长）的问题就暴露出来了。他的一位胡姓学生曾被推捧为上海市有"启明星"称号的青年科学家，但后来发现其博士学位论文存在大量剽窃和造假的情况，这件事情在学部引起了极大的震动。怎么处理这个问题？院士中有不同的意见。一种意见认为，这是学生舞弊，不是导师自己作假，属于管理不严，他当校长很忙，出现这种问题可以理解，内部批评就行；另一种意见认为，这可不是小问题！论文只管挂名，不问对错，还做什么导师？这是有关学术道德底线的原则问题，必须严肃处理，以儆效尤。经过从化学部到各学部的多次研究讨论，最后是在院士大会上投票决定将其除名了（该大学还查出了他在经济方面有个问题）。据我所知，在中科院历史上，被除名的院士只有两人，一个是他，另一个是方××，那是因政治问题根据中央的要求除名的。

这件事情直接促成了中国科学院学部科学道德建设委员会的成立。我们还联系中国工程院，共同发布了向全国科技界的倡议书，倡导加强自律，坚守科学道德。当时，邹承鲁先生特别支持成立学部科学道德建设委员会，他为人坦率直言、刚直不阿，在学术界广受尊重。我请他就科技界科研不端行为写篇文章时，他一点也没推辞，还很高兴。通过调研和分析，他将当时学界的不端行为归纳为7种表现，大加鞭挞。在第一届委员会期间，他做了不少建设性的工作。多年以后，中科院研究生院要我给每年新上岗的年轻博士生导师讲科研道德与科技伦理课时，我都要讲讲这一段故事。学风不正，道德滑坡，少数人甚至篡改数据、剽窃他人研究成果，这种行为严重污染了我国科研文化环境，至今仍是削弱科技创新力的祸首之一，必须大力除之。

八、八字院风的提出

聪：目前，中科院普遍接受的"唯实求真、协力创新"八字院风，也是那个时期提出来的吧？

郭：那是1996年的事情。我当时作为中科院副秘书长，除负责学部工作外，还兼任着中科院图书情报出版委员会主任、《中国科学报》社长和总编辑、中科院新闻办公室主任和新闻发言人等多个岗位，因此，比较关注中科院的形象和外部评价。中科院原来也有八个字的"院训"，不过，与中国科协的八个字只有一词之差，也是团结、奋进之类的。当时我就想，这是两个差别很大的组织，中科院是国家科学研究机构，中国科协是科技群团组织，它们的使命和理念应该也有很大的不同。我把这想法跟光召说了后，他说，你根据中科院的特点，提个建议，交党组会定吧。于是，我按原来的基本格式，根据中科院的特点想了八个字，然后分别找了研究院史的樊洪业先生和科学、人文修养都很高的王绶琯院士，请他们提出意见。几经研究，形成了"唯实　求真　协同　创新"几个字。1996年7月，在国家天文台的怀柔太阳观测站召开的夏季党组务虚会议上，院风被列入了讨论议题。在党组会上，光召提出把"协同"改为"协力"，路甬祥提出再加一个传统，内容是"科学 民主 爱国 奉献",其他领导都表示赞同,这就是现在八字院风的确定过程。[①]院风的这四个词在今天来看好像很普通,但在当时,还是有些超前性、有中科院特色的。因为,"唯实、求真"在当时很少提,"创新"在当时也不像现在这样高频出现。1998年,在推进创新文化建设过程中,院办公厅请赵朴初先生书写了院风这八个字。直到现在,一走进三里河院办公大楼,在前厅里首先看到的就是赵老的那幅亲笔书法,许多研究所也在显要处刻写着院风及其内涵。

九、新闻发言人有故事

王:您之前提到,在走上管理岗位前,您很害怕讲话。但几年后竟当了中科院的新闻发言人。困难大吗?有没有一些有趣的事儿?

郭:确实,我也没想到能摊上这个活儿。原因之一,可能是经过几年的历练,胆子变大了,脸皮变厚了一些,讲话不再那么发怵了;另一个原因是那时院领导人手少,每人得兼管好多事。怎么兼管?类似的放在一起打捆呗。在此之前,我已兼任了《中国科学报》的社长,所以其他相似的工作,比如新闻办公室主任和新闻发言人等也就自然而然地划归给我了,包括后来我还兼任了科普领导小组的组长。

要说设立新闻发言人制度,中科院在全国算是比较早的,第一任新闻发言人是张云岗,全国绝大多数部门和单位在那个时候都还没设立新闻发言人制度。这件事也充分体现了周光召时期中科院重视开放、透明和国际化的治院理念。

作为中科院的新闻发言人,不仅要比较全面地了解全院的基本情况,及时获知最新信息,还要经常接受记者们的采访,在报纸或电视上露面。接受纸媒记者不署名的采访还可以,但抛头露面实在不符合我的性格,因此,在报道过程中,我跟记者朋友们有个"双不"约定——对我老郭"不提名、不露面"。一般情况下,他们遵守得还可以。

任新闻发言人期间,有几件事情给我留下了较深的印象。1989年前后,我院周立三先生带领的中科院国情分析研究小组(简称国情研究小组)在大量科学数据的基础上,接连发表了几期《生存与发展》系列报告,第一次明确指出,我国不是如过去长期宣传的那样"地大物博、资源丰富",实际是处于水、土、矿产资源都十分紧缺,尤其是人均数目很是吃紧的状态。

聪:就是胡鞍钢的那个国情小组吗?

郭:胡原是自动化所系统科学专业的博士研究生,笔杆子不错,博士毕业后,加入了周先生的国情研究小组,成为报告主要的起草人之一。这些报告对我国原

---

① 郭传杰. 院风忆想[N],《科学时报》,2009-10-14.

来的经济发展模式提出了质疑，产生了很大的影响。周光召在此基础上，提出了"资源节约型社会"的概念，那个时候还没有"可持续发展"这个词。不久，《纽约时报》驻京首席记者泰勒提出请求采访周光召院长，我们同意并做了安排。采访时，我也在场，谈的主题是"哪些因素将影响中国经济发展的未来"。光召从科学的角度，谈到了资源短缺、环境污染以及科学技术等因素，用了不少数据，我记得特别谈到了重庆地区的酸雨等问题。采访进行了近一个小时，有问有答，相当顺利。结束前，我要求他写好稿子后，先送给我们看看，他满口承诺。一个星期后，李政道先生给光召寄来了一张《纽约时报》，上面登出了那篇采访，李先生还在文中的两处用笔特别画了个标记，因为文中除了记述周光召谈的资源、环境因素外，还夹裹着一些关于政治的小道消息，而这些在访谈时根本就没涉及过，但他也含糊其辞地写了文中，让人产生误解。说实在的，这要是在"文革"时期，马上就会"大难临头"。

王：这件事后来有人查究过吗？

郭：就我所知，没有。我当时就生气地给泰勒打了电话，质问他为什么承诺了让我们看稿又失信，而且还胡写一通。他在电话那头说对不起，忘了，但又辩解说他并没明写是院长讲的，还说打打擦边球是他们记者常做的。第二年，他又通过秘书给我打电话，希望采访院长，我明确告诉他，对不讲信用、没有职业操守的记者，我们不欢迎，直接拒绝了他的请求。

另一件事是关于外籍院士评选的。1994 年 6 月，第七次院士大会评选出了第一批共 14 位外籍院士。公布结果的那天晚上，一个自称是台湾《××日报》的记者，直接把电话打到了我家里（我不知他是怎么知道我家电话的，也无法判断其身份的真假），他弦外有音地以质问口气说："你们选出的外籍院士里，为什么唯独没有诺贝尔奖得主李远哲？是不是因为政治原因？"我们当时从内部渠道已经知道李远哲和"台独"有了关系，但又不便说是这个原因，所以他这个问题还是比较刁钻。我突然想起，当年 1 月份我们访台时，曾听李远哲亲自说过，他任"中研院"院长就得放弃美国国籍一事，所以，我就反问他："我们选的是外籍院士，李远哲教授已经放弃了美国籍，是中国人了，怎么能参评外籍院士？你是权威大报的记者，这件事还不知道吗？"他一听，啥也没说，马上挂了电话，以后再也没联系了。

熊：您的反应非常快啊（笑）！

郭：说到 1994 年 1 月那次访台，我们也与记者打过些交道。因为那是大陆规格最高、人数最多（一行 24 人）的一次访台，所以对两岸的影响都很大。按照日程安排，我们到了下榻的圆山饭店后，才开记者见面会，可是，飞机刚着陆桃园机场，手持"长枪短炮"的大批记者就涌过来了。有人大声问："周先生，去年'中研院'吴大猷院长访问大陆之后，说大陆的基础研究水平比台湾高，您同意这个评价吗？"这是个看似简单的问题，但如果对背景有些了解，就知道其中是有暗坑的。1993年，物理界泰斗吴先生来中科院访问，受到了隆重接待，对大陆的科技发展印象颇深。返台后，他就批评台当局李登辉不重视科学。时隔不久，吴先生就退位下野了，李登辉邀请李远哲返台当了"中研院"的院长。对于这个问题，周光召做了巧妙的回避，他微笑着回答："你看，我刚刚下飞机，对宝岛科学技术的发展还没开始了解，现在就要我回答这个问题，是不是急了一点？"紧接着，有人又抛出第二个问题："您是核物理专家，研制过原子弹。在您的领导下，大陆和台湾联合起来发展核子武器，好不好？"这又是个敏感问题。光召反应很快，回答说："大陆和宝岛的科技界，本是一家人，应该开展更多的合作，我们这次受工研院林院长的邀请访台，就是要加强今后的合作交流。至于原子能领域嘛，我觉得我们在和平利用方面也是有很多合作空间的。"这样就避开了核子武器的问题。

我认为，科学新闻宣传要把握好一个度、调整好一些关系，但这是很不容易的。科学和科学家讲理性、讲严谨，而新闻重时效和趣味，也就是人们常说的"狗咬人不是新闻，人咬狗才是新闻"，两个领域各自遵循的规律是不同的。再加上科学研究是很专业的领域，能够对其有足够了解的社会受众毕竟是少数，因此，要做好科学新闻工作就需要平衡科学家、公众、媒体等好几个方面的诉求。我举个例子，我们化学所有位搞晶体结构分析的专家，叫侯永庚，他双眼失明13年，仍坚持在家搞科研，凭脑子确立新算法，靠记忆编出FORTRAN语言程序，再由他夫人记录下来，写成磁带，再上机运算，用以分析复杂天然产物的晶体结构。相关论文也发表在了国际高水平专业期刊上，吸引了剑桥大学同行的注意，并邀请他去剑桥大学讲学，当时，他们并不知道侯永庚是盲人。这件事被《中国科学报》记者以"在'地狱'入口处"为题发表后，引起了非常大的轰动。一时间，许多媒体纷纷要求采访，侯永庚和夫人十分烦恼，打电话向我诉苦。我跟他们很熟，了解他们的低调性格和人品，也理解他们的苦衷。但是，我还是要以情以理地说服他们理解并支持记者的工作，因为科学家的工作和精神需要向社会宣传，科技发展需要得到社会的支持；同时，我又对媒体朋友反复强调科学家的特点，他们中的许多人都很低调，很讨厌被炒作，他们不想当"明星"，侯永庚更是这样的一个人，因此请大家不要老是给他们打电话，打扰他们的工作和宁静的生活。之后，我们协调了两边的诉求，组织了一次集中采访，请侯永庚和夫人到场答问，也告诉记者们就这一次机会，而且，写稿时务请笔下留情，千万要实事求是，不能无限拔高。这就是那个时候的情况，不像现在，不少人经常主动找记者，搞自我包装、自我宣传。

聪：周院长怎样看待媒体和科学之间的关系？

郭：光召是比较重视新闻传播的。中科院很早就设立了新闻发言人制度。每年春节期间，我们与首都媒体界都会有次座谈会，他一般都会亲自参加。在多次讲话中，他都提到当代的科学技术非常不同于 20 世纪三四十年代的情况，现在的科技发展日新月异，与经济、社会发展联系得越来越密切，因此，科技界不能脱离社会，要让社会了解我们能做什么、在做什么、做成了什么、不能做什么，期望媒体能够理解科学家，理解科技界。当时社会上有些企业或学校给记者塞钱，"买"新闻，做广告，他坚决反对这种行为。但中科院新闻办公室每年都会组织一些记者去看我们的研究所、实验室或野外研究台站，引导记者了解科研人员的甘苦和心声，对于这种做法，他是很支持和赞同的。他给中科院新闻宣传工作提出的六字要求是"全面、准确、适度"，很好地体现了实事求是的精神，很反对那种"典型、拔高"的倾向。

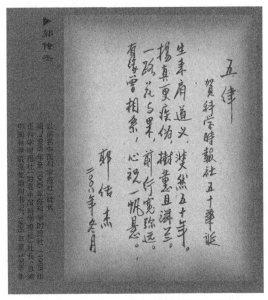

图 7.6　2008 年祝贺科学时报社五十华诞

十、亲历亲闻的科学大师轶事

熊：您在那些年做过战略规划、学部、新闻等一系列的工作，一定接触过很多老一辈的大科学家。在与他们接触的过程中，您有些什么感触和体会吗？

郭：太多了！我常常说，我这辈子很幸运。为什么这么说呢？因为在几十年的工作和生活中，我遇到的好人多，遇到的高人也多。特别是遇见高人这一点，并不是每个人都有机遇的。近朱者赤，高山景行。你在他们身边的时候，因其人品学识、思维思想、耳闻目见的熏陶，定会受益良多。

聪：请您举些例子。

郭：好的。这些全是我亲见、亲闻、亲历的事情。前面已零散地说到过几位，如钱学森、周光召、王大珩、曾庆存，后边我还会陆续提到一些，在这里，我仅集中举几个例子吧，如果都要说，那就太多了。

（一）"中国的居里夫人"何泽慧[①]先生

因为学部工作的原因，我与何先生接触得比较多。她德高望重，直来直去，又极富幽默感，跟我们在一起时，常把我们当作小字辈。她极其平易简朴，穿着随意，总爱穿一件灰蓝色的外套，把头发挽起来，梳成个小鬏鬏盘在头上，不认识她的人如果在路上见到她，很难把她与"中国的居里夫人"这个称号联系到一起！

1996年6月初，中央办公厅打来电话说，第二天温家宝同志要去看望何先生，让我们安排一下。我得知后，马上给何先生打电话："何先生，明天上午您在家吗？"她答道："有事儿吗？你要来，我就在家。"我说："明天上午有位中央领导要到家里来看望您。"她问我是谁，我告诉她之后，她以一贯爱开玩笑的口气说："我又不认得他呀，看我这个老太婆干什么？"温家宝当时是中央书记处书记，还没到国务院。我说："您是大科学家呀！"一开始，她就是不答应，我磨了好久，她才勉强同意了，但加了一句："实在要来，就去我所里的办公室，别来家里。"我很奇怪地问："为什么呀？"她回答说："老钱走了以后，我这儿连灰尘都没扫过。我不能因为有领导要来，还专门去搞卫生。"她说的"老钱"就是指钱三强，钱老是1992年逝世的，那时已经走了三四年了，家里的东西确实都没有挪动过，一切还保持在他生前的样子。见她这么执意，我们就把她的意见反馈给了中央办公厅，温家宝很爽快地，同意去高能所（中科院高能物理研究所）。

第二天早上8点多，家宝同志到了高能所，我陪他来到何先生的办公室。在一张旧沙发上坐了不一会儿，她忽然从沙发上站了起来，向办公桌后面的那排书架走了过去，并招呼我们说："嗨，前两天我整理旧东西时，发现了老钱的一个笔记本，你们来看！"我赶紧起身，跟她走了过去，家宝同志和中央办公厅的几个同志也跟了过来。

她从书架上拿出一个小小的白皮日记本，打开放在办公桌上，指着一张图说："那天很晚了，我们还在河南'五七'干校的地里干活，发现天上有颗彗星。老钱马上放下铁锹，掏出这个小本，做了记录。你们看，这儿画的是彗头，这儿是彗尾，几点几分出现，什么时候消失，时间都标得很清楚。"家宝同志和我们都围在

---

① 何泽慧（1914.3—2011.6），中科院高能物理所研究员，中科院学部委员（院士），杰出核物理学家，被誉为"中国的居里夫人"。1946年与丈夫钱三强在巴黎居里夫人实验室合作发现铀核裂变新方式——三分裂和四分裂现象。

桌边，听何先生讲过去的故事。这时，家宝同志插了一句话："这挺有意义的，您能借给我带回去看看吗？"老太太回答说："借可以，你要还给我。"接着，她话锋一转，对当时在场的高能所所长郑志鹏批评起来了："你们一说科研就向国家要大钱，几十个亿！你看，老钱那时在地里不也在做研究吗？"

这里有个背景，高能所里的大型科研设施 BEPC（北京正负电子对撞机）建好后，精确测量了 τ 粒子的质量，取得了有世界影响的重大成果，但下一步要怎么干呢？经过调研，国内外不少高能物理学家建议再建设一个大型高能装备，叫 τ-c 粒子工厂，预计需要 40 亿元的投资。在 20 世纪 90 年代中期，这可是个天文数字！因此，也有一些科学家持反对意见，何先生就是其中之一。她的这一番话，弄得郑所长虽然下不来台，但又不好说什么。

这时候，家宝同志趁机接过话题，对我们大家说：看！这就是咱们的老一辈科学家！他们不仅按科学精神做科学，而且时时为国家分忧，我们要好好学习呀！接着，他搀扶着何先生回到沙发上坐下，继续说道：我这次来还有件事，就是要听听您关于如何发展我国高能物理科学的意见。中央的初步方针是六个字，叫'不大搞，不断线'。不大搞，是因为我们国力有限，高能物理研究是个花大钱的事业，必须依靠国际合作。但是，又不要断线。如果断了线，没有自己的研究基地，我们的科学家会永远处于向人家学习的阶段，在国际上很难建立真正的合作关系。等一会儿，我还要去光召院长那里，听你们院党组的意见。我们一起过去，好吗？说完，他搀扶着何先生站了起来。

这是温家宝第一次看望何先生的情形。他担任总理以后，先后去看过何先生六次，而且，都是在何先生中关村 14 号楼的家中。

熊：那个 40 亿元的项目后来延期了吗？

郭：不是延期，而是搁浅了，因为当时院里全年的经费也不过 10 个亿左右。不过，后来做了 BEPC 的改造升级，进一步拓展了它作为同步辐射的应用空间。

图 7.7　1994 年在何泽慧先生家中

（二）数学大师吴文俊①先生

吴文俊先生是闻名世界的大数学家。1957年，时年38岁的吴先生就当选了中科院学部委员，60多岁还创造了机械化证明几何定理的程序——"吴氏算法"，获首届国家最高科学技术奖（2000年度）。

1991年5月初，我去匈牙利布达佩斯开会，在机场排队办登机牌时，发现吴先生也在前面排着队。一问，知道他是去莫斯科杜布纳研究所讲学，我是途经莫斯科转机，去布达佩斯开个会，所以同机了。巧的是，几天后回国的时候，我们又在莫斯科碰到，都将乘坐中国民航的同一航班。飞机本来是下午3点多起飞，但快到3点的时候，工作人员告知我们，这架飞机还在法兰克福机场大修呢，今天走不了。于是，我们这一航班的旅客就被送到了莫斯科河边的一个轮船旅馆上休息，当时我国还很穷，中国民航在莫斯科还没有自己的宾馆。那个时候，航空业缺乏竞争，所以服务也比现在差很多。我们在船上待了近18个小时，船上的大喇叭每隔一个多小时就喊一次："飞机现在还没消息，大家继续等待。"整个晚上都是这样，你刚想入睡，大喇叭又响了，大家都烦恼得不行！年轻的旅客有的骂得很难听，但也没办法。

图7.8 2006年邀请吴文俊先生到"中国科大论坛"作报告

我几次去吴先生的舱铺里看他，发现他不是拿本数学杂志在看，就是像没事人一样眯着眼在休息。我问他："您怎么一点也不着急？"他慢悠悠地反问我："呵，你着急呀？"我说："当然！""着急有用吗？""没用。但是烦啦！"他又问："烦有用吗？""没用。""是呀，既然没用，还烦什么！"看吴先生那样子，简直像个

---

① 吴文俊（1919.5—2017.5），杰出数学家，中科院数学与系统科学研究所研究员，1957年当选中科院学部委员（院士），获首届国家最高科学技术奖。

神仙！晚上9点多，他说："急和烦都没用。走，我们去外边走走。"我们下了船，5月的莫斯科还有点寒意，我们沿着河岸边走边聊，远远看到前面河堤上有个小商店的灯还亮着，就想去买个面包。到那儿一看，啥吃的都没有。苏联解体就是在那年的12月，我们在那儿的时候正是它解体前的最后时段，经济濒临崩溃，食品极其紧张。没买到吃的，看见货柜上有几个八音盒，我们各买了一个，算是留个纪念。吴先生从来就是这么豁达、宁静、淡然，是位真正能够做到宠辱不惊的人，关于这方面的趣事多得很，就不说了。

（三）"才90岁"的声学大家汪德昭[①]先生

汪先生是著名的水声学家，我国水声学的奠基人，中科院声学研究所（简称声学所）的首任所长。虽然"文革"期间被打倒了，但跟黄昆先生一样，他也是邓小平亲自点名"解放"出来的。"文革"之后，组织部门要他去做国家海洋局局长。他对我们讲："听到这个消息的时候，可把我吓坏了。我只能做点研究，哪能做这么大的官！情急之下，我就给邓小平写了封信，求他帮忙，别让我去当'官'，还让我留在中科院。嘿，他老人家还真批准了，这样，我就继续留在了声学所。"

他夫人是著名的音乐家李惠年先生，他们两位琴瑟和鸣，幽默达观，珠联璧合。我们都很喜欢去他家，因为总是笑声不断。汪先生听力不行，他说夫人是他的耳朵，一会儿也不能离开。他们俩总是紧挨着坐在一起，风趣幽默，让人流连忘返。那年，汪先生九十大寿，声学所在友谊宾馆给他祝寿，我代表学部也去了。他致辞时，第一句话说的是："我今年才90岁……"一开口就逗得满场哈哈大乐。

（四）李约瑟的老朋友汤佩松[②]先生

汤先生也是黄冈浠水县人，我们是同乡。他家和闻一多的老家更近，都在浠水巴河的望天湖边。他父亲汤化龙曾在辛亥革命时期做过众议院议长。汤先生早年留学美国，专攻植物生理学，1948年成为中央研究院首届81名院士之一。李约瑟在他的巨著《中国科学技术史》第五卷第二分册的扉页上特别注明："谨将此卷献给汤佩松和伯纳尔"，足见他学术地位之高。

---

① 汪德昭（1905.12—1998.12），著名物理学、水声学家，1957年当选中科院学部委员（院士），中科院声学研究所原所长。

② 汤佩松（1903.11—2001.9），著名植物生理学家，1948年当选中央研究院首届院士，1955年当选中科院学部委员（院士）。中科院植物研究所原所长、名誉所长。

图 7.9　汤佩松先生（1903—2001）

新中国成立后，汤佩松任中国植物学学会理事长、中科院植物研究所所长，家也在中关村。汤先生生性乐天，极其幽默。我作为老乡，第一次去他家时，他就开玩笑："我可是皇亲国戚、恶霸地主啊，你还敢来看我？！"他为什么这么说呢？是因为他父亲是民国第一任议长汤化龙，他有个叔叔在浠水土改时期作为恶霸地主被镇压了，他的夫人郑襄女士是宣统皇帝的老师郑孝胥的孙女。我女儿梦娟也是学植物生理学的，1997 年启程去美国读博士之前，我曾带她去拜访过这位老前辈，他非常高兴、热情，并拿出他最后一篇植物学论文的预印本送她做纪念。已年届 94 岁高龄的他，在印本上工工整整地写下"送梦娟小妹存念。汤佩松"几个字。

第二年，他因病住在北大第一医院。有一天上午我去看他，刚进病房，他躺在病床上对我说："看见了没？"顺着他指的方向，我看到对面墙上有一大片还没擦干净的血迹。我不解地问："这是——？！"他呵呵大笑，说："我昨天晚上的成绩！我半躺在这儿，突然喷出一口血，居然喷到墙上了。怎么样？我这个老运动员还行吧！"病到这个程度，他居然还拿自己开玩笑，我真是既感动又敬佩！

平时，他很少谈及自己的工作。有一次，我听说过一点他关于植物中水的上升机理研究的故事，找他求证，他原原本本地跟我讲了。他说："那还是在西南联大教书时的事。我和王竹溪都是湖北老乡，在昆明时住得很近。有一天，我们一起聊天，这里没研究条件，搞不了实验，可总得琢磨点东西呀！他搞统计物理，是剑桥大学的博士，在昆明时期是杨振宁的研究生导师。于是，我们一个搞植物的，一个搞物理的，就一起想了一个研究问题，有的植物长得那么高大，甚至有

100 多米，可树中间的水分是怎么升到树梢上去的？在那之前，还没人想过这个事儿。经过一段时间的琢磨和讨论，我们提出了一个新的概念——'水势'，还弄出来一个公式，写了一篇文章，1942 年在美国的《物理化学杂志》上发表了。此后很多年，我再也没想过这个事。直到'文革'刚结束以后，我在 70 年代末的时候接到在美国召开的国际植物学大会的邀请函，就带了个小团去参会，那时还很少有中国科学家出国去参加国际学术会议。在大会日程上，我看到闭幕式上有个议程，是给两位美国科学家颁发论文奖，因为他们不久前解决了植物中水的上升机理问题。进一步一看，他们的思路和结果居然与我们 20 多年前的那篇文章差不多。我觉得纳闷，就去图书馆找到了当年的那一期《物理化学杂志》，并把我们那篇文章复印下来，交给了大会主席。在闭幕式上，主持人宣布了这件事，取消了这个奖项，原本应该登台领奖的那位科学家也发了言，说他们没查阅那么早的文献。这时候，全场上千位会议代表起立，给中国科学家长时间地鼓掌。"

他说到这儿，我插话道："汤先生，您和王先生为国家争了大光呀！"他很平静地微笑说："那时也没有想那么多。"后来，中科院理论物理研究所（简称理论物理所）的刘寄星研究员将这段佳话，从生物学家与物理学家亲密合作的角度，写了两篇长文，发在了《物理》杂志上。[1]

（五）两弹元勋彭桓武[2]先生

郭：彭先生祖籍黄冈麻城县，和我也算是大同乡。彭先生是 23 位"两弹一星"元勋之一，还是光召院长的研究生导师。他们两人关系很好，光召对彭先生特别尊重。

我怎么知道的呢？2009 年 5 月 15 日是光召 80 岁生日，学界不少人建议开个学术研讨会给他祝寿。我和王玉民受托，于春节前去他家商量这个事。顺便说一句，光召在中科院当领导时，我从来没去过他家，也不知道他家在什么地方。他离开中科院以后，我们春节前一般都会去看看他，直到那时我才知道他家住在哪。当玉民刚开口提及过生日的时候，光召就决然地打断了玉民，说："不要搞！不要给我搞这种事情！"在我们再三说明"中科院内外很多人都有这个期望，您已经退了，院士们在 80 岁的时候一般也都会有这个活动"等等之后，他才很勉强地同意了。但是，他又特别明确强调："只以理论物理所的名义开个小会，规模绝对不能超过彭先生的那一次！"

---

① 刘寄星."中国理论物理学家与生物学家结合的典范——回顾汤佩松和王竹溪先生对植物细胞水分关系研究的历史性贡献（上，下）".物理，2003（32）：403-409，477-483.

② 彭桓武（1915.10—2007.2），著名理论物理学家，1948 年当选爱尔兰皇家科学院院士，1955 年当选中科院学部委员（院士），1999 年获"两弹一星功勋奖章"。中科院理论物理研究所原所长。

彭先生 20 世纪 30 年代留学英国，师从国际物理学大师 M. 玻恩（M. Born），博士毕业后，又与埃尔温·薛定谔（Erwin Schrödinger）一起工作，33 岁当选为爱尔兰皇家科学院院士。在那期间，玻恩在给爱因斯坦的信中说："我和我杰出的中国学生彭，在一起尝试改进量子场论……"薛定谔在给爱因斯坦的信中这样描述彭桓武：简直不敢相信，这个年轻人学了那么多，知道那么多，理解得那么快。彭先生回国后，有记者问他："您在国外学术界有那么高的地位，为啥还要回到这么穷的中国？"他生气地反诘："回国是不需要理由的！你应该问为什么不回国，不回国才需要理由！"李政道先生曾经这样评价他：彭先生"是一位真人真学者，我非常敬佩他"。

彭先生为人十分谦逊、随和、有趣。关于他的趣闻轶事有很多。有些传闻，如背个旧书包，经常在海淀黄庄三角地那儿看人下棋，曾有过被派出所民警"过问"的误会，等等。我曾当面向他求证，问过他，他笑而不答，既不说"Yes！"也不说"No！"。1995 年 10 月，国庆节刚过，6 日在京西宾馆开院士大会。5 日下午，我在宾馆大门口看见彭先生一个人乐呵呵地从大街上回来，就问他去哪儿散步了。他朝东长安街方向一指，带点豪气地说："天安门广场！"我一惊："您一个人坐公交去的？"他更自豪地说："走去走回！"我望着这位脚穿球鞋，年已八十的科学老人，一时不知说什么好！这时，他走到我面前，从口袋里掏出一个拆开摊平了的香烟盒纸，指给我说："看，这是我刚才返回的路上走到西单时，冒出的一首诗，记在这儿了。"这就是叱咤科坛、德高望重的彭公！后来，这首诗被收入了他的诗集《物理天工总是鲜：彭桓武诗文集》。

（六）没有勋章的元勋杨承宗①先生

郭：再讲一个，就是杨承宗先生。他是又一位对名誉地位极其淡然的国之栋梁。早年，他师从居里夫人的女儿伊莲娜·约里奥-居里②研究放射化学，1951 年秋获巴黎大学博士学位。当伊莲娜的丈夫得知他谢绝了法国科研中心年薪 55 万法郎的聘请，决意要回新中国时，十分赞赏杨承宗，并请他吃饭。席间，他托年轻的杨承宗给毛主席带口信：你回国后请转告毛泽东，你们要反对原子弹，就必须自己拥有原子弹。……你们也有自己的科学家。他回国后，经钱三强将国际友人的重要建议转告给了中央，这对党中央在 20 世纪 50 年代初决定要研制我国自己的原子弹，发挥了积极的促进作用。这件事，他从未对别人说过，直

---

① 杨承宗（1911.9—2011.5），著名放射化学家，新中国放射化学奠基人。师从伊莲娜·约里奥-居里夫人，曾任二机部铀矿选冶研究所业务副所长，中国科技大学副校长。

② 1935 年，伊莲娜·约里奥-居里（Irène Joliot-Curie）与其夫让·弗雷德里克·约里奥-居里（Jean Frédéric Joliot-Curie）共获诺贝尔化学奖。

到三十多年后，在青海湖边西海镇要建原子城纪念馆时，这件事才在馆里公开于世。

20世纪50年代，当中央决定研制我国自己的原子弹时，是他带领学生从上千吨铀矿中，分离出1公斤武器级铀235，为我国第一颗原子弹的成功爆炸提供了核燃料。在实验过程中，因为出现了意外，他为了保护其他人而一只眼睛永久性失明。杨先生创建了我国第一个放射化学实验室，并于1958年在中科大创建了我国第一个放射化学系。他是我国放射化学的奠基人，他的学生后来也有不少当了院士。可以说，他为"两弹一星"做出了杰出贡献和巨大牺牲，但遗憾的是，由于阴差阳错，他既不是院士，也不是"两弹一星元勋"，没有获得过任何名衔荣誉，的的确确是位没有勋章的大功臣。

在去中科大之前，我就认识杨先生，对他的高格人品和低调作风特别钦佩。他家原住在中关村北区3号楼，在化学所西大门附近，那个房子很破旧。有一年，院里计划对中关村拆迁改造，当时对院士和老红军都有优先考虑，但不包括杨先生等不是院士的许多老科学家。一天傍晚，我去他家，想听听他的要求和建议，他还是同平时一样，静静地坐在那里，很少说话。他女儿很激烈地向我反映诉求时，他还两次打断她的话说："听组织的吧！"后来，我向分管此事的院领导提出，应该考虑杨先生的情况。开始有人还说："他不是院士呀，怎么能考虑？"我说："他的功绩我们又不是不知道，越是不吵不闹的人，我们越要主动为他考虑，再说，他也是安徽省人大常委会副主任，论级别也符合条件呀！"经过努力，杨先生终于也搬进了新的院士楼。

图7.10 2006年与杨承宗先生交谈

有一次，我从合肥回来去他家看望，正好他也是一个人在家。我坐他旁边聊了一会儿后，不禁轻声问他："杨先生，您为国家做了这么多的大事，有这么多大贡献，却什么荣誉也没有过。您心里有没有过一点点不平衡？"他很坦然地看着我说："最初的时候吧，好像也有过那么一点点。但是，说实话，很快就过去了，没挂心上。事情吧，只要有人做了就行，至于谁做的，其实没那么重要。"然后，他又笑着对我说："实际上，我已经占了便宜呢！"我对他的话十分不解，就问："为什么？"他继续微笑着说："你看，我今年96岁了，这身板还可以吧？如果很早就戴上了这个头衔那个光环什么的，成天忙这忙那的，身体很可能没现在好；如果因为没那些个身外的东西，又总是戚戚于怀，那我可能早就死了。对吧？"说完，他爽朗地大声笑了起来。

　　杨先生就是这样，功高盖世，却平和无争。听他女婿说，他每天早上起来都先做一套自编的健身操，然后听法语广播，对各种大事都很关心。比如中科院的和中科大的一些事情，他也都很了解。但是，他却极少提出批评，总是笑眯眯的，活像个"佛爷"。直到整整100岁时，杨先生安详离世。

第 八 章

书记岗位

一、"有没有搞错？"

王：您是 1997 年进院党组担任副书记的吧？在那之前，您做过党的工作吗？

郭：1997 年 9 月的一天，我突然接到通知，叫我到中组部去一趟。那时，中组部还在西单北大街的老大楼里。我到了之后，有人把我带到了部长办公室。后来听说，这是个惯例，在京的副部级干部在上任前，中组部领导要安排谈话的时候，一般都先和部长见面谈几分钟，然后再由分管的副部长负责正式谈话。部长很客气，边握手边说："祝贺你，传杰同志，经中科院推荐和我们的考察，中央决定任命你为中科院党组副书记。"我一听，顿时蒙了，因为之前没有任何人跟我透过风，我事先一点也不知道有这个事，没任何思想准备！所以，我冒出的第一句话，你们猜是什么？我说："有没有搞错哇？"部长一听这话也被搞蒙了。

王：他大概在这种场合从来也没听到过这种话（笑）！

郭：肯定的。然后，他很严肃地反问我："你什么意思？！"我马上意识到自己的失言，有点语无伦次地解释说："不，不！我的意思是说，我的简历你们肯定知道，我没做过一天的党的工作，连基层党委的委员也没当过。我不知道该如何做党的工作，怕做不好。""啊，是这样！这大概是中科院的文化吧，你好好向你们的老书记们学习呗。"谈话之后没几天，正式任命文件就到了院里。

说到这里，我顺便插几句。前些年搞"三讲"教育的时候，按规定每个人都得写书面的自我检查材料，交给上一级领导。我写的材料中，有这么一段话："从研究所被调到管理岗位后，个人的发展应该说很顺利，但是，每一次升职都是被动的，每一个新的岗位都是生疏的，每一次的升职和转岗，都不是我自己的选择，因此，有点越来越找不到自我的感觉。"每当念及那个离我越来越远的科研情结，心里就不免生出一种莫名的难受的感觉。

上岗之后，我得用业余时间加紧补课，学习党的基本工作规程和方法。党组与党委有什么不同？党组的具体职责是什么？研究所党委与行政领导的责权关系如何确定？中科院系统党的工作有什么特点？对这些问题的思考都需要学习文件、书本，并向有经验的同志请教。刚退下的院党组副书记余志华、物理所的书记邵有余等许多同志，都是我拜访讨教过的对象，受益匪浅。逐步地，我了解了一些基本规律，也知道了科研机构党的工作的一些特殊问题与困难。

在中科院 70 年的历史上，20 世纪 50 年代院长和书记是分设的，因为院长郭沫若那时还属无党派民主人士。当时的党组书记张劲夫在中科院的历史上有很重要的地位，在全院科学家心目中的威望极高。这不仅因为他为人正派、能力超强、密切联系科学家和普通群众，而且也与他在各种政治运动中头脑清醒、敢于担当有关，至今还流传着他在"打麻雀"等运动中，敢于反错误潮流、敢于讲真话的故事，他为中科院的领导建树了榜样。自那以后，院领导班子大部分时间是院长兼任党组书记，副书记只设一人。路甬祥院长这一届也是如此。而且由于朱镕基任总理的那届国务院更强调机构改革和精简人员，那个时期中科院的领导人数可能是最少的，因此每人都分管了很多事情。作为唯一的副书记，组织、宣传、统战等工作自然是责无旁贷，同时，组织上还让我兼任京区党委书记（京区 50 多个研究所及几十个院管企业党委的上一级机构），离退休老干部、图书、情报、出版、科普等也由我分管。此外，由于我有较长期的从事战略、政策工作的经历，中科院的战略与政策设计，路院长要我也参与协助他。所以那段时间真是非常忙碌。

二、选人用人最关键

郭：在任何时代、任何社会制度下，干部的遴选和任用都是特别重要的事，在我们国家更是如此。对于这点，我是深有体会的。那时，中科院下属有 150 多个厅局级事业单位，还有联想集团等一批院管企业，它们遍布全国各个省市，这么庞大的系统，靠什么去管理？靠几个院领导？忙死了也管不过来！只能靠战略、政策，靠各单位的领导班子。因此，选好、用好干部，非常关键。如果一个研究所的所长和书记为人正派，能力又强，这个所你就不必太操心，反之，不仅它的工作上不去，还三天两头给你送告状信，麻烦可大了！

聪：中科院有这么多下属单位，选任干部的工作量自然非常大，您负责这项工作的时候，还有其他工作人员辅助您吗？

郭：有的。之前，院机关有干部局和人事局，分别对应院管干部和一般人事工作，工作是分开的。胡克实、李昌任党组副书记时，就是只管干部局。后来，机构简并，干部、人事、教育合并为一个局，在其中，设置了一个领导干部处，党组关于干部的考察、遴选等日常工作就是通过他们来做的。20 世纪 90 年代，院党组要管 150 多个直属厅局级单位的领导干部遴选，每个机构四年换届一次，每两年还有一次届中考核，可以想见工作量之大！不过，我只抓两头的，即重要的大单位和问题、困难多的单位，只有在这两种情况下，我必须亲自带队去考察，一般的单位就由局长带队去，否则，只是干部这一项工作，我就忙不过来，何况同时还分管着那么多别的事。

我认为，中科院的干部队伍总体来说素质是不错的。这些年来，全国查出那么多领导干部出现贪腐问题，触目惊心。但我在院党组分管干部工作的八年多里，经我签字任、免的厅局级干部有 1000 多人，推荐到部委、地方省市任副部、副省的干部六七个，从 20 世纪 90 年代中后期到现在，这批人有的已经退休，有的依然在岗，至今没一个出问题的人。从全国来看，这应该是少有的吧。

熊：您觉得，其中有什么诀窍吗？您是怎么做到这一点的？为什么在同样一个大环境下，中科院能够在一定程度上做到洁身自好？

郭：倒不是我的工作有什么诀窍。我也常思考这个问题，想来想去，感到其中至少有两个原因。其一是我们中科院做事，相比而言，的确是比较讲原则的，真的是依据德才兼备的标准来遴选干部的，其中，还特别关注是否正派的问题。我觉得，对领导干部的要求不同于一般科研人员、学术带头人，因为他的影响面更大，常常要对一个所、一个单位的大事做决策，是事关全局的。他能否做出正确的决策，除了个人能力外，其实还有个看不见的价值观在影响着。因此，在选任领导干部的过程中，一定得坚持人品在先，对某些虽有能力但心术不正、靠关系、善钻营的人，一定不能让他们通过这一关。我的这一看法其实也是受到了光召的影响，他曾多次说过："现在的年轻人中，能力强、聪明的人是很多的。但如果人品不好，再聪明也不能选做领导。"其二是我认为更重要的方面，那就是我们中科院的文化在无形中起着根本性的作用。在中科院这个团体中，对人和事的价值判断准则是学术而非权力，这是由科学精神的本质决定的。因此，大家不以谋划权力为追求的目标，说得直白些，就是没有想当官这个文化土壤，至少那个时候是这样。在我负责组织工作那八年，真的极少接到过某某为某某私下说情、拉票的电话，更没碰到过直接为自己拉票的事。但在中科大期间，虽然在工作上与省、市干部工作的交集并不多，但每年总要接到几个直接或间接的拉票电话，有时打电话的是地方上某市的领导，我根本就不认得他！可见两种土壤、两种文化之间的差别有多大！在中科院，那时候不想做领导的故事很多，我可以举出好多例子！

大概是1998年，我们去中科院半导体研究所换届，所长郑厚植是院士，他已干了一届，群众测评优良率达80%，推荐他继续做所长的近90%。可是，他本人不愿做，还找了不少客观原因，并在会上半开玩笑对我们讲："要不让我当，我给你们一万元钱！"另一次是大连化物所换届，所长包信和也是干了一届不想再干，但在这个上千人的大所中，绝大多数人都支持他再做下去。他是个有战略思维、正派低调的青年科学家，科研做得很好，但那时还没评上院士。我就去他实验室找他。我开门见山地问："信和，你是想先集中精力拿到院士，对吧？"他委屈地对我摇了摇头，说："还真不是。"我追问了好几次，他才道出为难之处。大连化物所单处大连，在当地名气很大，常有各级领导去视察、参观，迎来送往的事特别多，他很烦这种事，我也非常理解。于是我说："我给出个主意，今后但凡中央、国家部委、省的领导来了，你作为所长如果在家，当然得出面，但在中科院内，除甬祥外，你一概不必迎来送往，行吗？估计这样就可以减少一半这种事了吧？"他苦笑着摇了摇头。我问："减不了一半？""不是。做不到。"他解释说，别说院领导，就是关键部门的局领导也不行，人家会以为你不尊重他。我理解他的苦衷，但仍不能说服他。直到回北京后，我把这件事告诉了甬祥，叫他亲自打电话做工作，包信和才接受。类似的事情不止一例，如程国栋、郭雷等当时都是在路院长亲自做了工作的情况下才接受任命的。

聪：您觉得，中科院能有这种不热衷于做官的文化，原因是什么？

郭：我刚才说了，就是我们中科院的科学文化底蕴。作为一个以做科学为本职工作的科研团体，灵魂只能是科学精神，追求的也只能是科学真理。在这种氛围下，多数人不以当官为追求，更希望在实验室里搞学问。相对于社会上的环境而言，我认为中科院在这方面是比较干净的。在这里，大家基本都有自己的研究领域，许多书记、副所长，同时也是学术带头人，不当领导了，也还有自己专业上的事情可做。地方领导则不同，他们一旦离开了领导岗位，没有权了，干什么去呢？因此，只能沿着做官那个轨道走到头。当然，这种淡泊当官的意识在那个年代比较突出，听说现在也有变化了，这是很值得警觉的。

熊：您觉得当好一个领导，需要注意哪些方面？

郭：我认为，在中科院当领导，权威至少来自三个方面。第一是人格力量，只要做事出于公心，脾气差一点，其实老百姓还是可以体谅的。私心在不同的社会组织里可以有不同的表现，在研究单位，领导的私心主要是体现在对科研资源的占有。如果因为你当了领导，就把资源留给自己的课题组或研究领域，那么其他科研人员的意见就会很大。第二是个人能力，中科院是人才济济之地，如果科研没水平，管理没能力，平平庸庸一个人，即使被推到了领导岗位，也不会有威信，难以服众。第三是需要法统上的承认，也就是有一纸红头文件的任命。没有这个，也没法领导别人（笑）。

熊：提拔领导干部也是从这三方面来考虑吗？

郭：理论上是的。当然，关键是前两个，红头文件是水到渠成的事情。

王：您认为目前科研院所的领导制度还存在哪些问题？

郭：一是选什么样的人当所长。这代表的是学术与行政的关系，在国际上也有不同的处理方式。其中，多数是选科研水平高的，但也有例外，比如著名的德国马克斯·普朗克科学促进学会（简称马普学会）的研究所，所长的实际工作多是由"外行"的法务或财务管理专家负责，而本所重要的学术带头人则轮值担任名义上的所长，这种方式的效果也不错。在我们这里，一般是选学术带头人，否则难以服众。正常情况下，我认为所长年龄在50岁左右最合适，能力、经历都有，同时仍年富力强。太年轻的，既缺人文经验，又影响他的个人学术发展。二是党政关系的处理。这是我们独有的中国特色的问题。我认为，对于我们这样的研究机构，现行的领导体制，即行政首长负责制，是适宜的，因为它不同于地方政府机构和大学。当然，有时也会产生些矛盾，关键是看两个主要负责人。实践证明，如果所长和书记都有大局观念，为人正派，出于公心，相处合作愉快的情况也是很多的。

王：院党组是全院重大问题的最高决策机构。在党组会上，容许有不同意见吗？常有不同意见吗？

郭：那是必须的！据我所知，中科院党组会上的民主气氛是好的，这得益于主要领导人的水平和气质，也与中科院的科学文化底蕴分不开。虽然在周光召那一届的时候，我还不在党组，但从院长办公会上也可以看得出那种民主气氛。一般情况下，光召只提出话题，自己不先亮明观点，让大家充分发表意见，然后在中间或最后谈自己的看法。很奇怪的是，尽管他说话从来都是慢条斯理，娓娓而谈，绝不疾言厉色，但大家都心悦诚服，愉快地以他的意见为准。路甬祥这一届的党组，在我经历的那个时期，民主氛围也不错，自2008年以后，我退岗了，后面的情况就不清楚了。较早的时候，大家如果有不同意见也一样在会上直说，这是常有的事。我就不少次在会上讲过不同看法，有的到现在还清楚地记得。

譬如讨论中关村科学城改造就是个例子。中关村是新中国科学技术发展的策源地，也是中科院的根基所在。但是，许多基础建设都是20世纪50年代建的，已经满足不了现在科研发展的需要，形象上也跟不上时代的发展，因此，重新规划、改造是完全必要的，也是众望所归。2001年，在北京市的支持下，第三次中关村改造工程启动了。我记得那年的夏季党组扩大会是在昌平召开的，其中有个议题就与拆迁改造工作有关。在相关负责人汇报了改造中关村的思路和方案以后，我马上提出了两点质询。一是拆迁思路。我说，中关村的居民不是一般的社区市民，我分管离退休工作，因此比较了解，他们多是各所的科研骨干。但是改造方案只考虑了院士和9位老红军，其余的完全要求按市场思路，让他们立即、全部迁离中关村，这于理于情都说不过去。要知道，其中很多老人都是50年代归国的老科学家，那是一大批人，但是当上了院士的才有多少？二是关于改造的规划。中关村的许多研究所，如声学所、化学所、电子所、化冶所等，园区面积都很小，用地十分紧张，但是当时的规划基本没有考虑这些研究所的未来发展，而是给公司建许多商用写字楼。因此，我就提问，为什么在规划中不给研究所多留点发展空间，而要建那么多的高档写字楼？中关村西区当时已经建了大片的商用写字楼，而且还没用完呢！

大概因为我的意见太过尖锐，甬祥虽然没指名，但是马上提出了批评，还说了"希望大家跟党组要同心同德"这样的话。我一听，马上自辩道："甬祥，我这绝不是不同心同德。我在中关村住了几十年了，早就呼吁中关村非改造不可。但是，关键是改成什么样，怎么改！如果不全面考虑中关村的历史特殊性，想改也是改不成的。"因为，我那时还兼着京区党委书记，对群众的心态和意见了解得比较多。没想到，我当时的话竟一语成谶。改造方案公布后，由于居民意见强烈，中关村的第三次改造不幸流产，直至如今，这仍是一个大的难题。

从这个例子可以看出，中科院的党组会也是常有不同意见的。无论是从党的民主集中制原则，还是根据我院科学、民主的传统，我觉得中科院都应该坚守这个底线。事实上，我觉得中科院总体上一直坚持得也是比较好的。

三、"中心""核心"合一心

王：您是怎么理解、怎么做中科院系统党的工作的？

郭：我体会，"党的工作"与常说的"党建工作"有不同的含义。党建主要是党组织内的事情，比如发展党员、组织学习、办组织生活会，等等。我兼京区党委书记的时候，同事中有很多能干的同志，具体的党建工作主要是他们做的。"党的工作"涵盖的范围要更为宽泛，包括多个方面。我把工作重心主要放在"党的工作"上。中科院的研究所实行的是行政首长负责制，所长主抓科技创新，这是中心任务，党委发挥政治核心和保障作用。当时，不少研究所因为"中心"和"核心"应该谁主导而出现了一些矛盾。那么两者的关系应该如何理解？哪个更"大"，哪个更重要？有的研究所还开过专门的研讨会。如果一直这样讨论下去，一直各执一词，不仅不会有结论，还会相当影响工作和团结。因此，这是我上岗后必须要面对并处理好的第一个问题。

其一，我希望大家能够从理论上搞清"行政首长负责制"与党委工作的"民主集中制"在适应环境、决策机制等方面的异同；其二，要共同确认科技创新是我们最重要的中心使命；其三，要明确在科研机构做领导不是什么当官，不要去计较什么权力地位、谁大谁小。按照我的理解，所长管事，定大事；书记"管"人，动员人。这当然不是绝对的，因为很多所的书记也是很好的学术带头人，中科院上海原子核研究所的沈文庆，就是在当所党委书记时评上中科院院士的，他后来也做过中科院上海分院院长和国家自然科学基金委员会副主任。另一方面，好书记也不一定必须是专家学者，比如院党组的张劲夫、上海有机化学研究所的边伯明都是老革命，但他们都是科学家们特别尊重的老书记。问题的关键是在岗位上做什么、怎么做。弄清了这些，党委的工作任务自然就明确了，除了做好党内自身的党建工作外，就是要围绕科技创新这个中心开展工作。而且，这个"围绕"还不能离开中心太远，绕得八竿子打不着不行，最好能紧靠中心以至进入中心！革命战争时期不就是这样吗？一切为了打胜仗消灭敌人，哪分什么这心那心的，好的司令员、政委都是心心相印、两心相合，不会去纠缠什么"中心""核心"这些词儿。经过一个时期的沟通、讨论、实践，书记和所长们逐渐统一了认识，关于"两心"的议论听不到了，绝大多数单位的党政主要领导都很团结，合作愉快，再闹别扭的也很少了。

聪：如果所长和书记有矛盾，您当时是如何解决的呢？

郭：一方面，在选人的时候就应该尽可能避免矛盾的发生，尽量选择在本性上不擅权，也没有"整人"意识的书记。如果有两个候选人，一个能力很强，但是比较抓权，另一个有学术背景，又不抓权，那么我肯定建议后一个人选，因为他有更好的相容性，能和所长搭好班子。在整体框架没法改变的情况下，只能通过选择具体的人来避免可能的矛盾。另一方面，如果已经出现矛盾了，我一定是各打五十大板，在书记面前谈所长的优点，在所长面前谈书记的优点，尽量让双方意识到自己的不足和对方的优点，相互体谅。

王：您做党组副书记的时候，中科院只有您一个副书记，当时您很忙吧？

郭：确实，组织、宣传、统战、安全保卫、国家安全、图书情报文献出版……好多的工作，我当时稍微梳理了一下，那段时间我要对接的部委大概有十几个。1998年的时候我还晕倒过两次，可能就是因为太累了。

我至今忘不了2003年京区党委换届会的情形。那次是在中关村图书馆的学术报告厅开的。当我做完工作报告，并告诉大家党组已批准我不再兼任下届京区党委书记之后，满满一堂的各单位所长、书记，顿时响起了热烈的掌声。我在主席台上不断鞠躬示谢，连续两三次坐下去又站起来，用双手作请求停止的姿势，但直到过了好长时间，全场的掌声才逐渐停下来。那一次，我真的被感动得湿润了眼眶。

聪：所以大家还是非常认可您的工作的，那么您觉得怎样才能做好党的工作？

郭：根据我的体会，主要有三点。第一，为人要正，人品要得到大家的认可，最好再有点人格魅力；第二，不要去抓权；第三，要知道科研院所党的工作目的是把科技创新搞上去，是要为科技创新服务的。有的时候，你把自己的姿态放低一点，反而在人们心中的位置会更高一些，工作更好做一些。作为党的干部，有时"无为"比"有为"更重要。

更具体地来说，我觉得在科研机构做党的工作，一定不要讲套话、空话、大话，都是知识分子，那么讲是没人听的。也别搞形式主义，动不动就找人谈思想，要人写汇报，科研人员对这些是很烦的，我在化学所时就特别烦这套东西。关键是自己脚跟要正，身板要硬，对人要诚，做事要实，能起点表率作用，如果还有点战略思想，有点管理智慧，就更好。2004年，全党开展先进性教育，那时我还兼职中科大的书记。按党的工作属地化原则，中科大的先进性教育归属安徽省委领导。因此，我得在北京、合肥两地具体负责这件事情，非常忙！省委派驻中科大的督导组要求学校领导班子每人写4万字的自我检查和体会。我找马组长商量，可否不这么硬性规定，我们班子的9个人，有人有内容值得写的，他就写5万，有的人只写 1 万、几千，应该也可以，实事求是，灵活掌握，行不行？他说："这是省委的统一规定，您别让我为难了。"我很理解他，当天晚上，我就打电话给省委常委、省委组织部部长，他是那次教育活动的副组长。当我提出"灵活一点"的希望时，他不但一口拒绝，还跟我打官腔、唱高调，说中央这次如何如何重视反对吏治腐败，写 4 万字是统一规定，不能少！我听后，很不客气地狠狠顶了他几句，说："反吏治腐败非常重要，我来这里才两年，安徽就有几个省、厅级干部出了问题！你是管干部的，你觉得靠写 4 万字就能治吏？"说完，我"啪"的一声把电话给挂断了。然后马上又给省委分管这项工作的王明方副书记打了电话。他是一位有学识、有思想的领导，我去中科大后，跟他打交道也较多。我说了自己的想法后，还说："您是了解中科大的，中科大的人都比较理性，讲究实事求是。"他很客气，说："这次活动，省委确实有这么个统一要求。但中科大主要归中科院管，情况有所不同。这样吧，具体要求多少字，中科大的事您说了算！"接着，他又笑着补充一句："要出了问题，也是您负责哈！"我也笑答："那是当然！您放心！"实际上，我怎么也弄不明白，一个人的思想好坏、觉悟高低，怎么能根据他写了多少字的汇报来判断呢？！我认为，党的教育和学习，应该是直达人心的，只做表面文章，说空话、大话、假话，只能适得其反，一定会影响党以及党员的整体形象。在这方面，我是有体会的，也碰到过一些叫人心酸心痛的事情，而且不止一次。有一次，我与刚从海外归国的青年学者聊天，战略、科研、生活、思想什么都谈，熟悉之后，他们很惊讶，有的说："您不像我们想象中的书记呀！"有的说："您也懂科学？！"听到这些直面的真诚赞叹，我没感到高兴，反而觉得内心苦涩。从什么时候起，我们的党员干部给人们留下的形象变成了这个样子？难道书记这个角色的形象不应该做些改变吗？！

　　聪：在做党的工作之前，您还长期做过科研管理方面的工作，其实党的工作也是管理工作。您觉得怎样才能做好科研组织的管理工作？

　　郭：好的管理是把复杂的事情简单化，而不是把简单的事情通过一大套程序制度搞得更加复杂化。其实，任何事物的发展都有它自身的规律，管理也有管理工作的规律。大概是在 1995 年，机械工业部 90 岁的老院士沈鸿生病住院，我去北京医院看他。他是我国第一台 12 000 吨水压机的总设计师，后担任第一机械工业部副部长。他很健谈，问我："你一直是做管理工作的吗？"我说不是，原来是做化学科研的。他一听，又问我："走上管理岗位后，有不适应的感觉吗？"我如实告诉他，说有很多地方不适应。他说，他也是过来人，从技术岗位转到管理岗位，都会有很多不适应。他愉快地跟我聊起了他的经历和经验。一个多月后，他让秘书给我打来电话，希望我再去聊聊天。我刚进病房，他就从枕头下面拿出一张复印好的 A4 纸给我，说是为我准备的，内容是他从技术人员走上管理岗位后

图 8.1　2003 年率团访问澳大利亚、新西兰时在新西兰林肯大学

的体会。我连声道谢，如获至宝，纸上是用毛笔写的："万事都有度，失度则失真。度是数的概念，更是哲学的概念。"他又进一步向我讲述了他的体悟："做科技工作要抓住本质，做管理工作既要看到本质，又需要掌握好一个'度'。"听完他的经验之谈，我又结合自己的实践琢磨了一下，顿时觉得沈老总结得太深刻太好了，让我十分感动。

四、知识创新工程试点

王：知识创新工程对于中科院有重大意义，既解决了生存问题，又为进一步的发展带来了大量的资源，对全国科技界也产生了积极影响。请您讲讲知识创新工程诞生的大背景。

郭：的确，知识创新工程不仅是中科院的一件大事，对全国的科技改革与发展也有重大影响。它诞生的背景，很多人，包括我们院内的许多同志，可能都不是很清楚，我也不一定说得很全面。这里，只就我个人的所知所感，说几点背景情况吧。其中，直接的原因是当时研究所非常困难，经济压力非常大。

聪：知识创新工程之前，中科院困难到什么程度呢？

郭：在 20 世纪 90 年代初期，有的研究所连工资都发不出来，经过几年的努力，到了中期的时候，稍微有所缓解。但仍然没完全走出困境。

熊：不是有事业经费的保障吗？

郭：中科院的经费主要由三个部分组成，一是科学事业费，人员工资、基本建设都包含在内，但因为国家财政当时也吃紧，所以这部分经费不仅没有增加，还得按科技体制改革的总要求，逐步减少存量，逼研究所走向市场；二是纵向科研项目经费，靠研究所从 863 计划、973 计划、国家自然科学基金等国家项目中竞争得来；三是来自市场服务的横向经费，在当时的情况下，企业也多处于困境，所以这部分在整体中占比不高。三部分经费都很难增长，但物价、科研成本却节节攀升，再加上研究所离退休人员渐增，还必须扩大年轻的研究队伍，因此，研究所的经济压力很大。如何从根本上解决中科院的生存问题，就成了我们新一届党组急切要考虑、急迫要解决的问题。

第二个大的背景，是在 20 世纪 90 年代中期国际上提出的"知识经济时代"这样一个概念，这是个具有战略性意味、能够影响时代的大判断，在当时的国际学术界影响很大。我们中科院也关注到了这一点，并比较早就对知识经济、知识社会这些概念进行了介绍与研究，这些研究对我们提出知识创新工程的建议有很大的影响和帮助。

第三个背景，是那些年中科院对我国科技体制改革的理论与实践从来没有停止过调研与探索，这些为知识创新工程的提出打下了思想和组织上的基础。1992—1993 年，根据时任中央书记处书记兼中央办公厅主任温家宝与周光召的安排，中科院和中央办公厅调研室（简称调研室）成立了一个十人的联合调研组，两方各出五个人，调研室是于维栋带队，中科院这边是我。围绕科技体制改革中的现状、问题、目标导向、路径选择等课题，我们在全国范围内进行了一番广泛调研，提出了一个综合配套改革方案，认为科技体制改革不能"单军突进"，必须有方方面面的支持和配套。温家宝对那次调研很重视，我记得他多次来中科院听取我们的汇报，而且总是用个小本子认真记录，然后对下一步的工作有条不紊地再提出几点要求。这个联合调研组合作得十分愉快，在任务结束前，调研室的朋友还邀请我们去了一趟他们的办公室，并在中南海一起游了一次泳，待了整整一个下午。时隔近 30 年，我们与于维栋、刘洪海等至今还是很好的朋友。自那以后，中科院还在院内就研究所改革问题，组织过多次调研。到了 90 年代中期后，我们对科技体制改革已经形成了一个基本看法，改革与创新发展是应该密切相关的，不能只要求科技界不断深化改革，也应该考虑并支持研究所的发展，如果研究所不能生存、发展和创新，它如何为经济社会发展服务？社会上有个说法："要科技支持经济，可谁来支持科技？"其实这句话表达的也是差不多的意思。

除这些大背景外，还有些具体的背景。1997 年国庆节后，我们在怀柔的化学所二部（今中科院大学怀柔校区）开了个小型研讨会，当时光召已经不是院长，但我们也请了他参加。晚饭之后，他约我一起到雁栖湖边的小山坡上散步。他边走边分析中科院当前的发展态势，其中也谈到了对新领导班子的分析。他说："甬祥是我向中央推荐调到院里来的，经过三四年的适应，现在做了院长，从长远看，他应该能做好的。"接着，他对当时班子中几位副院长的思想、风格、个性、脾气、为人特点等一一做了详细中肯的分析，还说他们能力也都不错，甬祥与他们比，年龄相近，到院的时间还短一些，专业也不是中科院的主流学科，因此，要形成一个强有力的领导核心，还会有个过程。说到这里，他转向我："你的担子不轻啊，你要协助甬祥，维护好班子的团结，尽快形成领导核心。"我一听，马上说："我刚进党组，人微言轻，我哪行！"我讲的确实是心里话，不是自谦。他没理睬我的话，继续说："这是副书记的重要职责之一，你应该去做的，何况，你也有你的优势，大家都认可你的公正。另外，一个新班子要能较快建立威信，形成领导核心，很重要的一点是要在战略上能做件影响大的事情，这方面你也要做好协助工作。"在湖滨的山坡小路上，我走在他的旁边，低着头，听着他的嘱托，既认识到了自身的责任和压力，又觉得心里充满了感动，光召虽然已离开了领导岗位，但为了中科院的事业发展，他在背后还是这样默默关心、支持着甬祥和新班子的工作，对他的大局观念、广博胸襟、诚厚待人及细微洞察的能力，我感到由衷敬佩！

甬祥上任不久，因为联想集团的事情，9月2日他和严义埙副院长去向当时还是副总理的朱镕基汇报工作。会间，朱镕基就中科院总体工作也讲了一段重要的话。他说，中国科技队伍要有层次和分工，中科院是最高层次的国家科研机构，要重点抓好重大基础研究前沿和战略高技术。我也赞成你们办些公司，探索成果转化，但产业搞大了就要分离出去，与院所分开。甬祥第二天就在党组内部及时做了传达，当时大家基本都已知道几个月后朱镕基会当总理，所以我们都很振奋，觉得这是个很好的信号。

会后，甬祥找我商量如何利用这些大背景，组织几个人，小范围地做些深入调研，向中央写个报告，尝试着为中科院的发展寻找新的机会。我建议由计划局远景规划处的何传启组织个小班子，他在华盛顿的中国驻美大使馆做过两年的科技二秘，对国际科技发展状况比较了解，对知识经济已经有些关注，文笔也不错。他说："你去跟他说说吧。"于是，何传启就从机关和研究所共找了五六个思想比较活跃的同志，成立了一个临时的研究小组，我跟他们交流得较多，甬祥也多次听取汇报，就研究报告的框架、立论、政策、措施甚至用词开展讨论，有时也争论得面红耳赤。何传启是起草报告的主笔人，经过两个多月的研究，几易其稿，拿出了《迎接知识经济时代，建设国家创新体系》的研究报告。

这个报告在国内首次提出了建设国家创新体系的建议，内容分为四大部分，包括：①知识经济与我国面临的机遇和挑战；②建设面向21世纪的我国国家创新体系；③组织实施"知识创新工程"；④新时期中科院的战略选择。报告出来后，上党组会审议。因为在那之前，其他院领导很少参与，因此，又经过多次讨论、修改，最后才算定型，并于1997年12月初上报党中央、国务院。

1997年12月29日，办公厅接到通知，李鹏总理第二天要在国务院召开国家科技领导小组会议，议程之一是审议我们院呈送的研究报告。不巧的是，甬祥当时正在香港出差，赶不回来参会汇报。于是，受甬祥委托，我和何传启带着研究报告去找光召，请他代为汇报，他是国家科技领导小组成员，本来就要参加会议。第二天，光召在会上替甬祥做了详细汇报。国家科技领导小组会议对报告给予了肯定，做出了原则性的批示。

时隔不久，江泽民同志于春节期间（1998年的2月4日）在这份研究报告的首页上做了明确批示："知识经济、创新意识对于我们二十一世纪的发展至关重要。东南亚的金融风波使传统产业的发展会有所减慢，但对产业结构调整则提供了机遇。科学院提了一些设想，又有一支队伍，我认为可以支持他们搞些试点，先走一步。"[1]最后，他指示温家宝约中科院的领导商议具体事项。

2月11日下午3点，按照通知，甬祥、我、竺玄（院秘书长兼计划局局长）、何传启以及秘书谢源五人来到了温家宝的办公室。这是位于中南海的一排平房，地面离水面高出不多。家宝同志招呼我们在小会议室的长条桌两边就座。他刚一坐下，就开门见山地说：今天请你们来，是跟你们研究一下如何落实泽民同志的批示精神。这时，他指了指手里拿着的一份报告，说：这是泽民同志看过的那份报告文本，你们看，上面画了好多的红杠杠，今天上午的会上，他还提到了你们的这份报告。请你们先谈谈想法。甬祥把写这个报告的背景、过程等先做了简要汇报。温家宝听完后，说了一段很重要的话。其中有一句：多年前，耀邦同志主持中科院工作时，向中央呈报了一份《汇报提纲》，为科技界的'拨乱反正'起到了历史性的作用。现在，你们在新时期提交的研究报告，与中央的想法合拍，将对全国的科技创新发挥重要影响。当他说到这里的时候，我和甬祥互相对望了一下，心里有种说不出的喜悦和振奋。多年来，中科院党组给党中央、国务院提交过很多个汇报提纲，但有全国性重大影响的并不多见，胡耀邦时期的那份曾被"四人帮"视为"大毒草"的著名的《汇报提纲》，至今仍国人皆知，影响深远。温家宝在这里把这个报告与那份《汇报提纲》相提并论，我们自然是受到极大鼓舞的，感觉也非同一般。

接着，他针对报告询问了几个具体问题后说：你们这个报告全是从国家角度写的，没说中科院自己要干什么。至于中科院怎么做，你们有想法了吗？该准备个汇报提纲给国务院吧？甬祥回答："我们有些初步考虑。请您再给些明确指导。"温家宝说：我想，你们的汇报提纲要有五个方面的内容。接着，他胸有成竹地依次讲了五点，最后强调说：关于需要国家给予的政策、经费支持，要写明确，要实事求是。准备好了后，再来找我。你们大概需要多长时间？我说："一个月之内吧。"

---

① 党史上的今天（2月4日）[EB/OL]. http://www.gov.cn/ztzl/17da/content_739553.htm[2007-09-06].

他有点惊讶：这么快？我回答说：我们已准备了个初稿。他微笑说：那好。下次见。

汇报结束后，温家宝把我们送到了办公室门口。当时已是下午五点多了，甬祥叫我们碰一下头，商量一下第二天开党组会该如何进行传达的事。那天正好是元宵节，站在中南海边的石砌台阶上，望着湖水中吹起的阵阵涟漪，迎着初春寒风的吹拂，脸上虽然感到丝丝凉意，但只觉心里澎湃着阵阵热浪。是啊，中科院科技创新的春天要来了，能不心潮激荡吗？

经过近一个月的准备，3月13日，我们带着《关于开展"知识创新工程"试点的汇报提纲》又去了温家宝办公室。他非常认真地提出了修改意见，然后说：你们回去再改一次。改了后，还拿来一起看看，再正式呈报国务院。不过，下次来，不是找我，找岚清同志谈。当时，我们还不明白为什么要换人。几天后，我们就清楚了，因为3月18日全国人民代表大会会议闭幕，温家宝由书记处书记改任国务院副总理，分管国家发展和改革委员会、财政部等，科技、文教方面的工作由李岚清副总理分管。4月末，经过李岚清同志审阅后的那份《汇报提纲》正式呈报国务院待批。

6月9日，以朱镕基总理为组长的国家科技领导小组第一次会议正式批准中科院开展知识创新工程试点。第一期至2000年底，一共两年半的时间，国家财政支持42.5亿元创新经费，且决定一期结束后，这笔经费纳入基数，再考虑第二期。7月9日，中科院召开了知识创新工程动员、部署大会，由此，在中科院开展的国家知识创新工程试点工作正式拉开了大幕！

熊：中科院的这个报告引起了中央高度重视，里面提到了要建设国家创新体系，中科院先做试点。这件事对后来国家给高等教育，如"985"大学等方面的投资，有什么联系和影响吗？

郭：我想应该是有的。准确地说，中央当时正在通盘考虑科技、教育创新问题，中科院的报告正好符合国家的大思路。1998年5月，江泽民同志在北大百年校庆时提出了要建设若干所世界一流大学的目标。1999年，国务院批转教育部《面向21世纪教育振兴行动计划》，"985工程"正式启动。从时间上来看，这些的确是在我们那份研究报告提交之后发生的。

熊：这份报告对中科院，甚至全国科教事业都产生了深远影响。那么，这项研究成果后来有没有获得过什么奖励？

郭：没有。除了你今天提到之外，还没听说过有人提过奖励的事（笑）。

五、倡导创新文化

王：在知识创新工程中，有一个创新文化建设的目标，听说是您先提出来的，后来也是您在分管。您对创新文化是怎么考虑、怎么推动的？

郭：对文化，我本是外行。在中科院系统，也不同于在大学，任何一所大学都不会小看校园文化、大学文化的作用。但中科院的研究所因为专业性强，体量较小，之前很少有人谈到文化现象，关注文化的功能。我们有 100 多个研究所，在创新工程之前有自己 logo 的寥寥无几。尽管中科院确有深厚的科学文化传承，但重视它的存在、关注它价值的并不多，这大概就是"只缘身在此山中"吧。

图 8.2　2004 年率团在加拿大阿尔伯塔大学座谈科学文化

（右起：曹杰、郭传杰、段恩奎）

进入党组后，我就开始关注文化问题。为什么？主要有两点原因。一是虽然进了党组，但是不知道党的工作怎么做，以前从来没干过，没一点经验，有些人的经验做法我又不完全认同，因此就得思考一个工作抓手。二是在做学部工作期间，常听到有些老科学家把某些不良现象的出现上升到文化方面的原因。譬如，对科研不端行为，他们气愤地说："居然还有人抄袭、剽窃别人的工作，做假数据，这是文化出了问题！"在国外的实验室里，更是常常听到"culture shock"的说法。

聪：您如何理解文化这个概念？

郭：文化并不仅是院风、校训、园区风物、形象标识这些东西。深层的文化是看不见、摸不着的，的确比较虚，但如果仔细探究一下，你就会发现，其实文化的存在很容易就可以感受得到，而且，文化还很有力量，柔能克刚。当时，我找了些文化方面的书籍和材料，边看边学边思考，例如 C. P. 斯诺的《两种文化》、约翰·布罗克曼的《第三种文化：洞察世界的新途径》等。

文化是有结构的，至少可分为三个层面。最外层是物化层，即外在形象、标识；中层是行为、制度、规范；内部核心是精神层面，即共同的理念、价值观。科学组织的核心价值应该是科学精神。

在研究所，文化比思想政治工作有更大的包容性，更容易得到科研人员的广泛认同。研究所党的工作的基本任务，就是调动大家改革、创新的积极性。对老专家、党外人士，如果讲文化，就很有共同语言，很容易沟通，并达成共识、形成共鸣。因此，我觉得文化建设可以成为研究所党的工作的一个更好的抓手，创新文化应该能最大限度地激发并保护科学家的创新动力。

在我院给国务院的《汇报提纲》中，创新工程的目标原来是四个，即重大成果、人才队伍、体制改革、机制创新。1998年7月，全院动员部署后，党组将制定《创新工程实施纲要》的工作分给白春礼和我负责。我在一次小型研讨会上提出，创新是个根本性、长远性的目标，现在的这些制度设计，如tenure-track（学术界的一种终身岗位制度）等，都带有强制性，如果不能变成组织成员的自觉理念，很难长久坚持下去，应该使其成为组织共同的价值观和行为习惯。就是说，只有将目标转变成了组织文化，才算成功。因此，在知识创新的目标中，似乎该加上一个创新文化建设的目标。我的这个想法立即得到了大家的认同。后来经过党组会研究，决定在创新工程四大目标的基础上，再加一个"文化创新"，成为五大目标。同时，就在那次会上，甬祥对我说："这事就由你来负责吧。"

说归说，但任务真正落实到头上，我心里完全没底，很有点发怵。为什么？什么叫"创新文化"？怎么培育创新文化？当时都没研究，我也说不清楚。上网一查，国外虽有很多文章讨论创新文化，但多是硅谷高技术领域的企业文化内涵。至于国内，当时很少有人提到这个词儿。1999年1月，在院工作会议开幕式上，我遵照日程安排，做了个20分钟的发言，讲党组关于建设创新文化的部署。散会后，有几个所长半开玩笑地问我："中科院也准备搞电影、戏剧吗？""我们要去抢文化部的事儿？"

在这种情况下，我们采取了几个策略，现在来看，还是比较合适和有效的。一是边学习边研究边启动，先摸摸文化的特性和规律。我们逐步深入地组织了三次软课题研究，也到北美的一流大学和国家实验室做过考察，特别是以"科学技术与精神文明"为主题，组织过三次全国性论坛，邀请了院内外专家学者共同研讨科技创新与文化环境之间的关系。周光召那时已是全国人大常委会领导了，但三次论坛他都亲自参加并讲了话，龚育之、徐冠华以及许多知名大学的院士、教授，都参加研讨或寄来论文。通过这些活动，我们对创新文化、科学精神、科学文化这些概念从理论上有了较清晰的认知。

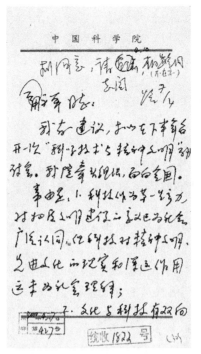

图 8.3　2000 年给路甬祥院长的建议（部分）

二是试点先行，不操之过急。我们是经过两次试点之后，才在全院全面铺开的。第一次先选了 9 个不同学科的研究所进行试点，探索经验。其间还有个小插曲。当时，规模不大，地处西安的中科院西安光学精密机械研究所（简称西安光机所）正处于内耗不断、人才外流的困难境地，经过考察，32 岁的相里斌被任命为常务副所长，主持工作（他是我院历史上最年轻的研究所一把手）。上任不久，他听说院里在开展创新文化试点，他以不一般的眼光和气魄，到院里主动争取作为第一批试点所，并很快在所里打开了局面，这个所现在已发展成为很有创新活力也很有影响的一个大所了。第二次试点，重点挑选了不同研究性质的单位，从纯基础研究、应用研究，再到开发、企业，涵盖了完整的创新价值链。通过两轮试点，基本掌握了各类机构的文化特点，并厘清了推进办法。

王：文化确实很重要，但建设和培育工作做起来难度比较大。在那个期间，您遇到过哪些困难？有哪些故事吗？

郭：你说得对，的确有难度，难度主要在于认识问题，毕竟这是个新的事物。其间，的确有过不少故事。

我发现有个规律，一些水平低的领导，往往只会抓项目、搞经费，觉得"文化是虚的，不能当干粮"。但越是有水平的科学家所长，越支持和重视创新文化建设。我去数学院调研，当时院长是杨乐，他在会上明确提出中科院就该抓抓文化建设，并积极出主意、提建议。上海生命科学研究院神经科学研究所的所长蒲慕明是我们外聘的美籍华裔科学家，他没参加1999年1月的那次院工作会议，但在该所冯副所长会后回所传达了院党组提出要加强文化建设之后，蒲先生说："这抓到根上了，你传达的这些事项里，就这件事情最重要！"在2003年，他应《自然》杂志邀请，在其增刊《中国之声》（China Voices）上发表长文，说"基于过去二十年在中国参与建立一些科研机构的经历，我越来越认识到中国研究机构在国际上取得卓越地位的障碍也许不是来自经济因素，而是文化因素。"①像他这样重视文化建设的科学家不少，他们的理解和支持为更好地推动创新文化工作提供了坚实的基础。

2004年11月，应中科院邀请，以理论物理学家、诺贝尔奖得主戴维·格罗斯为组长的七人国际专家组对理论物理所进行了国际评估。在了解了该所的学术方向、研究成果、人才队伍等情况后，他们又向研究人员、研究生们提出了一系列如下的"小"问题："你们研究员的办公室和学生的办公室隔多远？""是在同一个办公地点还是隔壁？是在同一楼层还是不同楼层？""你们的公共饮水机放在哪里？""你们导师与学生隔多长时间可以讨论一次问题？每天都可以吗？学生可以随时来找教授吗？"大科学家们关注的竟然是日常生活的小问题，奇怪吗？其实不奇怪！因为在他们看来，这些小事都体现了研究团队是否开放、是否存在互动交流的创新文化氛围。

从前，我们的科研人员常有鸡犬之声相闻、彼此少有往来的习惯，我在化学所时，一楼的不知道二楼的在忙什么，也很少有学术交流活动。在康奈尔大学访问时，他们就不一样，每个周三下午，都有cafeteria（又称café break，下午茶时间），不同实验室的人聚在一起，边喝咖啡边交流想法，碰撞出许多好的思想火花。在国际学术界，café break是个普遍认可的做法。于是，在创新文化建设过程中，我们也鼓励各所尝试这件事。许多所积极响应，很快搞起来了。2001年的一天，时任中科院物理研究所所长的王恩哥说他们所开办了"猫头鹰俱乐部"，邀我去看看。我问清了具体地点和时间后，在一天下午，我没打招呼就自个儿去了。

嗬！这个"猫头鹰"条件还不错，在一个不小的会议室里，四周墙壁都挂着白板，周边摆了不少啤酒、饮料、饼干、水果等，屋中间有一排排小桌。人很多，以年轻人为主。除有少数人在白板前写写画画地讨论什么外，多数是在桌旁边吃

① 蒲慕明. 建立中国的科研机构——文化的反思[EB/OL]. http://www.ihep.cas.cn/kxcb/khsl/201006/t20100621_2885033.html[2010-06-21].

边聊，气氛相当热烈。我在一个桌旁坐下，想听听他们谈些什么。然后我就发现，这几个研究生模样的年轻人是在谈体育之类的社会新闻，没什么人谈科学。我小声地问了一句："大家怎么没谈科学的话题呀？"他们这才关注到我这个"不速之客"，有个小伙子问我："您哪儿的呀？""院里的。"听我回答后，他们几个都笑了，那个小伙子接着说："我们在这儿敢谈研究的 idea（想法）吗？""为什么不敢？"我奇怪地问。"哈哈！还不是因为你们的政策！院里要所里搞末位淘汰。我们几个哥们差不多是同行，我把新的 idea 在这儿说了，他手脚快，就做了实验，出了文章，年末我没成果，不就被淘汰了？所以嘛，只能谈谈天气、说说体育啦！"听了他这一席话，我就想："对呀！没有知识产权的保护办法，还搞末位淘汰政策，科研人员哪有安全感嘛！"于是，回到院里后，我在一次会上提出了这个问题，大家都觉得那个研究生说得有道理。于是，就取消了末位淘汰的考核规定。

良好的文化环境是鼓励创造性活动的重要激励条件。美国科学院第二次世界大战时期的院长 F. B. 朱厄特有一段话，我觉得对所有的科研管理者都应该有所启发。他说，创造性工作是人的心智运作的结果，思维之花在最大自由的氛围中盛开。没有人事先能预言别人会想什么，也不能强迫人们产生新的思想。他最多能做到的是为创造性的努力提供有利的环境……我深以为然，真正好的科研管理应该是无为而治的文化管理，绝不应该是强迫性的。

图 8.4　访问剑桥大学时在三一学院的"牛顿苹果树"旁

熊：创新文化建设期间，除了创新价值观和创新管理制度外，当时还强调了有形的物化可视建设，如园区环境、所徽所训，对吧？

郭：是的。文化不仅反映在价值观念及规章制度这些较深的层面，还反映在外观上，虽然只是表观浅层的，但能够较为直观展现组织的文化。所以，在建设初期，结合研究所的园区基本建设，我们要求各所做能够体现科学文化的设计。同样是造一栋楼，银行的要求气派，富丽堂皇，门口最好有一对石狮；而研究所，则希望简洁、明快、朴质，体现理性和科学。一个组织，应该有个精心设计体现其理念、内涵、愿景的logo。院里当时还有设计所徽的要求，但并不强求。例如，理论物理所当时的所长是郝柏林，郝先生向有刚正不阿的品性，针砭时弊，坦直谏言，这方面的事例很多，正如他自己在书中所写："我从来不是一个沉默的旁观者。在中国社会时而波澜壮阔、时而万马齐喑的转型期，我从旋涡激流中努力发出声声吟啸。"①他一向敢说敢言，是我非常钦佩的院士。不知为什么，他对我这么个小人物也很看得起，他的《负载吟啸录：一个前沿战士对中国科学的感怀》在2009年出版后，他还打电话给我，并亲自将书送到我家门口。在他和历任所长的治理下，理论物理所规模虽小但人才济济，所风也浸透了科学精神。他对科学文化建设很支持，但当他听说要求各所做logo时，他的意见来了："我们这么个小所，也要搞这个东西吗？形式！"我完全同意他的看法，不必一刀切，关键在于是不是真正重视并具有科学文化。我们同意了他们所可以例外的要求。不过后来，我发现，他们所不知什么时候也创作了一个所徽（笑）。

聪：哪个所的所徽给您留下了比较深的印象？

郭：不少。西安光机所、数学院、自然科学史所、生态环境研究中心等都较好，有创意，特别是贴合本所的理念和特色。譬如，生态环境研究中心的所徽，是用两片相连的e字形绿叶组成的，简洁、大方、美观。为什么这么设计呢？因为，e字是生态科学（ecology）和环境科学（environment）的首字母。此外，还有个背景，这个所组建时，主要是由搞宏观生态和搞微观分析的两类专业组成。由于学科、职业的某些偏见，部分搞微观研究的人认为搞宏观的研究"不严谨、不科学"，而有些搞宏观生态的学者，也有点看不起搞微量分析的，说他们"视野狭小"，只关注一些ppm（百万分之一）、ppb（十亿分之一）级的微观世界。因此，每逢做规划、评职称时，总免不了一场激烈争吵。在创新文化建设过程中，这个所的领导引导大家就这个问题做了很深入的讨论，终于统一了认识，在此基础上，再设计这样一个logo，大家都很认同，此后所里很少再出现彼此看不起的争吵了。

熊：您觉得中科院这么多所，文化都一样吗？应该一样吗？

① 郝柏林. 2009. 负载吟啸录：一个前沿战士对中国科学的感怀. 新加坡：八方文化创作室. iii.

图 8.5　2003 年 10 月 15 日杨利伟乘坐的"神舟五号"飞船
在酒泉成功发射，郭传杰当时在指挥大厅留影

郭：不，不一样，也不应该一样，应各具特色。文化本来就该争奇斗艳，各显芳华。我们院的研究院、所共 100 多个，大小不同，学科不同，历史不同，地域不同，研究性质不同，有一个共同的底色，就是科学精神、科学文化，但在这个基本的底色上，还应该各有特色。搞基础研究的，强调原创精神，鼓励与众不同；做航天军工的，必须围绕一个目标，强求团队一致。在西北荒漠大川长年做野外科考的，豪爽旷达；在京沪的生命科学实验室里做基因编辑的，需要精密加沉静。长春光学精密机械与物理研究所强调团队精神，数学院重视发扬个性。所以，创新文化作为一种组织文化，有基本共性，也有各自特色，只要能够服务于组织的目标、定位和使命，就是好的文化。类似地，大学文化也是如此。有一个时期，大学校训都是用那几个字来表述，千校一面。因此，在 2007 年北大的一次研讨会上，我说："放眼望去，今日我国大学最大的特色，就是没有特色。"一不留神，这个话当时还成了流行语，在网络上传播得很广（笑）。

王：您觉得中科院的创新文化建设作用大吗？现在怎么样？对全国科教界有什么影响吗？

郭：中科院的创新文化建设从提出到结束，前后十年多一点。2010 年创新工程试点结束时，对创新文化工作有个全面总结，好像有很多条成果，那时我已不在领导岗位了。但在我看来，主要的作用就一点，科学文化的意识在群体中有所增强，但不可高估。因为文化这个东西，其消弭或生成都需要很长的时间，并非几年、十几年就可一蹴而就的。从今天来看，中科院内部官本位的现象似乎更多了，仍有不少人把职工文体活动理解为创新文化，等等，就说明了这一点。至于对全国的影响，当时是有的，自中科院 1998 年正式提出创新文化之后，20 世纪初相继有科技部、国家自然科学基金委员会以及一些大学都正式下发文件，作出部署，也陆续开展了创新文化建设。

图 8.6　2002 年访问意大利博洛尼亚大学（世界最古老的大学，
建于 1088 年）与该校校长合影

六、做离退休工作的苦与乐

王：20 世纪 90 年代后期，我院离退休干部工作也是您分管吧？

郭：是的，从 1997 年到 2005 年。在那之前，院里一般由副书记和分管人事工作的副院长两人负责离退休干部工作。刚开始，也是白春礼和我两个人一起管，但 1998 年启动知识创新工程后，离退休工作就交给我一个人管了。

当时的离退休工作不比现在，难度真的很大。原因主要有几点：第一，当时我国实行干部离退休制度还不久，一些老领导还不适应离退休状态，习惯还没转变过来。我接手这项工作前，机关有八位离休老干部常常聚会发牢骚，以老同志代表的名义反映诉求，还曾直接给江泽民同志写信，状告院领导；第二，知识创新工程启动后，在职同志的薪酬有了明显提升，但离退休人员的退休金一点没变，差距拉大了，而且一些老同志在生活上确有困难；第三，那几年离退休人员增加很快，处于科研人员的退休高峰时期，我刚接手时，全院离退休总人数是 2 万多人，两三年后，到了 5 万多人。这三个原因一叠加，造成了很大难度，在我负责的那几年中，离退休局长就换了三位。本来我分管的工作面就比较宽，但仅这一项离退休工作就大概占了我 1/3 还要多的精力。有时，我从院里下班后，晚上 8 点多饿着肚子、疲惫不堪地回到家，一进门就发现有六七个老同志在家等着我，说："我们等你一个多小时了，你咋才回来？"他们是中关村各所来反映困难或意见的离退休老人，谈完之后，我和家人还得把他们一位位从六楼送到楼下，以免他们摔跤受伤。待吃过晚餐，一般就到 11 点了。

那些年的离退休工作让我慢慢悟到了一个经验。是什么呢？做科研管理，要"重理性、用脑做"，做离退休干部工作，要"带感情、用心做"。为什么？以前，中科院的干部配备级别很高，有其他部委的副部长调到中科院只做个副秘书长，而且全院的老红军也为数不少，我们化学所就有三位。这些老同志在战争年代功劳大、资历深，绝大多数不争待遇，平易近人，深受尊重。闹待遇、发牢骚的只是很少数。因此，我们对他们必须带着感情、用心去做好服务。即使面对意见多、闹待遇的少数人，我们也应该本着几个原则——能解决的立即解决；政策擦边的努力争取解决；不能解决的如实告知，并说明理由，不推诿。同时，对高风亮节的老同志要进行表彰，号召大家学习；对个别确是不讲理的，也要大胆做工作，不迁就顺从，该批评的也要适度批评。另外，对在岗的领导与离退休同志，都要强调换位思考，要求在位的领导要了解老同志过去的功劳、当下的困难，将心比心，谁没个老的时候？希望老同志也要理解现任研究所领导们的辛苦、难度和苦衷。就这样，通过加强彼此的沟通和理解，几年下来后，工作终于顺畅了，心情也愉快了，还出现了许多感人的场景。

院机关那八位老同志中，领头的一位是马老，她离休时是局级，是位老革命，能力也强，在早期离休同志中很有号召力。开始，他们几个因为气儿不顺，总与院里对着干。我作为小字辈儿，与他们诚恳交朋友，经常看望他们，经常向他们通报知识创新工程的进展，实实在在帮他们解决实际困难。后来，终于得到了他们的理解，跟我真交上了朋友，春节期间，有的还给我打电话"拜年"。马老 90 岁生日前，亲著一书《九十回望》，一定要我为她的新书作序。有位朱老，副局级离休，身体显得很差。有段时间，他总是手持刘华清写的亲笔信，要求组织给他解决正局级。我们向中组部进行了认真咨询，答复说根据中央文件，他这种情况不可能解决。于是，我和离退休局吴保祖商量，带着复印的有关文件，去他家实话实说。他非常生气，说："这些年来，我问过好多领导，都说应该能解决，需要研究研究。就你来说不行！"我把文件的条文指给他看，并劝他："都说应该解决，怎么这么多年也没能解决呀？让您老留着一线牵挂，窝在心里，精神不愉快，身体也拖垮了。我们今天来，给您讲实话，请您放下，心里安定了，身体可能就好了。"当时，他还是不能接受，短时间转不过弯来。两年后的一个星期五下午，我正在中科大开会，秘书进来告诉我："北京有位姓朱的老同志来学校了，一定要见你。"我一怔，"莫非是朱老又'想不开'啦？"叫秘书赶快把他请到办公室等我。

散会后一见面，我就发现他和夫人都穿着白色旅游鞋，面色红润、神清气爽，我既高兴、又发懵地问："二老来合肥，是……？"他爽朗地笑着说："来看你，来请你！"原来，这两年他再也不想什么级别的事了，心态正常，身体也变好了。他女儿在合肥做房地产，在万佛湖旁边买了座别墅，他们来住十多天了。第二天是周末，特地来中科大邀请我去他家做客。说完，还加上一句："得感谢你跟我说真话呀，要不然哪有健康的身体来这里享福！"

我体会，每项工作都有它的特点和规律，有它的苦辣酸甜。做进去以后，都可以学到东西，社会万象，人生哲理，从中都可以体验不少，这些，都可以转化成自己的人生智慧和精神财富。

七、十年政协的说与未说

王：您做政协委员的时间不短吧？

郭：从 2003 年到 2012 年，我作为第十届、十一届全国政协委员，参与了十年政协活动。相对而言，科技、教育界还是比较活跃，有些新思想、新观点。

王：葛剑雄和您是一个组吗？

郭：同在教育界，是一个大组，不在一个小组。

聪：您做政协委员期间主要参加了哪些活动？提出了哪些提案呢？

图 8.7　2004 年全国政协委员视察南水北调工程（左起：郭传杰、王大中、李家明）

郭：全国政协共分 34 个界别，我主要参加科技和教育界活动，是教科文卫体专委会成员。政协有很多不同类型的参政、议政、建言、献策形式，比如大会、论坛、视察、考察、调研，撰写提案，等等。第十届时，除每年春天的大会外，我很少参加别的活动，因为当时还在岗，确实太忙、没时间。在第十一届，我已从领导岗位上退了下来，所以每年的视察、考察、调研等活动，参加的也较多。视察一般是跨界别的，由副主席带队，到某个省市视察某方面的工作，规模比较宏大，四五十人浩浩荡荡的，地方上的接待都很隆重，偏于形式和排场，实际意义我看不大，我也参加过一两次，之后就不去了。调研活动的规模较小，6—8 个委员，就某个共同关心的议题，由政协工作人员陪同，到相关省市或部门单位，实地调研、座谈、研讨，回来之后要写报告或提案，提出可行的意见或建议，转国家有关部门参考。我比较喜欢这种调研活动，因为比较实在，作用大些。我也带过队，就技术转移、职业教育等问题去过安徽、湖北、广东等地。

图 8.8　2009 年全国政协考察团在湖北（前排左三为郭传杰）

　　写提案是政协委员的义务，也是参政议政的重要形式，可一人写，也可联名写。我写过，但数目不多，如《关于科技创新人才培养的几个问题与建议》（2008年）、《关于职教发展中的几个问题》（2010年）、《关于改进部委汇报会的几点意见建议》（2011年）、《关于教育经费实现"4%"以后的几点建议》（2012年）等，基本上保持每年一个的水平。政协很重视提案工作，有专门的提案工作委员会。也有的人写得特别多，每年几十份提案，但主要是为了拼数量、得表扬，实际内容都跟报纸上的差不多，没啥新东西。我是很不赞同这种做法的，说得狠点，等于劳民伤财，因为你写了一份提案上交之后，从政协到相关部门，会有好多工作人员围着它提供服务，反馈意见。我认为，好的提案，应该看质量，能发现问题，有感而发，有策可谏，而非人云亦云。在第十一届政协结束前，要求每位委员写篇感想、感悟。我回顾十年的政协委员经历，也写了篇小文，发表在《政协记忆》①，

---

① 徐冠华，张秋俭. 政协记忆. 北京：中国文史出版社：170-175.

文末附了感怀小诗一首。

七律·委员十年感怀

一介委员倏十年，
回悟良多感斯言。
科教国是经纶议，
冷暖民生肺腑涵。
也曾呼声播媒体，
更且步履遍乡关。
敢问效绩何如样？
若有似无仍汗颜。

王：中科院系统的全国政协委员一般分布在哪些界别呢？

郭：我们院的政协委员数量不少，一般在 60 人左右，多数分布在科技、科协、教育这些界别，其他如经济、侨胞等界别的也有一些，但人数不多。

王：您在党组的时候，负责过全院的人大代表、政协委员遴选工作吧？

郭：当然得参与，但最终决定权在党组。中科院在全国政协和全国人大的名额，总体上是比较多的，特别是政协委员，一般部委、省区市都比我们少很多，因为政协是名人、知识分子荟萃之地。人大则不然，各级官员较多，我院的人大代表名额大概有 20 多个。每年两会，我们中科院系统的代表、委员，加起来有八九十个，不过，有的是由省市地方或民主党派推荐选上的。

聪：中科院每一届全国政协委员和全国人大代表的数量都是固定的吗？

郭：名额基本固定。但随着大学和省区市科技竞争力的提升，院士、著名青年科学家的数量也越来越多，社会影响也越来越大，而中科院知名老科学家们往往年事已高，人数减少，要维持原有名额不变，也不容易。所以，每次都要与中组部、统战部谈，尽量争取我们的名额不减少。

王：每一次都要做中组部、统战部的工作？

郭：不是每年，主要是在换届的年份。要用事实、数据说话，证明中科院的事业在发展，有资格当选代表、委员的人数递增很快。全国政协委员和全国人大代表的数量是很重要的，因为这在一定程度上能体现中科院的总体实力，发挥总体影响，对当事者个人来说，这也是一种政治待遇。

聪：科研人员更愿意做政协委员还是当人大代表呢？

郭：这个不太好说，我也没调查过（笑）。再说，这也不是由个人自己挑选的。

但因为人大代表官员多，是决策机构，政协里知识界人士居多，是议政机构，所以，不同的人可能还是有不同的倾向的。我觉得，在政协里参加会议讨论，科教界的共同话题还是多一些。同是政协委员，任职的年限也不一样，从统战的角度，有些有特殊背景的委员可以连任很多届，但身份是中共党员的委员，一般只能连任两届。

第 九 章

科大六载

一、"非典"时期的非常使命

王：您调任中科大是什么时候？之前有思想准备吗？

郭：在我管理工作的生涯中，这是又一件意料之外的事情，非常突然，我没有一点思想准备，而且当时非常不情愿（苦笑）。2003年2月，"非典"（SARS）疫情开始蔓延到北京，到4月下旬，疫情逐渐严重，我们的工作已受到了一些限制，但仍在照常上班。4月24日那天，我记得很清楚是星期四，我正在院部六楼主持一个会。办公厅值班室来人通知我，让我10点去到中组部，有领导找我谈话。

聪：这些时间您咋记得那么清楚（笑）？

郭：因为我有个工作日志，每年一本，每天的日程都有详细记录。我请一位同志代我继续主持会，然后就去了西单，当时中组部还没迁到现在的西长安街。一进中组部，有人就把我带到了沈跃跃副部长的办公室，当时还有三局的夏局长和一个处长在。那之前，因为我在党组分管干部工作的关系，有时也去中组部开会或办事，但多是与联系中科院的四局及有关副部长见面，所以那天出现在我面前的三位以前都没见过，也不认识。

聪：三局是负责高校工作的局吗？

郭：是的，也是他们介绍之后我才知道。沈部长说："请你来，是想一起商量一下中科大下届领导班子的事情。请你先谈谈对这届班子的评价及下届班子主要人选的考虑。"国家在1998年5月决定要建设若干所世界一流大学时就规定，这些学校的书记、校长改由中央直接任命，其他副职仍归教育部或所属部委负责。中科大是中科院直接领导的，也是第一批确定的九所"985"高校之一。中科大那届班子本应在2002年换届，但因为当时的书记汤洪高是中共十四届、十五届中央候补委员后递补为中央委员，所以当时将换届工作推迟到了十六大之后，这样就延迟到了2003年的春天。这些情况中组部早已通知过我们，并要我们推荐新一届的人选。

王：院里已经有准备了？

郭：有，已经有了具体方案。校长推荐朱清时继续做，因为他那时任校长时间不长，年龄合适，且当时全国高校中院士当校长的还不多。汤洪高已经到龄，得推荐新的书记人选。院党组在全院范围内经过反复遴选，确定了一位年富力强的同志，我们都觉得非常合适。人选方案在几个月前就已书面报告给了中组部。沈部长要我先谈，我就代表院党组对中科大这届班子的成绩和问题做了汇报，重点对新推荐的人选方案做了介绍。

我讲完后，她说："上个星期，夏局长他们两位到中科大去做了几天调研，找了很多同志谈话，工作做得很细。你刚才对中科大这届班子的评价与他们两个回来后报告的情况完全符合，说明你们党组是很掌握实际情况的。"听到这里，我原以为他们找我谈，就是想对接一下中科大的情况，看来还比较认同，观点一致。没想到她话锋一转，接着说："不过，你们党组推荐的那位书记人选，他们两个也问过一些意见，看来在学校里的认可度还比较低，大家不太了解。不少同志希望有一位院领导去兼任校党委书记。"这时，坐在旁边一直没说话的夏局长插了话："不少同志都点名希望你去。"

听到这里，我才恍然大悟，原来他们找我谈话的焦点在这儿！我心里一怔："谈中科大的事，怎么扯到我头上来了？"不过，我很快就镇定了下来，而且，一下子就说出了四个理由，说明这样的方案"绝对不可取"。

第一，中央不是一直在强调干部年轻化吗？我个人非常拥护，中科院党组也一贯这么坚持，而且我们干部年轻化工作做得还不错，多次得到了中组部的肯定。我当时快 59 岁了，怎么能带头破坏我们已坚持了多年的规矩呢？事实上，我早就有提前退下来的想法，前一年的 7 月，我曾非常认真地跟甬祥同志提过，希望能在 60 岁前退下来，不一定非要超过 60 岁。第二，我从毕业离开大学到当时的三十多年时间里，只在研究所或中科院机关工作过，对高校的工作完全摸不着头脑，一点都不熟悉。第三，中科院就我一个副书记，分管的工作本来就多，中科大又远在合肥，不像许智宏副院长，他虽然也被派去兼任北大校长，但都在北京，还比较方便。如果安排我去中科大，肯定会影响中科大的发展。最后一点，如果中科大对我们推荐的那位同志不太认同，我觉得很好理解，也好解决。他是搞地学专业的，平时在业务上与中科大的交集不多，因此导致了中科大对他了解得少。这是位有战略思维的学术领军人才，在我院两个大所当过多年的所长、书记，凭他的人品、能力和经历，相信不要多长时间就能得到学校上下的接纳和认可。何况，除了他，我们还可以推荐其他人嘛，中科院有的是人才！

聪：当时那位被提名的同志本人知道吗？您说完后，部领导怎么说（笑）？

郭：他本人当然不知道。对中科大的党政一把手，院里只有建议权，决定权在中央，所以自然不能先跟他讲。听我说完后，他们三个相视一笑，沈部长说："你一下子拿出了几条理由，结论就是一个，你自己不合适。对吧？"我说："是呀！够有说服力的吧！"他们又笑了。接着，她把话题转到了别的方面，问问院里的工作等，我正暗自庆幸"过了关"，感到一丝释然，没想到她把话题又转了回来，问我："传杰同志，我想了解一下，刚才我们说的这个事，如果中央定了，你是什么意见？"我马上回答："中央不会做出这样的决定，因为我刚刚说了那么多很实在的理由。"她见我这么回答，也不反驳我，又谈起了别的话题。过了一会，她又一次问我："如果中央定了呢？"我也跟她玩起了逻辑游戏，笑着说："你们不报这个方案，中央怎么会定呢！"她见我这么说，再一次拉开了话题。稍过一会，她又把话题扯回来了："跟你实说吧，这件事我们部务会上已初步议过了。我想再问你一次，如果中央定了，你是什么态度？"听她这一次说话的口气比较严肃，我就想缓和一下气氛，问她："沈部长，今天我们是第一次见面，你们是不是觉得郭传杰这个人很顽固？"她笑着说："那倒没有。"我接着说："你这是第三次问我这个问题了。说实在的，作为一个党员，我当然知道这个问题的答案是什么，何况你现在所说的不是一般的党组织，是我们党的最高组织。但是呢，那几个字的答案，今天肯定不会从我口里说出来！"

她听我这么说，知道问不出什么结果，看了看手表，已经11点半了，只能"送客"。按过去的惯例，部领导"送客"只到办公室门口，然后由处长送到楼下。但这一次，他们三个硬要陪我乘电梯下楼，我怎么推辞也不起作用，只能由着他们一直把我送到楼下，等我的车子开动后才挥手道别。坐进车里后，我想，他们今天这么客气，看来这事儿可能还没完。于是，我在车里赶紧打电话给甬祥，得知他还在办公室，就叫他等一下，说有急事回去找他。回到院部，走进他办公室，他笑着看着我说："从中组部回来的吧？"我一听，生气地说："你知道了？！是你推荐的吗？"他马上解释道："我也是刚知道，上班后8点多沈部长打电话告诉我的。我怎么会推荐你呢？我知道你的想法，去年你不是就跟我说过了吗？"

聪：您在前一年跟路院长谈了什么，他还记得那么清楚？

郭：2002年，院党组夏季扩大会在怀柔集贤山庄开。会前那一天晚餐后，我跟甬祥说，我想早一点退下来，希望首先得到他的理解和批准。他当时"啊"了一下，没多说什么。等几天的会议快要结束的时候，我又找他，边走边谈。我问他："我前几天跟你说的事情，你同意了吧？"他停住了脚步，望着我，说："什么事？""我想早退下来的事呀，你忘记了？！"我说。"你是说真的？我以为你开玩笑呢！有什么理由？太累了吗？"他一边走，一边抛出问题反问我。"当然是真的！你什么时候听见我说过假话？"于是，我告诉他，累的确是累，但这不是想早退的原因，主要是还想做点研究或别的什么感兴趣的事，这是我的一个老情结，不想等到60岁，担心到时候什么也干不了。我说完后，他就站住了，认真地瞧着我，说："你现在不到58岁，我们班子里还有德顺和柏龄两个比你年龄大，你提出早退下来，他们怎么办？你想过这些没有？！"他这一说，我觉得有道理，我当时也没想到这一层，于是，就再也没说下去了。这就是在那前一年我和路院长的谈话内容。

在他办公室，他接着问我，答应沈部长没有，我说："怎么会呢？"接着把谈话的过程简单回述了一遍，并问他还有没有什么办法。他建议我可以跟曾部长打电话申述一下。我说："你替我说吧，他又不认得我，我哪儿能够得着！"他说：

"好吧。"后来，在沈跃跃第二次约见我时，她告诉过我，甬祥真的为我给曾部长打过电话，也转述了我本人的态度，但也没起到什么效果。

那次谈话之后，好多天没人再跟我提起这个事，我的心逐步平静了下来。我思忖着，当时提出的理由那么充分，态度那么明确，甬祥也答应帮我打电话申述，应该不会有问题吧。但是，过了接近一个月，5月22日，又是个星期四，我下午接到中组部电话，让我3点30分去一趟。放下电话，我心里就有点忐忑不安。到了部里，还在和上次相同的地方，还是上次的三位在那儿等着我。我一坐下，沈部长很客气地说："这次请你来，是给你传达一下总书记今天上午在常委会上，对中科大工作讲的三点指示。"她说，今天上午的常委会，讨论决定了一批领导班子，有省区市、中管企业的，还有几所中管大学的。对别的学校，锦涛总书记没讲什么，讨论到中科大班子时，他讲了三点指示：第一，中科大是我们党在新中国成立之后创办的一所大学，办得很成功，很有特色，这说明我们党不仅能搞革命，能搞建设，也能办好高等教育；第二，中科大是一所新型的理工科大学，师生很讲理性，但这些年来也出了些麻烦，要进一步加强领导，加强管理；第三，你们告诉中科院党组，派郭传杰同志去中科大兼任书记，不能是形式上的，要实际到位。在沈部长传达讲话的过程中，我一直低着头听，眼睛也没看她。直到她传达完后，问我还有什么意见没有，我才抬起头来。我明白，这次不是征求意见，是正式通知。再说什么也没用，只有服从。她问我还有什么意见，我说："中央的决定，我知道了。但我有一个担心和一个请求。一个担心是，合肥和北京相距一千多公里，我在院里分管着那么多的事，要做到两边兼顾，确实有难度，怎么能保证实际到位，我心里完全没底。一个请求是，我去中科大努力把大事理好，把接替我的人选准备好，两年后回北京，请你们能答应我。"她说："你的请求我们知道了。至于两头兼顾的事，你放心。在你到这之前，我和路院长通了电话。你们明天上午要开个临时的党组会，做一些临时分工，你不在北京期间，你分管的那些工作，会分别安排给其他院领导临时代管，不过，要明确一点，工作还是归你负责。"

聪：没有要求您什么时间到合肥吧？

郭：她说完后，我就问："大概什么时候要到位？"她回答说："下星期一，路院长会亲自送你去，你顺便坐他的专厢，省了出差车旅费了（笑）。我也送你去。"这时，坐在旁边的夏局长插话说："这可是破例的。京外的领导任职，正省级领导才由我们部领导去宣布，副职都是我们去就行的。"我说："为安慰我吧！"在座的几位都笑了。

聪：您刚刚提到，谈话那天是5月22日，已经星期四了，下星期一到任，就是说只隔三天。那么急吗？

郭：对，要求就是四天后。第二天上午，甬祥主持召开了临时党组会，说明了情况，分工做了些临时调整。大家都感到突然，也为我的这项新任务担着心，说了些宽心、鼓励和支持的话，让我感到了温暖和力量。当时，班子里白春礼、陈宜瑜、王德顺、王景川几位和我都住中关村 943 小区同楼同门，平时来往就多，他们张罗要给我送行。那时，社会上"非典"疫情还相当严峻。星期天下午，下着小毛毛雨，我们几家大人和孩子一起去了中科院植物研究所（简称植物所）的香山植物园，在小木屋聚餐为我饯行，当时植物所的几位领导也参加了。晚餐时，在长条桌两边就座的每个人都对我说了几句暖心窝的话，有同情、有鼓励、有宽慰、有支持，情真意切，让我十分感动。我这人本来不会喝酒，也不太感性，长大后，更是很少流泪。但那天一反常态，我端起面前的一杯酒，一下子倒进口里，当着大家的面流泪了，一时竟语不成声。有人连忙递过纸巾，大家纷纷说："你不会喝，别喝了！"那也是他们第一次看到我流泪、喝酒。

我这个人有个脾性，就是一般不愿主动去挑担子，而且有些不愿做的事，我就明确谢绝，但一旦被决定了，事情压上了肩头且无法改变的时候，我也不会做"溜肩膀"，还要不遗余力地努力把它做好，否则，内心过不去。不像有些人，什么头衔都敢接，接下后事情都甩给别人做，做得怎么样也不管，我没这个习惯，反而是个"举轻若重"的个性。对中科大的这件事也是这样。虽然中央下的任命通知用的是个"兼"字，但我心里总是当作全职的"正"事去做。本着这种想法，26 号晚上，我就和甬祥同坐他的列车专厢（当时已任第十届全国人大常委会副委员长）离开北京前往合肥。

王：一整节车厢，只有您和路院长两个人吗？

郭：还有他的秘书、警卫和车上的服务人员。他是浙江大学出来的，做过校长，对高校工作很了解，所以那段旅程正好是我学习的机会。在那天晚上，我们聊了很久，也一起分析了中科大的历史情况和办学特色。针对上届班子的问题，他嘱咐我："你到位后，首先要把决策机制完善起来。"

王：有没有聊些其他的？

郭：也谈了些院里的工作。譬如，我们到合肥后，计划第一天先去科学岛（中科院合肥物质科学研究院）调研，28 号才去中科大。岛上有个智能机械研究所（简称智能所），他原来是想把它转制为企业，院长办公会已做了决定。但转制难度很大，又进不了研究院编制，就成了个遗留下来的难题。我建议明天对这个所深入考察一下，如果可能，最好不要转制。他问为什么？我说："这个所不大，的确学科基础薄弱，学术力量不太强。但它的智能研究方向对未来很重要，它的传感器和农业专家系统在国内还有些影响。一个小所，又没有自己的拳头产品，如果推向了市场，很可能就淹死了，二十多年的科研队伍积累下来很不容易，就这样丢掉太可惜了。还不如把它保留下来，进入研究院编制，或者将其精锐部分并入中科大计算机学院。"他当时没表态，但看样子在很认真地听了。第二天在岛上，他对这个所看得很细，问得很多。后来，经院办公会再研究，改变了要这个所转制的决定，而是作为一个创新单元进入了中科院合肥物质科学研究院系统。

我们是 27 日早上到达合肥的，住在市内的稻香楼国宾馆。上午、下午都在科学岛调研。晚上，省领导搞了个大晚宴，那是我第一次见到这么大的一张宴会桌，可容四五十号人就座。省市领导很客气，讲话时多次抱歉，说中科大迁来合肥，为安徽争了光，是安徽的骄傲。但是，安徽还很穷，没有财力支持，只有感情，只能把中科大当个"花瓶"，期望中科院、中科大能支持我们，共同把合肥、安徽发展起来，到那时，安徽人民将会付出更多的实际回报。

沈跃跃是那天下午到达合肥的。晚宴结束后，她专门到我房间来提醒我说："明天上午去中科大开大会，宣布任免之后，你要准备个表态性的讲话哟。"我"嗯"了一声。她说："态度要积极点哟，写个书面的发言稿吧。"她出门时，我抢着补充一句："就干两年呵，跟你说过的！"她回头笑笑说："知道了！"

聪：沈部长知道您的态度，这是对您不太放心（笑）。

郭：对，通过前两次谈话，她很清楚我的态度。不过，关于"干两年"这个事，当时我以为她是应诺了的，以为两年会兑现。事实上，她用"知道了"三个字回答我是很有艺术性的！每年的党组民主生活会，我都以口头和书面的方式，表达希望尽早退下的愿望。

2005 年我还为此找过她一次，她说："我知道你的想法，但我从来没答应过呀，再说，我个人也没法答应你呀。"感觉她真的很厉害，难怪现在当了全国人大常委会副委员长（笑）。

二、三事同显中科大特色

郭：2003 年 5 月 28 日上午 9 点，中科大全体副教授及中层以上干部大概有400 多人，齐聚中科大东区礼堂开会，同时还在几个校区设有广播分会场。沈跃跃首先宣读中央任免文件并讲话，然后是甬祥、省委书记王太华、中科大前任党委书记汤洪高讲话，最后是我和朱清时发言。会议时间不长，不到一个半小时就结束了。

我发言不习惯念稿子，那次也没写发言稿，讲了不到 3 分钟，大概意思是：在今天之前，我来过五次中科大。每次走进中科大质朴而宁静的校园，心中就有一种钦慕的感情。中科大与北大、清华等名校相比，历史最短，但却同样跻身于中国顶尖大学的前列，英才辈出，享有盛誉。就在一个小时前，我成了一名校龄最短的中科大人，与各位同享中科大的巨大荣誉，对此，我心里有一种不安。不过，我自己确实没有掠美的本愿，这一点，在座的沈部长、路院长可以作证。在这里，请全校师生员工们相信，我既然来了，一定真正做好中科大的一员，跟你们一样，实实在在地为咱们中科大的发展，竭心尽力，鞠躬尽瘁。说到具体想法，我现在还讲不清楚，只做两点保证。一，认真学习。我对大学工作不熟，对学校的情况不了解，我一定加强调研，虚心学习，学习老一辈的奉献精神，学习中科大的优良传统，学习大学的发展规律；二，努力工作。请大家相信，我绝不偷懒，不会'溜肩膀'，一定竭尽全力，跟大家一起做好工作。

会议结束后，当我们从台上走向门外时，昨天在科学岛刚认识的一位省领导用手肘故意碰我一下，悄悄问我："你们中科院的人讲话都这样？"我说："咋样？""没帽没鞋呀！"我回笑了一下，说："反正我习惯这样。"

王：您的这个讲话在中科大的校报上应该能查得到吧？

郭：大概能。当天下午，宣传部的同志找我，要我审核一下上午发言的记录稿。我拿来一看，他们好心地在后面加了一些常见的套话。我对他们讲："我没说过这些内容。"他们笑了，说讲话将作为学校的文件发到各院系去，不加上这些可能不合适。我说："我发言时没讲过这些内容，大家都听见了的，还是划掉吧。"但后来我也没有再关注那个文件，不知道里面还有没有那些内容。

从会场出来，我就去了学校的老招待所，以后就住在那儿了。学校的准备工作做得还不错，电话、通信设施都有，上校网的账号也留给我了。我打开电脑，准备熟悉一下学校的情况，特别要看看校园网的 BBS，因为以前很少看到过大学里的 BBS。

聪：是中科大的瀚海星云 BBS 吗？上面有好多人发帖子。

郭：就是瀚海星云。关于上午的会，已有很多帖子了。有的很有意思，我选了两条，打印出来，准备下午开座谈会的时候交给路院长看看。

聪：是什么内容呢（笑）？

郭：都挺有意思的。一条是有关警车进校园的。那天上午我们从稻香楼到学校，一路有警车开道，因为车队中有国家领导人，按规定是有这个安排的，警车到校园后，可能还响过喇叭声。BBS 上大家你一言我一语地，就有了这样的对话："今天上午有警车进了校园。""是吗？是什么大人物来了？""听说是中科院的院长，现在是国家领导人了。""进校园还带警车，怕死就别来中科大呀！"……还有一条是对我的意见。"新来的郭书记，你刚才的发言说到中科大名称时，用了'中国科技大学'这个名称。你注意到了吗？这个名字里，既少'学'又无'术'。我们强烈建议你，别再用这个名字！要用，就用全名'中国科学技术大学'，或用科大、中科大、中国科大，叫'裤子大'也行！"因为，如果用合肥本地口音叫"科技大"，听起来就是"裤子大"（笑）。

　　下午开座谈会之前，我把打印出来的两个帖子交给甬祥看。他一看，开始似乎有点愕然，但马上对我说："这个意见好。你们跟省里有关部门反映一下，看以后能不能不安排警车进校园。"

图 9.1　2004 年夏在少年班看望阅卷的老师

　　聪：之后呢？

　　郭：说实在的，看到这样的帖子及帖子后面折射的文化，我心里很高兴、很认同、很欣赏！对我提的那一条，我觉得很有思想、有深意。后来初步了解了一下，自中科大 1958 年成立到 2003 年，全国以科学技术为名的大学有 70 多所，但全是叫"××科技大学"，完整称谓"科学技术大学"的，中科大是第一个，也是唯一一个。这说明，当年创建中科大的前辈们是很有思想深度与学术眼光的。因此，这条建议我欣然接受，这个观点本来就是认同的，从那以后，再也没用那个"无学无术"的名称了（笑）。

　　关于警车的事，我先是请校保卫处与省有关部门联系。不但没有结果，还被"上了一课"，人家说："开玩笑吧！我们是按国家规定出警的，怎么能随便改？懂吗？如果首长安全出了问题，谁负得了责任？"我见找小领导不行，就直接找了省委主要领导，说了中科大学生的意见，并说路院长也是这个意思。建议在确保领导安全的情况下，警车不进校园，停在学校外面。如果有最高领导来，警车必须入内的话，也请不要鸣笛。他当时态度很好，说中科大的特点他们了解，他会跟有关方面研究一下后再答复我。没多久，省里完全接受了我们的建议。我在中科大那几年，都是这么办的。至于现在有没有变化，我就不知道了。

　　还有一件事情，也是 BBS 上反映的，与刚说的事情类似，也能反映出中科大的文化特色。中央确定的书记、校长到岗后，党政班子的副职就是由中科院党组负责换届了。6 月 10 日，由春礼带队，一行 11 人去了中科大。当时北京的"非典"疫情已经相当严峻了，按规定，在京人员去外地出差办事，必须公示由医疗部门开具的一个星期无发热证明。

王：6 月份的时候就很厉害了，北京街头已经没有几个人了。

郭：那天上午，开完启动换届的全校教授和干部大会后，BBS 上就有很多新帖子，其中，不少是关于北京来校的这些人健康状况的议论。有帖子说："这些从北京来的人，为什么不公示自己的体温记录？""北京疫情那么重，你们就来中科大校园，不怕传染给我们？""他们是领导，很忙，想不到我们的命也是值钱的！"……这的确是我们不应有的疏忽！我看到之后，马上告诉春礼，他立即让人事局请院部医务室给 11 人办好一周健康记录，传到中科大公布，并表示歉意。

三、首先完善决策机制

王：您说的这几件事的确很能说明中科大的办学特色，体现了科学、民主的传统，这在我国众多高校中是不可多见的。

郭：你说得对。我认为这就是中科大之所以能独树一帜、历难弥坚、创新有成的核心文化元素。无论谁主政中科大，都必须尊重它、维护它、发扬它。否则，就是失职，就是不配，就对不住当年为中科大奠基的那批科学大家。

28 号宣布之后，其他人都回京了，就我和秘书小毕留了下来，做了整整一个星期的调研，从早晨到晚上，排得满满的。登门拜访院士、教授、老领导，跑院系、实验室、少年班、机关各处室，看学生活动中心、食堂、东南西北四个校区，有时有人陪同，有时我就一个人去。几天下来，我很有收获，既对中科大的历史和成就有了初步了解，也对当前存在的主要问题和困难，做到了心中有数。在调研、谈话的同时，我一直在心里琢磨，按我们的体制和高教法，我该做些什么？能做些什么？怎样能做好这些该做的事？

王：听不少人说，您是在中科大发展的低谷时期去的，为中科大的上升和发展做了几件基础性的好事。

郭：中科大在当时的确面临很多困难。按武书连的中国高校排名榜，2002 年中科大在全国排第 17 位。按上海交通大学比较科学的评价体系，2003 年前后也只排在第 7 位左右。当然，大学排名只是个参考，不能完全反映实际水平。但当时中科大办学经费捉襟见肘也是实情，两万多人的大学，全年各类收入全部也只有 4 个亿。那时，中科院有的研究所，如长春光机所，年度收入已达到了 7000 多万元。经费少，怎么留人、怎么发展呢？一所大学的发展不同于一家工厂企业，不可能短短两三年就能有显效，需要一个过程。

我以为，要办一流研究型大学，最重要的是三件事：一是理念与目标，这是学校的灵魂，必须明晰，且持之以恒。在这点上，中科大自建校以来一直坚持较好，师生普遍都较认同。二是一流的人才和队伍，这是办学的关键。三是适应这个理念目标，能充分发挥人才能动性的制度、文化及必要资源。制度是保证目标实现的一套规范、机制，文化是与办学理念相容的精神氛围，资源包括经费、设施、硬件、环境等办学条件。结合中科大当时的实际问题和困难，作为书记这个角色，我逐步形成了工作思路，觉得这届班子应该重点抓五件事：一是建好科学的决策机制；二是重启"全院办校、所系结合"办校方针；三是基本解决住房困难；四是改善校地合作关系；五是梳理、弘扬中科大精神文化。

学校领导班子的决策性会议有两个，即常委会和校长办公会。在我们上一届班子，这两个会是安排在两个星期分别开，这个星期开校长办公会，下个星期再开常委会。而且，学校党政班子一共九人，因为书记及一位分管学生工作的副书记不兼行政职务，因此不能参加校长办公会。这样一来就很容易造成矛盾，产生问题。

聪：为什么？

郭：校长办公会通常先开，由校长主持，决策学校教学行政方面的事务，实行行政首长负责制，即充分讨论后，由校长拍板。校长办公会上决定的凡牵涉全局性的事项，如战略、规划等大事，还要上常委会讨论才能做出最后决策。常委会由书记主持，实行少数服从多数的民主集中制原则。常委会、校长会每月必开两次，这是规定的程序。如果按原来的安排，自然会产生两个问题。一是时间缺位。如果延续那样安排，就意味着至少七个人每月得参加四次会，每周都有。大家都很忙，常有出差，因此开会时多人缺席是常态，研讨也很不充分。二是程序错位。校长办公会上拍了板的重大事项还要经常委会通过，如果校长办公会因为民主讨论不够而决策失当怎么办？常委会也无法更改过来，因为九名常委中有七人已参与过校长办公会了，这样一来，常委会就变得名存实无。硬要改，会产生矛盾；不去改，会造成工作失误，进退两难。

于是，我跟校长朱清时商量，得做些改变。我建议每月只开两次会，两个会接着开，先校长会、后常委会。如果议程多，就上下午连着；如果议程少，一个上午就解决问题。开会时间基本固定在单周的星期一，便于大家安排自己的工作。我和分管学生工作的鹿明副书记不挂行政职务，但为了减少沟通环节，也一起参加先召开的校长办公会。清时听后说："这样好！我们两人每月轮着主持。"我说，那还不行，我不能主持校长会，校长会是由你拍板，常委会是少数服从多数，决策机制不一样。后来我们就这样按新的规则执行了，既节省了时间，又减少了矛盾。在校长办公会上，我每次都参加，但一般只听，鼓励副校长们充分发言，我不讲或少讲。我只在某些必要的情况下，在校长决定之前，公开表明我的看法，校长一般都会尊重并采纳我的意见。这样，到了常委会上，开会就简单了，只要通过一下就行，因此有时半个小时就能结束。

除了决策机制外，在执行层面也有些问题要做些调整。学校原来设有一个党委办公室和一个校长办公室，两班子人马。调研中，有些同志强烈建议加强党办力量，增加编制。我个人却觉得这样更不利于党政协同，不利于学校发展。所以，在机构改革时，我们把两办合并为一个"综合办"，对外仍保留两块牌子，但只是内部人员分工不同。结果不仅工作顺了，效率也更高了。

聪：两边分开有什么问题呢？

郭：我举个例子吧。去中科大不久，有一次中科院副秘书长何岩受党组委托来学校了解第九届党代会及党委换届的事。头一天，学校分管机关工作的校领导来找我，问"何秘书长这次来，由谁负责接待？"我愣住了，不明白他的意思，因为在我的脑子里，院里来领导还搞得那么正式、隆重干吗？所以当时就心想，这个问题怎么还要问我？他接着解释说，这次有些特殊，何岩是院副秘书长兼人事局局长，按这个身份，应该由校办负责接待，可是他还兼任京区党委书记，这次来的任务是关于党口的事，又似乎应该由党办接待。听他这么一说，还真难为他！你看，这么个简单的事，因为有两个"办"在那里，反而不好办！合成一个"综合办"，不就容易了吗（笑）？

说到常委会，我还想起了一件关于个人称呼的有意思的事。到学校后不久，有一天我在行政办公楼前正与一位副校长在路旁商量事儿，听见身后远处有人喊："郭书记！"我听见了，没去看来人，仍继续着我们两人的谈话。突然，身后来人使劲在我肩上捶了一下，我回头一看，原来是化学学院的一位教授，跟我在化学所做科研时是老同行，彼此很熟悉。他说："怎么，到学校来当了领导，就不认老朋友啦！"我说："刚才你是喊我吗？""不喊你喊谁！你听见了，不答应！"我说："我真的不知道你是在叫我，还以为这附近有某个学院或某系的书记也姓郭呢！在院里，大家都是叫我传杰或老郭，听到'郭书记'这个官称，一时反应不过来，抱歉！"

在中科院，以前有个好习惯、好传统，彼此间称呼时很少带职务"官衔"的，特别是老院长周光召，大多数人都是直叫他"光召"，我当面这么叫，打电话时也这么叫，只在背后有时用"周院长"称呼他。我本人非常赞赏并习惯这样的称谓，虽然是个日常小事，但它代表着一种平等亲和的人际关系，体现了中科院的民主文化，有利于我们创新使命的完成！因此，我也希望大家就叫我名字，我的学生和秘书多数都做得很好。第一个秘书是杨建华，20多年来一直叫我"老郭"，我非常非常高兴！我化学所的老同事，到现在还叫我"小郭"或"老郭"，特别亲切。因此，在学校第一次常委会结束时，我请大家留一下，说："我还有个个人请求。"我把前两天在办公楼前碰到老朋友的故事讲了一下，然后说："请咱们班子的各位都别叫我'郭书记'，我对大家也直呼其名。"他们都笑了，纷纷问："那叫什么呀？"

我说，有几个选择，一是叫"传杰"，二是带个姓，叫"郭传杰"。他们说我年龄最大，这样叫不出口。我说还有两个可选的，"老郭"或"郭老师"。后来，叫老师的较多，因为在学校里比较普遍，也有叫"老郭"的，也有一直没改的（笑）。我在学校叫别人时，凡年纪比我小的，一律叫名字；年纪大的，叫"老师"；更老的，尊称"先生"，从不附加"官衔"。

四、重启"全院办校，所系结合"

王：中科大1958年建校时，"全院办校、所系结合"就是最重要的办校方针，这也是中科大成立后能迅速跻身全国第四名校的法宝。听说您到中科大后，又祭起了这一法宝。请谈谈这方面的情况。

郭：这八个字在中科大的历史上有特殊意义，因为它在深处体现了创新人才培养的客观规律，也是中科大在建校第二年就能异军突起、跻身全国重点高校第四位的根本原因。中科大50周年校庆时，我们总结出了一句话，叫"千生一院士"，这是根据20世纪60年代毕业生的数据实际算出来的。中科大在北京办学12年，建校伊始，自身没有条件，怎么办？它有个其他任何大学都没有的独特条件，就是厚实的母体——中科院！建校之初，在科学前沿设有13个系，系主任全是中科院相关研究所的所长，如华罗庚、钱学森、赵忠尧、郭永怀、吴仲华、杨承宗、赵九章、贝时璋等这些赫赫有名的科学大家。那时，因为"亲情"、地域的原因，所系结合非常紧密，可以说达到了水乳交融的境界。1970年，中科大南迁合肥以后，教师们都念想着这八个字，也曾做过努力，但不能如愿。改革开放之初，院党组副书记李昌兼任中科大副校长，曾亲自带队十余人，在学校调研两个星期，后来还做出了相关规划，但终因条件不备而可惜"流产"。至21世纪初，远在合肥的中科大只与中科院有个隶属关系，同一百多个研究院所的关系已经相当疏淡。

我在调研过程中发现，中青年教师和学生们已很少提起那个八字方针，因为时过境迁，他们已经了解不多。但是，大部分老教授、老领导都强烈呼吁我，要重视"全院办校、所系结合"，说这是重振中科大的一件法宝。从理性上讲，必要性是肯定的，但可行性如何呢？经过一番思考，我觉得虽有难度，但还是可能的，毕竟当时已经不同于改革开放之初的那个年代。到了21世纪初，合肥虽然仍然闭塞，但到南京、上海还方便，与北京之间的交通也有了很大的改进，每日有航班4趟，还有夕发朝至的一列火车（因为有它，我2004年在北京、合肥之间打了84个来回）。加上我在中科院工作这么多年积累的人缘，应该可以重启这个"八字方针"，毕竟它是支撑中科大发展的一项战略性措施。这个想法很快得到了中科院党组的同意和支持。在学校常委会上宣讲后，大家也都积极赞成，这极大增强了我的信心。后来，许武从中科院长春分院院长岗位调来中科大任副书记，因他与各分院有较多的工作联系，所以班子分工时就把这项工作交由他具体分管。于是，中科大新时期的"全院办校、所系结合"就在全院有声有色地又做起来了，而且比二十世纪五六十年代时，涉及的面更宽更广。

聪：您是怎么联络的各方呢？

郭：我在院部工作多年，与各分院、研究所领导都很熟悉，且这件事不仅有益于中科大，对研究所也很有吸引力，很容易得到他们的响应和支持。在具体的方面，我们先从近处着手。在六月下旬的一个星期六，我带着学校班子中的七个人，主动去拜访合肥物质科学研究院，商谈合作的内容和措施，受到分院院长等全体领导的热情欢迎，拉近了感情，取得了初步结果。然后，我又带队去中科院南京分院和上海分院，联系相关研究所，他们的态度都很积极，从人才培养、兼职交流、项目合作到基地共建等签订了好多战略合作协议，打开了新的合作渠道。后来，我们又以中科院的名义，在中科大先后召开了两次全院规模的"全院办校，所系结合"工作会议，交流经验，研究相关的合作机制、政策与问题，甬祥和春礼两次都来参加并做讲话，在他们的支持下，"全院办校，所系结合"开展得越来越有声势。

校所结合的具体形式，在新时期更显多样。首先是兼职，我们要求各学院、系只设执行院长、执行系主任，院长、系主任都由从中科院研究所聘请的院士、所长担任，如杨国桢、李国杰、林其谁、刘钝、谭铁牛、吴一戎等分别担任物理、计算机、生命、人文学院院长和自动化、电子系系主任，虽然这些院系本身都有自己的大牌学术带头人，但还是把院长（和系主任）的位置留给了校外科学家，以便于校所沟通、交流，深度合作。一时间，中科大校园里不仅常常可见中科院北京、上海各研究所的来人，连新疆、昆明、兰州、广州分院各研究所的领导及研究员也常常碰得到。有一次，我在食堂吃饭时遇到了时任地质与地球物理所所长的丁仲礼院士，我问他什么时候来的？他说："我已在你们地空学院讲课一个多星期了。"

图9.2　2005年夏毕业典礼暨学位授予仪式上为博士生扶流苏

聪：我记得我们刚入中科大的时候，发现一些公选课都是由大院士上的，当时觉得好奢侈啊！但只有研究所的人员去中科大吗？

郭：当然不是。结合不是单向的，是个双向的互动过程。有的研究所为中科大设立了定向奖学金或基金，建立了合作实验室，中科院金属研究所后来还与学校共建了材料科学学院等。因此，在各地研究所，也越来越多地见得到中科大教授和学生们的身影。当然，在现在市场经济的环境下，这种结合也有着当年计划经济时代所没有的难度。在计划经济时代，所系合作都不讲成本、利益，但现在就得有激励机制的保障和双方共赢，不能光顾中科大一方受益。我们经常与研究所一起直面问题，从体制、机制的层面找到办法，步步深入地往前推进。

在那期间，我发现我们的有些校领导及教学、科研职能部门负责人因为过去与中科院接触少，对全院总体情况生疏，对研究所了解更少，这不利于开展"所系结合"。我就想了个办法，让他们也能参加每年在北京国谊宾馆召开的全院工作会议，增加了解的机会。但有难度，因为代表名额控制得很紧，每个研究所、下属单位只能有两个参加名额（通常是所长和书记），即使是这样，会议规模也达到几百人了。我找办公厅主任商量，说明了理由，他很支持，特别给了中科大九个自己解决住宿的列席名额，大家很高兴。总之，经过这一系列大的、小的措施，中科大到合肥后跟中科院逐渐疏离的关系变得越来越密切了。

王：除"全院办校、所系结合"这个办校方针外，还有个"规模适度、结构合理"的方针，这个在中科大的发展史上，也很重要。

郭：王老师不愧是科技史和院史专家，你说得很对。这个方针与中科大重在培养科技创新精英人才的目标密切相关。培养高层科技精英人才，重点不在规模和数量，而在于人才质量。中科大在 20 世纪 90 年代初、90 年代末两次做发展规划时，院党组对规模问题都有明确要求，不靠规模取胜。我个人觉得，20 世纪初的大学扩招，提高毛入学率，对全国来讲，在当时有其必要性，否则众多的农家子弟还会继续被拒之门外。但是，不同的学校不能一刀切，作为学校领导，头脑必须清醒，甚至要有反潮流、抗压力的勇气。中科大根据自己的目标、特点及当时的资源条件，提出绝不能扩招，并且坚决抑制扩张冲动。因此，在全国普遍扩招的热浪中，中科大坚持了"办精品大学、育精英人才"的传统，本科生一直维持在 1860 人左右，不搞扩招。当然，"规模适度"并非一个永远固定不变的数字，关键是要考虑与内部资源及社会需求是否相适应，放在中科大的今天，如果在规模上理性地做些调整，应无不可。

五、一流大学在于一流人才

王：人才是办好大学的关键，中科大历来有重视人才、爱惜人才的传统。您去中科大后，在人才队伍建设方面，做过些什么事？

（一）学科讲座老教授

郭：中科大从建校时起就有重才、爱才的传统，中科大全校和领导班子在这方面都有很好的共识。具体的人才引进、培养等大量日常工作，主要是行政系统去做。从党委工作的角度，主要是把握好人才政策，改善好人才工作生活环境。

到校不久，我去看望了潘建伟的研究生导师张永德老师，他讲量子力学非常棒，用他自己的话说，是个"下金蛋的老母鸡"，为人也很有个性。谈话中，我问他对学校工作有什么意见建议，他生气地说："不管啦！你们不要我，我马上就滚蛋，反正有地方抢我去。"我说："我刚来几天，不了解，怎么不要你，是怎么回事？"他还在气头上，说："马上要退休了，你们一刀切，都得滚蛋。现在香港科技大学和南开大学都来要我，我还没想好去哪一家呢！"我一听，连忙跟他讲："张老师，您哪儿也别去！中科大需要您。我了解，像您这种情况的还有一些。我跟校长他们商量一下，一定要想办法把您这样身体好、学生特别欢迎、热爱中科大的老教授们留在讲台，学校正缺您这样的人啊！"他听我说完后，似乎有点不相信，又补了一句："我可不要什么返聘！"我说："请您放心，知道了。"

后来，我在校长办公会上提出了这个问题，说："大家都知道，中科大学生之所以质量高，很大原因是基础课底子打得坚实，这又归功于有一批像张老师这样的好教授。这几年，他们相继到了退休年龄。现在我国大学里普遍流行重研究、比论文，年轻教授普遍不愿上基础课，而且，经验也不多，学校的教学队伍正处于青黄不接的时期，一定要想办法出个政策，留下他们。"大家都表示赞同。后来，人事处出台了一个不同于返聘的办法，凡符合学生普遍推荐、本人身体健康、个人自愿申请、将退或已退了的基础课老教授，经过评审可获得"学科讲座教授"称号，继续留在讲台授课，并加一项培养青年教授的"带徒"任务。计划出台后，反响很好。全校第一批共评出5位，包括已退下几年且回京定居的龚昇教授。龚老师任过副校长，是著名数学家，据说是因为秉性刚硬得罪的人多而没当上院士。我去"一教"（第一教学楼）感受过一次他晚上讲课的盛况——偌大的教室座无虚席，过道上、讲台边都坐满了人，四周墙边还站着许多年轻老师。他讲数学，不是讲知识，而是讲数学思想，很有味道。有一天，我去他在中科大东区的家里看他，窄小的居室家徒四壁，他和师母两位年过七十的老人又回到了中科大校园，我感动万分！他却连说："别谢我，别谢我！我们当老师的，什么时候最高兴，你知道吧？就是有学生追着、盼着要听你讲课的时候！我得谢谢你们，谢谢学校，把我又请回了熟悉的讲台。"

（二）初识潘建伟

要重视发挥老教师的作用，更要关注优秀的年轻人才，他们代表着中科大的未来。今天已赫赫有名的潘建伟，当时刚露头角，我在北京听说过他，但没见过面，只侧面了解过一点。有一次，在去上海出差的过程中，中科院上海分院院长沈文庆请我吃饭。当时就他、我和秘书三个人。我说："老沈，这里就我们三个人。我有个问题讨教，你是物理学科的院士，又兼任国家自然科学基金委员会副主任，潘建伟的工作你应该了解。你怎么评价他的水平？"他听后，放下筷子，说："你这么问，我得认真想一想。"过了几分钟，他郑重地告诉我，他个人认为在国内物理学界，潘建伟的研究是 50 多年来做得最好的工作，在世界华人物理学家中，除杨振宁、李政道、丁肇中等诺贝尔奖得主外，潘的工作也是排得上的。接着他又给我介绍了做出这样判断的理由。

聪：这么高的评价？！

郭：虽然当时还没见过潘，但我心里有个底了。2003 年 7 月下旬，我在合肥接到院基础局金铎局长的电话，说潘建伟后天回国，清华大学顾校长已约好第二天宴请他，邀他到清华大学去建量子实验室，而且此前已派人事处长到德国去做了工作。此外，时任物理所副所长的张杰（几年后担任了上海交通大学校长）也有意邀他到北京的物理所。老金让我注意点，要做好思想准备。我放下电话，接着就给路院长打了过去，问他后天下午是否在北京。他说在，但在人大开委员长会。我把金铎对我说的事跟他讲了一遍，并说："我想请金铎后天下午去机场接上小潘，然后直接带到你的办公室，晚上你就在人大会堂请他吃个饭，表达一下我们的诚意。好吗？"他估摸了一下时间就答应了。这样，我们就比清华顾校长抢先了一步。

潘建伟在北京没待几天就到了中科大，因为中科大在前一年已为他建了一个小实验室。星期五下午，我打电话给他，自报家门说我叫郭传杰，想第二天星期六上午去看看他，问他在哪儿。他说："呵，您是新来的郭书记吧？我刚到学校，明天整天都在实验室。"我说："那好，明天上午 9 点，我去你实验室，看看你，聊聊天。"他连说："不，不！我去您办公室。"来回几次推让，相持不下，他又说："我明天本来就要去办公楼办事的，还是我去吧。"我说："那好吧，明天 9 点见。"

周六上午 9 点整，他到了我办公室。第一眼见到他时，很有点出乎我意外。多年来，我见过很多优秀的青年科学家，许多人一看外表就能让你感觉到他（她）是位事业顺达、颇有成就的人才，但眼前的潘建伟挺像是某农村中学的一个年青老师，非常朴素憨实。坐下之后，我说："建伟，你很忙，咱们就开门见山地聊聊。我知道现在好几个地方都在邀请你去，中科大的期待你也清楚。我想听听你的想法，现在有没有做什么决定？"他半低着头，一开口，第一句话又出乎我的意料，他说："郭书记，我这个人有个毛病。"我笑着问："是吗？你有什么毛病？"他接着说："我这人比较脑腆。当有领导很客气地要我去他们那里工作的时候，我当面不好意思说不，结果他们就以为我是默认了。现在弄得我非常困扰，不知道该怎么办好。"我问："那你心里最真实的想法是什么呢？"他说："也没想好。只图有个清静的环境，适合做科学就行。"听他这么讲，我心里很高兴，于是对他说："要是这样，我有几句话，跟你交流一下，你看行不行？"他说："好吧！"

于是，我跟他分析了四点：一，感情上，你本科、硕士都在中科大，对中科大是有感情的，很热爱。在中科大，无论是张老师还是我们大家，都为你骄傲，都希望你能回到中科大。特别是目前学校还较困难，你要明确了回中科大，对学校、对同学们会是个很大的鼓舞。二，中科大的校风氛围你最清楚，符合你刚说的"做科学"的清静环境。三，学校会尽最大努力给你创造工作条件，但目前确实财力有限。不过，我在中科院干了多年，院里还是有些力量的，我已和路院长他们商量过，他们都表示会大力支持你的科研工作。四，你如果决定留在中科大，我建议你不要急于完全回来。量子通信这个领域的国际竞争太激烈，你在外面多留几年有好处，待把国内队伍培养好，基础条件准备好，再全部回来。同时，虽然明确了把根基扎在中科大，但也不要完全拒绝顾校长，毕竟都是中国的大学，你可以帮清华建实验室，培养人才，只是不要去做实验室主任。另外，物理所张杰那里，也要加强合作，他在 X 射线激光方面的工作做得不错，与你们的实验也有互补性。将来就是全部回来了，也仍然要与国外如奥地利、德国和麻省理工的科学家保持密切的合作关系。

我在说上面这些话的时候，发现他的情绪逐渐变得轻松起来，我说完后，他兴奋地说："我原来有个担心，怕要我马上就回来，回来后只能在中科大，不能和清华大学等保持联系。听您这一讲，我决定了，留在中科大！"见他放下了顾虑，明确答应留下，我当然非常高兴。

从那以后，他每年多次回国，校内的研究团队也迅速发展起来了，在国家的支持下，他们的科研成果连续多次获得两院院士评选的年度十大科技进展，在国际物理界也很有影响。直到 2008 年，他觉得国内条件成熟了，中科院以 3000 万元专项经费支持他把在德国海德堡的实验室搬到中国，他携家人完全回到了中科大。我退离中科大后，他和我还继续有些联系，虽然不多，因为他太忙了。2017年 10 月 29 日，他荣获未来科学大奖时，按规定除家人外，获奖者可邀请两位老师到现场见证走红地毯的高光时刻，他邀请的一位是他中学时期的物理老师（他曾做过她的物理课代表），另外一个就是我这个已经退离中科大多年的老头，我心里深感荣幸。

聪：啊，这些事我们从未听说过，只知道潘建伟的事迹经常见诸媒体报道，名气很大。从媒体报道来看，他很健谈啊！

郭：现在确实跟那时不一样，面对镜头侃侃而谈，再也不腼腆了。不过，现在出镜多可能并非他的本意。记得我 2008 年离开中科大回北京前，曾跟他聊过，建议他在量子科学这个竞争激烈的领域里，全身心投入科研和培养人才，不要承担行政任务，也少上新闻报道。我还专门对中科大宣传部门说过，请他们注意保护潘建伟，帮他挡挡记者，让他可以把更多时间放在实验室。他自己说也是跟我完全一样的想法。后来出镜多了，还负责一些行政事务，可能也是身不由己。在我们这个浮躁、功利的社会现实里，不少钻营者借一切机会出风头、炒作自己，以求扬名立万。但也确有一些纯粹的科学家很反感这些，因常被媒体包围而头疼苦恼，我觉得媒体和社会应该理解和保护这些科学家，让他们能有个清静的研究环境。

（三）科大讯飞刘庆峰

王：中科大是个出人才的地方，有好的土壤。还有其他的人才例证吗？

郭：有，科大还有不少优秀的年轻人，有的直到现在还与我保持着联系。科大讯飞（科大讯飞股份有限公司）的刘庆峰就是其中之一。讯飞公司创建于 1999 年，我去中科大时，它规模还比较小，虽然省里、市里都很重视，但中科大却不大关心。如果北京有大领导去视察，刘庆峰很希望学校能有领导去陪同一下，但往往很难请到人，都是省、市的领导陪着，大领导问起来，不免有些尴尬。刘庆峰的博士生导师王仁华一直是中科大教授，教学和科研都做得很好，但就因为早期兼任了讯飞的董事长，所以学校就停发了每个教授都享有的每年 3 万元教学津贴。其实，王老师是个很淡泊名利的人。后来几年，校学术委员会几次推荐他申报中国工程院院士，他都坚决谢绝。我也为这事给他打过电话，他十分诚恳地对我说："我快 70 岁了，身体又不大好，还要这个名儿干吗呀？学校多推年轻老师吧！谢谢你们，别再推我。"

开始我还不太清楚其中原因，直到有一次开校长办公会时，有位领导提道，讯飞只给学校 8% 的股份，其他都是社会融资，还挂着中科大的牌子，中科大已经吃亏了，不能让它再挂中科大的名字了。我这才明白一些个中原委。我当即说："我倒不同意这种想法。刘庆峰这个团队创立的讯飞公司，完全符合国家利益和时代方向，虽然现在还小，但很有前景，而且已经为中科大争了光。况且，从经济规律出发，它以这样的股权结构起步也是无可厚非的，如果由事业单位性质的学校占了大头，控制着它，企业一定长不大，发展不起来，这是规律。而且，企业在市场上竞争，免不了有风险，如果我们管控着它，对学校工作也不好。目前，我们在道义上还要给它必要的关心和支持，帮助他们渡过创业初期的难关。"

聪：讯飞的技术、领域和团队都不错，但在初期的时候，体量一直很小，发展不快。

郭：周光召老院长对优秀的年轻人才一贯爱护有加，这在整个科技界都比较有名。他虽然是理论物理学家，但对高技术公司的发展规律也有比较独到的看法，当年联想的柳传志、中星微电子的邓中翰等许多人都得到过他宏观战略方面的指导。庆峰跟我说，他也希望能有机会得到老院长的指点。光召那时已离开中科院领导岗位好几年了。在取得光召同意后，我把庆峰带到了他在中国科协的办公室里，两人一见面就谈得很投缘，对讯飞的产品特点、商业模式、市场开拓等都有谈及。庆峰后来和我说，光召就语音技术市场开拓方面出的点子对他很有启发。我们之后请光召到中科大做报告期间，他还专门去讯飞做过视察和现场指导。讯飞公司通过刘庆峰团队的努力及各方的支持，发展得一直很不错，并且在 2008 年成功上市了。现在，讯飞已经依靠语音技术的领先地位，成为国际人工智能领域颇有影响的大企业。在 2017 年 6 月，它还被国际权威的《麻省理工科技评论》选进"全世界最聪明的 50 家公司"榜单，排名全球第六、中国第一，这是很了不起的。

（四）少年班的三十周年庆

王：中科大少年班曾经很有影响，但后来国内有不少不同看法。不知您怎么看？

郭：少年班是中科大这块牌上的亮点之一，闻名遐迩。我刚到中科大的第三天，时任副校长的侯建国就陪我去少年班做了调研，当看到那一个个聪慧灵秀的少年的时候，心爱之情无以言表。记得有一个从甘肃天水来的小家伙，才 12 岁，圆头圆脑，特别可爱！但就在那个时期，因为有小报记者炒起了少年班初创时期一个宁姓同学的故事，社会上对少年班的误会、偏见和批评，纷至沓来，与日俱增。有说"拔苗助长"甚至"坑害人才"，有说"留美预备班"，等等，不一而足。有的全国人大代表、全国政协委员写议案、提案，呼吁撤销少年班，还有多个国家部委专门来校调查，好像少年班真的出了方向性问题。但是，学校里面的意见一致，坚信自己的路，对来调查的领导部门，学校坚持摆事实、讲道理，顶住压力，我自己也接待过两次。

2008 年是少年班创办 30 周年的班庆，也是中科大 50 周年的校庆年。因此，作为学校的大事之一，我们提前 3 年进行准备，把 30 年来少年班 1000 多位学生每人的成长成才情况一一进行了调研和统计，基于早慧少年培养的实践和理论，做了一次有说服力的理性总结，出版了一本《少年班三十年》的书，并在当年 3 月召开了一次相当规模的研讨会。除了来自国内外的教育学者、人才专家、少年班的校友和家长外，还特别邀请了曾质疑反对过少年班的专家、学者和领导。

　　其中，还有一件趣事。湖南大学蔡教授是位党外人士、湖南省政协副主席，为人坦直爽快，在全国政协活动期间，我们俩相识相交，成了朋友。他之前曾两次写提案要求停办少年班。在少年班那次研讨会的准备期间，我请筹办部门一定要请他来参加。可邀请函发去多日，一直未见回复。我就打电话问他是否收到了邀请函。他说，收到了，但是并不想来。我问："为什么？"他说："你晓得，我这人不会说颂扬的话。你们是30年班庆，你现在又在中科大主事，我去了，好听的我不想说，不好听的又不好意思说。所以，不去了！"知道是这个原因，我就用激将法激他，我说："你呀！不够朋友，不是我认得的老蔡！"他说："为什么这么说？"我就说："一，你从来对事不对人，敢说真话、直话，现在变了；二，你没来过中科大，不了解中科大的文化，中科大就是个尊崇真话的地方。现在请你来实地调查，你却躲着，你常说的科学精神哪去了？"他说："你这么说，那我必须得去一趟。但先声明，我去，但不讲话，好话、坏话都不说。"我说："欢迎，你和助手的旅费我们包了。来了不讲话也行，讲反对的话，更行！"我们3月18日、19日开了两天会，除少年班30年历程的回顾和总结外，还有教育学者们各种观点的碰撞，更有多位从国内外前来参会的少年班学生、家长现身发言，200多人的会，气氛很热烈。

图9.3　2008年3月在中科大少年班30周年庆典大会致辞

　　蔡老先生在会议讨论期间真的一言没发，只静静听、认真记。第二天下午4点钟，当主持人宣布由我作会议总结时，蔡教授突然站了起来，说他有话要说，弄得许多与会者莫名其妙，不知道这个老先生要干吗。我知道"内幕"，当然欢迎他讲。他先说了一下他曾是少年班的积极反对者，又说了会前我和他通电话的情况，然后对少年班讲了八点看法，其中七点都是肯定和赞誉，最后一条是建议意见，这个模式在中科大是成功的，但不要全国推广。他说的这条建议当然是很对的，不过，中科大从来没有也没想过要在全国推广少年班。所以，他说的八点全成了"歌德"式的，不过，他说，这是"全出自内心的真话"（笑）。

六、再难也要建好"科大花园"

聪：中科大老师们的"科大花园"是在您任上建起来的吧？

郭：一所大学的教学科研基本条件和老师们的住房，既是涉及人才政策、关乎学校发展的基础，又是个基本的民生要求。我到学校不久，郭光灿老师叫我去看看他的实验室。他指着放在狭窄幽暗的过道尽头的几个木箱给我看，说："这是用国家863计划和院高技术局支持的经费订购的急用的激光仪器设备，花了几百万元，结果放在这里快一年了，还不能开箱。"我忙问："为什么？"他说："你看我这实验室，面积太小，除了学生，就是仪器，哪儿还有插针之地？！"他急得直冒火。郭老师是我国量子研究领域有名的中科院院士，成果丰硕，即使如此，实验室还如此困窘，更遑论其他老师！

那时，中科大教师的住房出奇地量少质差，汤洪高书记是中央委员，朱清时是院士校长，这两位在东区校园的住房算是最大的，才107平方米。我去看望过从武大调来多年的张懋森老师，他是国内有名的分析化学教授，只能住在老专家楼前那片红砖低层楼房的一层，才60多平方米，既潮又暗，可敬的张老师一句抱怨的话也没说，只说"习惯了"。BBS上也总有和住房有关的话题。比如这一天有数学系某归国年轻教授因为住房问题无法解决去了上海交通大学的帖子，过几天又有物理学院某某骨干教授去了复旦大学的消息，网上一片吐槽之声。针对学校当时有领导对记者常引用梅贻琦先生关于"大楼""大师"的名言，有些教授批评道："当年清华的楼已经有了，梅先生所以呼唤大师。我们现在这个条件，别说请不来大师，我这样的也要走！"面对这种困境，我在常委会上扪着心口说，我们这一届班子，如果在住房问题上再不想办法做点实事，真没脸面对老师们。

解决实验室基建问题相对较容易，可以向院里去争取。当时院里负责基建的副院长是施尔畏，我请他来学校调研，他做报告讲大楼与大师的辩证关系，认同中科大科研用房实在太紧张的判断，表示一定大力支持。基建计划是每五年一定，中间一般没法调整，但就在这种境况下，他还是想办法临时调剂出了2亿元，用于支持我们2003—2005年的科研楼基建。2005年后，院里又批准5个亿。在院里的支持下，几座实验大楼在那几年相继建起，学校的科研、教学条件总算在逐步改善。

聪：之后就是科大花园的建设吗？

郭：对。但解决住房问题，相对来说更复杂、更困难。首先是地皮，在哪儿建；然后是钱，钱怎么来。我去中科大的时候，学校已有个规划，要建"科大花园"。

聪：就是现在中科大南区附近的科大花园吗？

郭：不是。2003年6月初，我叫人带我去看了一下原来的选址，是在老合肥缝纫机厂附近，旁边还有个化肥厂。具体地点是在一个小生产队，包括村民的宅基地和旁边一个小水塘的面积。我看到村民房子边上新建了好多临时的白房子，正在疑惑，同行的同志告诉我，那叫"隔夜房"，村民们一个晚上就能建好，主要是为了拆迁时多算面积。我心想："天哪，这哪儿能成！得需要多高的拆迁成本？十年恐怕也建不好。就算建起来了，离中科大校区这么远，周边环境这么差，我们的老师愿意来买吗？"

回来的路上，我们顺道去了中科大南区。我看见紧邻我们南区有一块大约200亩的空地，整整齐齐的，已经做好了几通几平。那就是我们现在科大花园的这块地。我对同行的人说："科大花园要是能建在这儿就好了，离学校近，又与南校区连成了一片，老师们方便，学校也好管理。"基建处的同志告诉我，不可能，因为市里已经把这块地卖给开发商了，那家开发商能拿下这块地，也花了血本，还必须先帮市里修好桐城南路。听他们这么一说，我心里觉得挺惋惜的，但还老惦记着。

聪：那是您到任不久吧，刚一个月就考虑这么多事情？

郭：是6月3日，到岗后的第5天。事有凑巧，6月下旬，合肥物质科学研究院固体物理研究所所长崔平给我打电话，说安徽省常务副省长张平和合肥市市长郭万清要去所里调研，请我代表中科院去陪同接待一下。这两位我之前都没见过，因为那时刚到学校，事情很多，本打算不去，因为我这人本心是不太愿意和官员们打交道的。但转念一想，到了合肥，见见地方领导，趁机还可以反映一下中科大的住房困难，所以我就去了。会间，张平告诉我，他做副省长期间曾多次去过中科大，但很快要换岗做副书记，不过仍然联系科教。我说："你换岗后，要再调研时第一站请务必到中科大来，虽说你以前来过中科大多次，但这次再来，工作视角不一样了。"他想了想，欣然同意了。我接着把建科大花园的用地问题详细跟他反映了，希望省里能帮忙协调一下。过了两个星期，在7月6日的时候，学校接到了省委电话，告诉我们张平副书记第二天要来中科大调研，并要开个现场办公会。我得到消息的时候心里就想，他来的目的很大可能是与我们的用地问题有关，看来这是一位实在型的领导。

聪：现场办公会是个什么概念？

郭：现场办公会就是领导针对某个具体问题，到实际现场与各方面一起分析研究，即时做出相关决定。听到消息，我临时召集了常委会，通报了争取改变科大花园用地的想法，商量请张书记来学校看的内容。我说："虽然他来现场办公的具体内容还不清楚,但我们要争取与科大花园用地有关。因此,一要请他看看我们中科大这些年为安徽做出的实际贡献,二要带他看看我们老师的住房困境以及拟建的住房用地。"

第二天,张平一行九点钟准时到校,同来的还有合肥市市长郭万清等。看到这个阵容,我心里暗暗高兴,感觉有点小谱儿。按照计划在校内看了几处后,我们同乘面包车先后去了生产队和桐城南路两个地块,我就在途中给他们做介绍。十点半返回学校,我们在行政楼的会议室开始现场办公。说了几句欢迎、感谢的客气话后,我直奔主题,诉说了中科大20世纪70年代南迁合肥的一批老教授,几十年含辛茹苦,至今的住宿条件还赶不上北京的同事(合肥的建房成本比北京低很多,住得本应该比北京好一些才对),中科大发展要靠年轻人才,但因为住房的实际困难,不少年轻人只得含泪离开。我继续说:"我们刚才看了两个候选地方,对于生产队那块,许多领导在车上也说了'实在不可选',因此期望郭市长能克服困难,支持我们,中科大将万分感谢。"

我正准备说到要桐城南路这块地的时候,聪明的郭市长马上抢过了话头说,他这次来,就是要给中科大做点事情,但是,桐城南路那块地万不可取。他介绍了其中原因,说:"如果把卖给别人的东西再给你们,我郭万清失信不说,还会上法庭当被告。"他又提了个解决方案,在工业开发区那边可以给我们一块地,还可以比200亩多一点,市里找房产商建好,中科大老师去买就行,也希望中科大体谅他的为难之处,能接受这个方案。他说完后,我担心张平马上拍板,一旦按这个新方案定了下来,就不好办了。因此,我又马上发言。首先,对郭市长的难处表示理解,对他的支持表示感谢。但是,我又说:"我们有两个很实际的理由,希望市里从长远计议,还是把桐城南路这块地换给我们。一是中科大已有四个校区了,老师们天天来回奔波,非常辛苦,如果在工业区再来一块,那么远,不仅更辛苦,而且学校管理也更难,出了问题,还得给省市领导添麻烦。如果科大花园能建在桐城南路,与南区连成一片,不增加新校区,好管理,有些资源还可以共享。二是如果找开发商建房,势必升高房价,中科大老师工资不高,恐买不起。我们打算让老师们先垫钱,找施工队盖房,成本低,老师只付成本价,学校不赚老师一分钱。请市领导做好事做到底,中科大老师们永远记得。如果你被告上了法庭,正好我俩都姓郭,我老郭陪你一起去当被告。"

说完之后,我请张平做决定。张平说:"中科大来合肥33年了,给安徽人民争了光彩,但我们还穷,支持不够。万清同志刚才说得对,我们这次来,就是想给中科大做点实事。昨天晚上我给郭市长打电话,就是怕他派个副职来做不了主,因此请他务必亲自跟我来一趟。刚才,两个地块我们都去看了。我的意见,就像郭书记刚才说的,请市里做好事做到底,把桐城南路那块给中科大,最好便宜一点，支持教育嘛。至于开发商那里的问题，回去我们一起解决。万清同志，你说好吗？"郭市长哼了一声，说："你都定了，我还说什么！反正又是'省里请客，市里买单'呗。"

说实在的，那天的现场会，我永远忘不了，真的很感激省、市这两位领导。过了两年，张平同志调任北京，先后任国务院副秘书长、国家发改委主任，最后升任全国人大常委会副委员长。每年春节前，在人大会堂的团拜会上，只要见到他，我都要说到科大花园的事，都要当面说声谢谢。郭万清 2006 年从市长任上退下来，平级转任省人大副秘书长，听人说他有点心情不畅，于是我请学校秘书长汪克强约他，专门请他吃了次便饭，表示感谢。我不会喝酒，从不请客，那是我在中科大近六年中，唯一的一次请客吃饭。

聪：地批下来之后，学校花了很多钱吧？

郭：没有，当时市里不是按商业用地批的价，比较便宜，具体多少我也不知道，从来不管钱（笑）。有了地皮后，在规划、设计前召开的校长办公会上，我提出要先定几个原则。一是搞基建、盖房子是个高危行业，中科大一定要杜绝腐败；二是房子建好后，老师只出成本价，学校不能赚一分钱。当时合肥的商品房市场价大约每平方米 3500 元，与北京比算是很低的了。科大花园经初步核算，成本价是每平方米 1700 元，不到当时市场价的一半。符合条件购房的中科大教职员工，在其住房额度内就按这个价交款预购，整个项目完成后，根据结算情况多退少补。按当时省里的规定，教授的住房标准是 120 平方米，副教授是 90 平方米。我考虑，科大教授的水平跟普通学校不一样，所以，我们的标准应相对提高，按教授 140 平方米、副教授 110 平方米确定额度。如果想住更大一些的房子，也可以，但超过本人额度以外的面积，要按每平方米 2800 元的价格。规划出来后，还有人有意见，认为还是太远。

聪：和原来规划的那块地比起来，已经很近了。

郭：我晚饭后从东校区宿松路校门出发，三次步行到桐城南路那里，平均每趟 18 分钟。在年末的全校教代会上，有人又提出了"距离太远"的意见。我在会上说："根据我的实际步测，从宿松路校门出发到科大花园，步行不超过 18 分钟。这是个什么概念呢？我家在北京中关村，化学所也在中关村，我从家里走到化学所是 27 分钟，也就是说，还在一个'村'里。18 分钟的步行距离，怎么叫远呢？合肥这个城市今后肯定还要发展，我们的眼界也要逐步开阔一些。"从那以后，再没听到说"远了"的意见。建成后，所有符合规定的购房者基本都满足了需求，还留下 100 套房，用来吸引人才。老师们的居住条件有所改善。而且说实话，许多年轻老师的房子要比我在北京住得还好很多呢。我说这话不是妒忌，是为他们感到心里高兴。

七、传承中科大文化基因

（一）关于校训、校徽的大讨论

聪：您在前面说过，在中科大的几年，做的第五件事是努力弘扬中科大文化。中科大的老校训是"红专并进，理实交融"，当时，BBS上有不少帖子说它强烈带有那个年代的政治色彩，不太认同把它继续作为校训。您怎么看这个问题？是怎么处理的？

郭：我有个习惯，在任何一个岗位做点负责工作时，都比较看重文化建设，因为我相信无为而治，大音希声，柔能克刚。特别是学术性单位，组织的治理不能仅靠权力，也不能全靠制度，一定要重视良好文化的熏染。当组织的绝大多数成员能够在理念上认同组织的目标使命，良性行为就会逐渐变成日常习惯，如果是这样，还要做领导的天天发号施令、费心劳神吗？因此，从迈入中科大的那一刻到离开中科大的最后一分钟，我脑子里装的最多的是文化：什么是中科大文化？精髓在哪里？如何传承、如何发扬？

回到你问到的校训。我在中科大期间，不少师生对创校校长郭沫若确立的"又红又专、理实交融"的校训持有不同看法，而且自很多年前就有争论了。这一点不仅反映在BBS上，开座谈会时也能听到。我请教了一些老教授、老领导，大多数人觉得它不宜改变，但没人愿意公开说。我觉得，校训、校风是大学文化的核心部分，体现大学的精神灵魂，是个关系学校百年的大事，不应回避，必须解决好。于是，我要来了从第一期到最新一期的全部校报《中国科大报》，好几大摞，花了好多晚上，一期不落地研阅。经过调研和思考，我开始在大小会上谈我的"不宜改"的观点，并借45周年校庆之机，写了篇名为"思贤哲、学校训、创一流"的千字小文，刊登在当期的《中国科大报》上。①

思贤哲　学校训　创一流（摘录）

我关注并思考着校训。校训多是由学校奠基者确定的关于办学宗旨、理念的高度概括，反映着学校的价值取向和传统特质，是国家意志、时代特征和学人精神相互融合的结晶。校训从根本上规范着学校的行为准则，长久坚持，日积月累，即成传统、习惯，化为校格、校风。因此，凡校多有校训，名校更有名训。古今中外，莫不如是。北大蔡元培倡导的"兼容并包，思想自由"，梁启超在清华演讲形成的"自强不息，厚德载物"，竺可桢为浙大确立的"求是"，等等，不仅各自校内皆知，且广为社会传颂。查看剑桥、MIT、加州理工等校网页或印本介绍，无不在显要位置上标写着自己的使命

---

① 原载于2003年9月15日《中国科大报》第1版。

（Mission）、理念（Vision）或价值观（Core Values）。

我们科大的校训"红专并进，理实交融"，认真品味起来，不仅语言简约，文辞对称，且内涵深邃广博，入时合理，既含价值观，又有方法论。我个人理解，这八字校训至少有六层意蕴：

一是为人之基。培养的人才要"忠于祖国，忠于人民"，有正确的政治方向。这既是办学宗旨，又是对人才的起码要求。今天，常讲与国际接轨，这是对的，不开放，则国不能昌，校不能强。但这与爱国主义完全不悖。古今中外，名家志士，无不认同此理。尼·波尔曾把丹麦视为自己心中的太阳升起之地。MIT 校长福斯特说，MIT 首先是一所美国大学，我们已经并将继续为美国做好服务。

二是做人之道。科大人"要揭破自然界更深秘密"，认知真理，就要同真理一样朴质无华，有高尚的道德情操。要严谨务实，正直诚信，要敢为人先，不迷权威，还要包容大度，宽厚待人。

三是为事之本。为国家、社会服务，要"把红旗插上科学高峰"，没有过硬的专业本领不行。因此要掌握现代科学理念和必要的知识体系，要有追求卓越、创新进取的能力和精神。

四是成事之规。既要讲理性，有理论素质，又要重实际，善于实践，这是成功一项事业的基本规律。作为研究型大学，既要给学生基本的、有恒久价值的思想、原则、理论，又要让学生掌握创造性解决问题的思路、技术和方法。所有这些，又是在理论与实践结合、教学与科研同行的创新过程中，由学生自主、自觉地去完成。

五是学术之精。当代科学技术，既有分野，更多交叉。要顺应科技发展之势，在院系设置、学科布局，以及在具体的教学、科研环节中，高度重视理科、工科结合，学术、技术衔通。

六是方术之美。从方法论上讲，对人要求德才"并进"，于事强调理实"交融"。选词精当，动静盎然。

总之，这短短两语八字，将为人、为师之要，治学、治教之道，尽含其中，寓意深广。不过，在调研访谈过程中，也听说对"红专"一词用于校训，少数师生持有不同看法，主要是觉得那个"跃进"年代的色彩太浓。这也是实情实话。不过，我的看法是，这并不妨碍继续用其作为校训。"红专"一词虽有时代印记，但其本意并无不妥，无异于"德术（艺）双馨"。钱老三强曾留有精彩的"红专矢量论"，至今诲人极深。著名的英国教学学者阿什比讲过："任何类型的大学都是遗传和环境的产物"。尊重历史，是一个组织自信、自强的表现。建国初，讨论国歌歌词时，有人觉得"到了最危险的时候"一句已时过境迁，应该换掉不用，毛泽东、周恩来坚持不变。周总理说："要嘛！就要旧歌词，这样才能激励激情。"

时代在前进，而且发展越来越快，变化越来越深刻。大学作为社会系统的一部分，不仅时刻在变，而且往往站立在时代变革的潮头，这也是大学作为先进生产力、先进文化代表的一份历史责任。一所著名大学，历经百年沧桑之后，回首初创时期，无论校园人事，还是建筑风物，多数已成昨日烟云。但是，如果再深入探寻，就会发现，总有一样东西，基本不变或变化极少，这就是她的理念和精神！它作为一个组织的文化基因，用以区别其他个体存在的依据；它作为大学这个活组织的灵魂，支持其生生不息，世代绵延。科大历史不长，我们更应珍视每一页历史。科大的使命很重，创建一流必须有精神财富作为支柱。科大的未来之路，很远、很远，我们要让校训所凝聚和承载的科大理念和精神，伴随我们走过60年，100年……

我注意到，从那之后，关于校训的讨论似乎偃旗息鼓了，无论是在网上还是在会上，基本没有再听到反对老校训的声音了。创校之初郭老确定的这个校训，相较于全国各大学的校训，还是很有特色的。

熊：千校一面也没有意义。

郭：当然。不仅没有意义，我觉得还有大害。凡真正的人才，必有其个性。千校一面的文化，流水线式的操作，只能培养出工具型、奴才型的产品，不可能造就创新的英才。有一次，在北大召开的大学文化研究会上，我说，今天"我国大学文化的最大特色，就是没有特色"。没想到，这句话后来还被人列为所谓"金句"之一，流传一时。我觉得，好的大学，一定有其独特的个性，没有个性特色的大学，不太可能成为世界一流大学。其中，文化的特色是彰显大学特色的本质内涵。

说到这儿，我又想起一件事。2009年，国家着手制定《国家中长期人才发展规划纲要（2010—2020）》，这是我们国家的第一部人才发展规划，体现了党和国家对人才的高度重视，起草工作由一位大领导总负责。赵忠贤和我作为中科院的代表参加了总体组。第一次会议是讨论《国家中长期人才发展规划纲要（2010—2020）》的总体框架、指导方针等重大问题，这位领导亲自主持。我对讨论稿中指导方针部分列出的人才"以用为本"这句话提出了不同意见。我说：把"以用为本"作为人才工作的指导方针不妥。中央现在正强调"以人为本"，这体现了尊重人、为了人、重视人的科学发展观。提人才'以用为本'，把人才只视作工具，只考虑其使用价值，是聚不来真正的一流人才的，只能找到能干的奴才型人物。请起草组考虑。一个月后，召开总体组第二次会议。看到修改稿中"以用为本"几个字还在，我又"放炮"了："把'以用为本'作为指导方针，我上次提出了不同意见。现在没变，能否给一个解释？"我正要继续讲时，坐我身后的人悄悄拉了一下我的衣服，他轻声提醒我，这是领导亲自定的，并把眼睛朝坐在我对面的那位领导看了一下，示意我别再说了。这件事给我的印象很深、很不好，原本抱着很高的热情想参与国家人才规划工作，结果再也提不起劲头。看看现在的各种人才工程，"长江""珠江""泰山""黄山"，从国家级到县市级，遍地开花，帽子漫天，可是真有竞争力、原创性的创新工作，又有多少？！所以，任正非说他最忧心的是教育和基础研究，真是灼见！

聪：科大校史馆也是您在任的时候开始筹备的吧？

郭：2003 年是中科大 45 岁，前 12 年在北京，惠风和畅，后 33 年在合肥，风雨兼程，筚路蓝缕，艰苦而卓绝。凡中科大人或关注中科大的人，都高度认同这一判断。但是，我却感到一些隐忧。为什么？中科大的历史口口相传得多，总结提炼得少，散得多，聚集得少，实际上也没有一个地方可聚。当看到当年赵忠尧先生历尽千磨万难带回国的静电加速器躺在一个幽暗的仓库角落时，我心里感觉一紧，对不住先贤啊，非常难受。所以，在一次常委会上，我提出在我们这一届无论如何也得把校史馆搞起来，哪怕开始很小，有钱了再慢慢扩大。到了 2005 年的时候，我再一次提出了校史的问题，"人家复旦大学、上海交通大学百年校庆，都提前几年做准备，我们中科大到 2008 年才年过半百，虽然年轻，但也要提前三年着手准备，主要是趁当年创办者和老学生们大部分还健在，抓紧梳理史料，提炼精髓，集藏风物"。对于这个提议，大家都很赞成。于是，我们成立了专门的领导小组和办公室，部署做口述校史，建钱学森、郭永怀、赵忠尧等大师的塑像，通过大讨论的形式统一了学校的 logo①，办系列的校庆讲坛。其中，以中科大南迁时最早的一座小楼（原来是商学院的办公教学楼，我第一次进二楼去走访院长方兆本教授时，还有点提心吊胆的，因为每走一步，地板就吱吱呀呀作响）为基础，改建为现在的校史馆。

（二）镇馆之宝："两弹一星"勋章

聪：校史馆中收藏的郭永怀先生的那块金质勋章，听说与您有关系，是吗？

郭：勋章是李佩先生对中科大的慷慨捐赠，这中间是有段故事的。李佩先生被社会尊称为"中国科学院最美的玫瑰""中国应用语言学之母""我国近现代最杰出的知识女性之一"。在她 99 年的人生旅程中，从 1980 年到她 2017 年 1 月 12 日仙逝，我有幸认识她 38 年之久，受教深深，获益多多。1980 年，她在研究生院

---

① 中科大当时同时并用着两个校徽。

负责出国人员的英语培训，她是教授，我是学员，接触不多。到了康奈尔大学后，听华人教授讲过一些她与郭永怀先生在康奈尔大学的故事，例如，郭永怀回国前在同事们面前烧了自己的研究资料。后来又陆续知道了郭先生为研制"两弹一星"而以身殉国的一些事迹。1983 年回国后，我有时就去她家看看她，聊一会儿。她家在中关村北区 13 号楼，和我上班的化学所在同一个园区，相距不足 300 米远，十分近便。1987 年，我被调到中科院做管理工作后，去看望她的次数更多一些。应该说，她个人的家庭有着常人难以承受的巨大不幸，但她对国家和人才的炽烈情感、对人对事的实诚态度以及淡泊无我的超然脱俗，总像磁石一般吸引着我，让我发自内心地崇敬她、学习她。

2003 年 5 月 28 日，我到任中科大，做了一个星期调研后，又从合肥回到北京，参加 6 月 6 日的党组会。第二天是星期六，我约上院机关的小周，去李先生家看望她，并讨教如何办好中科大。见面后，我说："李老师，最近我身上又加了个事。"没等我说完，她就把话头接过去了，说："听说了，去中科大了吧？你来得正好，我还准备打电话找你商量个事儿呢！"我问："什么事？您先说吧。"她说道："最近，军事博物馆等好几个地方①联系我，希望我把老郭的那件东西捐出去，你看给谁好呢？"听她这么一说，我就猜到了，"那件东西"是指国家授给郭先生的"两弹一星"元勋金质奖章。②我突然冒出一句："您别给他们，给我吧！"她稍稍一愣，问："给你？！"我说："是呀，给中科大呀。军事博物馆馆藏的宝贝多得很，奖章放在那里，发挥不了多大作用。给到中科大，将来放在校史馆，那可是镇馆之宝！学校每年都有那么多学生进进出出的，正好发挥它的教育作用啊。"这大概就是所谓的"屁股效应"，要不是刚去了中科大，我怎么也不会想到这一点（笑）。她说："那好吧，你带去吧。"我发现她朝我随身带的电脑包瞧了一下，就准备站起来，猜想她可能是想去房间里取奖章。于是，我急忙说："您别急，我还有三个条件。"她笑着对我说："我已答应给你了，你还有条件？"我也笑着回答说："是的。"

随后，我说了三个"条件"："一是回学校后，我会和班子商量一下，拨一些经费以郭先生和您的名义设个奖学金，奖励那些品学兼优的好学生。"她说："这可以，但不要挂我的名。"后来，学校用 20 万元设立了"郭永怀奖学金"，起步钱不多，因为当时学校很穷。二是待她身体好时，找个合适时间，想接她回趟中科大，给学生、年轻教师讲讲中科大是怎么来的，以及当年老一辈创办中科大时的那些事儿。对这个"条件"，她也说"行"。过了不久，就在 9 月 18 日，中科大校

---

① 后来知道，还有国家档案馆和郭永怀先生家乡山东省荣成市。

② 纯金制作，重 515 克。

庆 45 周年前夕，我们把她接到了合肥，她在全校大会上把勋章捐赠给了中科大，并给同学们做了个极好的报告。她特别回忆了当年中科院力学研究所（简称力学所）钱学森、郭永怀、杨刚毅建议创办中科大的来龙去脉。对于这些历史背景，中科大很多人原来并不知道，这些故事更激起了中科大人对老一辈的敬佩之情。那天是我主持大会，上千人的大礼堂座无虚席，还设了几个分会场，伴随她讲的内容，会场上一会儿欢声雷动，一会儿呜咽啜泣，师生们受到了一次十分深刻的教育。

图 9.4　2003 年 9 月 20 日郭永怀"两弹一星"勋章捐赠仪式

（右起：郭传杰、李佩、朱清时）

第三个"条件"是给她办个活期存折（那时还没有银行卡）。她退休早，退休金不高，又经常自己掏钱在中关村组织老科学家的各种报告会、论坛，因此想提供一点支持。就在之前的一年，她曾打电话给我，问我和科学出版社是不是比较熟悉，她想以成本价买一些她自己编著的博士英语教科书，作为礼品送给国外的朋友和邀请的讲课人。我和科学出版社的林鹏[①]副总编辑说了这个事，他说那当然没问题，他也十分尊敬李先生，第二天就直接把书送到了李先生家。但是，对于这个活期存折的"条件"，她始终不答应，学校给她办的那个 8 万元的存折，她直到生命的最后也没动过。非但如此，她还将自己的钱捐给了中科大。2008 年 5 月我在中科院上海分院开会时，接到她从北京打来的电话，说还有点钱，要捐给中科大的学生，叫我派人去拿。后来才知道，她把一生的全部积蓄约 60 万元，分成两半，分别捐给了中科大和力学所的研究生，而她家里除了一台 20 寸电视机更新

---

① 现为中国科技出版传媒集团有限公司总裁，中国科技出版传媒股份有限公司（科学出版社）党委书记、董事长。

过一次之外，从 1956 年归国以来，60 年没换过一件家具，十分简朴。

王：李佩先生确实是位杰出的知识女性，了解的人没有不崇敬她的。

郭：是呀。有机会认识她几十年，并得到她的教诲和认同，是非常幸运的。她到了高龄晚年仍然思路清晰，眼光敏锐，对院里的工作有意见，或当面或给我打电话，不管是不是我分管的，都提出批评和建议，声不高，色不厉，但能让你感到理性的力量。她不举办论坛后，每星期三在力学所还主持一个小型沙龙，谈的都是科学、教育方面的国家大事，无话不谈，气氛极好，参加者除力学所的郑哲敏等著名科学家外，还有北大、清华等不同单位的老先生。她要我参加，可惜我只去过几次，因为星期三常常有脱不开的事情，她一见着我，就说："你又好久没去参加了！"

图 9.5．2008 年中科大建校 50 周年前夕看望李佩先生

（右起：鹿明、李佩、郭传杰、朱灿平）

待郭先生和她的事迹渐渐被社会了解到后，不少记者想采访她，要我帮忙与她联系，她说："你别什么人都往我这儿带。"我知道她的脾气，从没带人去打扰她平静低调的生活。只有一次例外，就是带郁柏杨去采访她。郁柏杨是上海的一位导演，曾在中科大工作过，中科大 50 周年校庆时，他义务做了不少工作，也颇有艺术气质。听说李先生的事迹后，他很感慨，想基于郭永怀、李佩两位的故事编导一部歌剧，要我向李先生引荐一下。我和李先生提了之后，她开始不同意，也不愿见。我说就当是为了中科大和青年学生，请她见他一面，谈一次看看。后来，她终于认可了郁柏杨，还把珍藏的全部照片都拿了出来。不仅郁柏杨编导的歌剧《爱在天际》感动了无数人，而且他还把李先生提供的旧照片翻新制作成了画册《佩瑜怀瑾 纨质蕙心》，为后人留下了她长达百年人生的艺术珍藏。

（三）"科大现象"与科大文化密码

聪：中科大在文化上还有其他比较独特的地方吗？

郭：当然有。我曾对人说过这样的话："你如果在合肥街上迎面遇到两组学生，不用问，很容易分出哪些是中科大的，哪些不是中科大的。"

聪：是吗？您有什么窍门（笑）？

郭：中科大同学三五个人一起行走时，你很难见到互相勾肩搭背、打打闹闹的现象，相互间总会有点间隔。多数人穿着素朴，背个双肩包，走起路来步履较快，头直眼平，向上约呈20—30度角，不向地也不朝天。

聪：是吗（笑）？回想一下，您的观察还真挺准确的。

郭：这是不是与比较理性、比较特立独行的校风有关？其他学校的情况就不太一样。另外一个特点是比较重视平等。我在开会时也常常强调这一点，所有岗位的人，只有工作职责的区别，人格上都是平等的。在食堂工作的大师傅，只要他认真为大家服务，我们就要尊重他。管理人员不能摆"官"架子，要好好为师生服务，教授、学生也不能因为自己是被服务的对象，就瞧不起行政人员。在中科大开会，一般不设主席台，谁讲话谁就上去，但每年只有一次例外，那就是一年一度的教代会，我们九个领导都坐在台上，我和校长坐中间。这样做是为了让教授、职工代表容易看着我们，点名提问，方便质询，相互沟通。

那些年，教育部经常组织专家到全国各大学搞检查、评估，如本科评估、研究生评估等。有些学校为迎接评估检查，往往提前做了许多准备工作，如整修校门、搞道路工程，有的还在老的考卷、讲义上做文章，以应付评估，弄出了不少笑话"段子"。2007年，包括北大老校长陈佳洱、南开大学校长侯自新等20多人的专家组来到中科大，在东区专家楼住一周，对我们进行本科评估。

在欢迎会上，我说，衷心欢迎各位来中科大检查指导工作，但我们一没修整校门，二没请你们住校外的高级宾馆，三没有准备礼品。因为，我觉得，如果那样做，既不符合中科大的风格、校格，也有损各位专家的人格、学格。北大校长陈佳洱马上说："你讲得太好了！这才是中科大的品格，也是我高兴的。"他们认真检查了一个星期后，向我们宣读评估结论，20项评测指标，19个A，1个B，高分通过。交换意见时，有个大学的专家指出，中科大的本科教学质量是好的，但对这次评估不够重视，太原生态了，不符合教育部"以评促改"的精神。她的意思是我们在事前未作任何的改进工作。最后总结时，对专家们提出的其他意见我表示都接受，但对这条意见我表达了不同看法。我说："我理解，把我们的工作原汁原味、以原生态的样貌呈现给各位专家检查，这就是对评估检查的重视。'以评促改'应该是在你们评完之后去改，而不是在你们来校之前临时去改，那样做不是有造假之嫌吗？"

有一个时期，许多学校的校庆越办越阔气，宏大的主席台上坐了上百位领导、嘉宾，有的甚至把校庆办到了人民大会堂。在 2008 年中科大 50 周年校庆前，我在筹备会上说："我们的校庆要体现中科大特色，庄重、简朴，不设大主席台。"9 月 20 日上午，我们的主席台上只有一排桌椅，9 人就座。我在主持会议时，对坐在台下前区的百余位老院士、将军校友、国家及省市领导、大学校长们，开门见山地说道："坐在台下前区的各位嘉宾，你们都最有资格被请到主席台上就座，但是，今天，这个台上只安排了 9 个座位，是给一会儿有发言、讲话任务的人的，免得他们台上台下跑来跑去耽误时间。我们这样做，也是为了遵循中科大的一贯传统，体现中科大精神，请诸位原谅、理解。"我话音刚落，全场响起暴风般的笑声和掌声，这说明大家都认同、支持我们的做法。

王：我记得 2004 年左右，我国台湾地区还有一所挺差的大学，改名也叫"中国科学技术大学"。

郭：是的，有这个事。它原来就是个职业技术学院，2004 年自己改名为"中国科学技术大学"，跟我们一字不差，只不过用的是繁体字。我们了解后，和对方学校沟通，希望他们立即更名，同时还通过中科院港澳台事务办公室做过交涉。但是，对方有点装聋作哑，根本不搭理。我们自我解嘲地说："世上有人要冒你的名字，说明你很有品牌效应，也证明这个学校是认可'一国两制'的，希望它也能办出水平。"

熊：您在中科大几年，体会到中科大文化的精髓是什么？中科大文化中，有没有什么需要改善的东西？

郭：你这个问题提得很好。说实在的，我也经常思考这个问题，尽管还没有一个十分清晰的答案，因为文化这东西，本来就不容易琢磨透，见仁见智。

文化是与历史分不开的。纵观中科大的历史，与全国一两千所大学相比，它有过旁人没有的幸运，也受过旁人少有的苦难。很难说是特殊的文化造就了今天的中科大，还是中科大的历史诞生出了独特的文化。有人说，中科大是一只天生不屈的"不死鸟"，有人说"梅"与"牛"是中科大的图腾，梅花成了校徽的核心元素，孺子牛雕塑是中科大人最喜欢的校园风物之一。在中科大 50 周年校庆前，我在学校做了一个报告，题目叫"'科大现象'的文化思考"。我说，一个大学的文化就像一根根丝线串起来的珍珠链，珍珠是一个个体现文化的故事，丝线就是学校文化的核心元素。中科大文化的五条丝线就是强国情结、创新精神、自强品格、民主传统、务实作风。2018 年 9 月是中科大成立 60 年的甲子之庆，在 4 月初，包信和校长要我回校做校庆人文系列报告的第一讲，我讲的题目叫"科大文化密码"。密码是什么呢？我体会就是家国情怀和科学精神，二者构成了中科大文化的双螺旋，也就是你问的"精髓"。对不对不知道，一家之言吧。

图9.6　2008年给中科大师生做关于中科大精神的报告

中科大文化的精神内核是比较纯粹的，但作为一个组织的文化整体，恐怕还不能说是尽善尽美的。我认为它也有不足之处。2004年春节，我们去硅谷、斯坦福大学、华尔街、麻省理工学院等看望校友，许多成功的校友提出，希望中科大文化中要加强leadership（领导力）的培育。我个人也有些同感。那时候，我只要在学校，晚饭后就会去东区操场的跑道上走几圈，那里还有很多老师也在走步锻炼。操场中间，天天有同学在踢球。我多次见过这种场面，一只球从操场中间飞过来，有时甚至打着了正在散步的老大爷或老太太，老人们连忙跑去捡起球，踢给或送给跑过来的同学，但在这种情况下，我却很少听见有同学说声"谢谢"的话。一个人即使智商很高，但如果只讲个人奋斗，缺少感恩之心和团队精神，也难成大事，对其丰厚的智力资源不能不说是个损失。

八、中科大与合肥市的故事

（一）搬不走的"花瓶"

聪：您在中科大的时候，听到过想把中科大搬回北京的意见吗？

郭：有，还不少。在校内调研的过程中，这种意见相当多，尤其是老同志，有的还主动找我谈。不仅校内，在北京的很多老校友也有这种想法，而且更强烈。我收到过20多位包括几位院士在内的老校友的签名信，要我找甬祥转交给温家宝，内容是合肥条件太差，请国家把中科大搬回北京。

聪：那当时是怎么解决的呢？

郭：甬祥在信上批示"此事既无可能，也无必要"，并叫我做好工作。其实，我也赞同他的观点。到校不久，中科大校友基金会会刊《校友风采》采访我的时候，也问到了这个问题，我借机详细说了我的看法。①

聪：当时您是怎样考虑搬回北京的要求的？

郭：从兴办高等教育的规律来说，一所成功的大学当然离不开良好的办学环境。但是，这个环境也要辩证地去看，还需要办学者努力地去创造。世界上的一流大学并不都办在大城市，我曾学习过的康奈尔大学所在的小城伊萨卡，人口才4万多，远离大都市，但这丝毫不影响它成为美国八大常春藤名校之一。在一百多年的时间里，它出过五十多位诺贝尔奖得主。当年的合肥，虽然经济落后，但宁静、少浮躁，比那些花花绿绿的热闹地方更适合师生们潜心向学，这一点，后来曾两次访问中科大的北大老校长陈佳洱院士也当面对我说过多次！

聪：如果真想搬回北京的话，有这个可能吗？

郭：到21世纪初，已基本不可能。当然，如果在20世纪80年代初，中科大能回北京，那当然好，也容易，几节车厢就能把书和人运回玉泉路。可到了2003年，中科大已有那么多"家当"，有同步辐射等大型科研装备，怎么搬？再说，如果搬回北京，搬到哪里去？玉泉路那里已被高能物理研究所用了1/3的面积，市内哪还有这么大的地方容纳一所大学？再说，当时合肥市的通信条件已经不错，中科大的网络宽带已达580兆。随着合肥经济社会的发展，办学环境应该会进一步改善的。应该说明的是，想把中科大搬回北京的意见主要是我去那里的头一两年，随着学校的发展，我再也没有听到过这种意见和想法。

王：高校和当地政府的关系其实也是外部环境中非常重要的部分。当时中科大和合肥当地政府的关系好吗？

郭：实话实说，当时的关系相当疏离。一方面，省市经济不强，省属各类大学有60多所，难有余力支持中科大，只能把中科大当"花瓶"。比如第一期"985"大学支持经费18亿，规定是教育部、中科院、安徽省各出6个亿，但安徽省的支持实际上基本等于零。另一方面，地方领导有时也和我抱怨，说中科大立足合肥，有些人总有种鹤立鸡群的自我感觉，对省市发展谈不上支持，省里有事不参与，邀请开会不参加。地方领导心里也窝着火。

聪：中科大在级别上和合肥市一样吧？

郭："985"大学是所谓的"副部级"，似乎还高一点，但我觉得级别倒不是主因，主要因素是认识问题。这种状况不正常，需要引导，应该改变。现代大学的使命是什么？除培养人才、创新知识外，还有为社会服务。美国的一流大学，如斯坦福大学、芝加哥大学、康奈尔大学、威斯康星大学等很重视为所在地区的经济社会发展做实质性贡献。我们做了什么？我们当时对合肥市和安徽省的经济

① 刘志峰. 2003. 弘扬创新文化 雕琢精品大学. 校友风采，6（12）：1-3.

贡献的确很小。地方经济要发展，离不开科学技术这个最活跃的生产力；地方经济没发展起来，也拿不出钱来支持学校。何况，当年安徽省在我们南迁最困窘的时候，张开怀抱，接纳了中科大，滴水之恩，虽不能报以涌泉，杯水总是应该的吧！

（二）科技创新型试点市

本着这种朴素的想法，我想我们应该主动为省市发展做点事情。借着每次回北京的机会，我就找些朋友商量，结果想出了一个主意，建议国家把合肥市作为建设"创新型城市"的试点，以得到国家政策、项目方面的一些支持。当时，全国还没有一个这样的试点城市，四川省绵阳市搞过，但那只是军转民的单项试点。合肥市与全国的其他城市相比，虽然科教总量算不上太强，但科教密度却首屈一指。我们向省市领导建议后，他们完全接受，立马着手准备。

2004年2月19日下午，国务委员陈至立在中南海召开会议，听取安徽省关于合肥市申请科技创新型试点市工作的汇报。我以中科院和安徽省的双重代表身份参加了那次会。从中科院的角度出发，我应该坐在部委那边，但我没坐，而是与省里的同志们坐在了一起。王书记和王省长汇报后，似乎没太引起部委和陈至立的积极反响，大概省内的困难强调得多了一些，关于试点对全国的意义谈得不够。在讨论阶段，国家发改委、财政部、科技部、教育部的副部长们提了一大堆负面意见。这时，陈至立向我发问，说："老郭，今天你坐省里那边，是不是还代表中科院？你对这件事有什么看法？"她这么问，是因为我们彼此认识，她原是从中科院上海硅酸盐研究所出来的，之前几年在中央党校学习时，我们还同过班。我回答说："是的，中科院今天没派别人，让我两边都兼着。在谈我的观点前，我想先问一下您，国务院有建设创新型试点市的打算吗？""那就看有没有合适的城市。"她说。我说："那就好。有合适的城市，就是合肥！"她和那些部委领导都笑了，她说："你刚去合肥，屁股就坐那儿了？"我说："屁股是个小原因，主要是有道理。"

于是，我给出了两个论据。一是知识、技术的转移与物质的转移遵循着不同的规律，例如，水的转移，落差越大越好，而知识的转移，差距越大越难，教授直接去教小孩，肯定比不上幼儿园阿姨。知识、技术的转移要遵循梯次规律。二是按这个逻辑，长三角地区的先进生产力往西部地区转移，最好要在中部形成梯次，逐步向西部辐射（当时国家已提出西部大开发战略，但还没提出中部崛起战略）。中部选哪个城市做试点？站在南京大桥往西看去，科教力量雄厚的城市有武汉、成都、西安、重庆，但城市太大，不易做试点。中等城市有合肥、南昌、宜昌等，哪个的科教力量强、密度大？显然是合肥。而且，徽文化中向来不缺创新元素，农业的凤阳小岗村、工业的奇瑞汽车都出自安徽省。国务院如果想搞创新型城市试点，还能有别处可选吗？

我讲了一通后，陈至立说："你这样讲还有点道理。如果只强调本地区困难，国家当然要支持，但主要还得靠自己。国务院必须考虑全盘。"经过大家一番讨论，形势发生了反转，最后决定原则通过。当晚，省市领导在安徽驻京办宴请参会人员，省领导碰杯时还表扬我说："下午会上要不是你的那个发言，这件事情差一点就黄了。"

聪：确实可能就没戏了。

郭：当时叫"原则通过"，后边还有现场调查等，最后顺利得到了国务院的正式批准。省里随后成立了专门领导小组，要我也代表中科大进了小组，因此，那时我也参加了不少相关的会议和活动。应该说，国家在合肥市的这项试点，无论是在政策、实惠和名气方面都给合肥市带来了不少好处。今天的合肥市，能从全国倒数的一个小省会城市发展成为有活力的、以创新为特征的新型城市，与国务院的这项决策有很大关系。同时，中科大的发展，也在试点城市建设中获益良多，与省市的关系也越走越近了。

图9.7　中科大与合肥市多次召开合作座谈会

（三）合肥综合性国家科学中心

聪：2017年，国家宣布成立北京、上海、合肥三个综合性国家科学中心（简称国家科学中心），不少人对合肥的入选有些意外。这中间有什么故事吗？

郭：2017年1月，国家发改委和科技部联合批复了合肥国家科学中心建设的方案。这件事在全国科技界影响甚大，很多人不明就里，心生疑惑——全国只建三个国家科学中心，怎么轮得上合肥与北京、上海并列呢？

不过，据我的了解，合肥成为首批国家科学中心之一，并非太出意料的事。因为，从科学中心概念的提出、酝酿、预研，到合肥中心的设计、论证，我全程都有些参与。早在"十一五"期间，在构思国家创新体系时，我们就提出过类似的建议，认为在现代国家创新体系中，除了分散在研究型大学及科研院所的大量各类实验室以外，还应该在有条件的地区，建设少数跨部门跨单位的国家综合性科学中心。国家科学中心应该是以若干大型科研装备设施为基础的高水平前沿实验室的研究集群，拥有一流高水平的科学人才，以新的管理体制和运行机制，在战略、交叉的前沿科学领域，开展高水准、原创性的基础研究。关于这些想法，我们与国家发改委有关同志做过多次交流，并逐步获得认可，因此，在2011年颁布的"十二五"规划纲要中，就明确写有"在重点学科和战略高技术领域新建若干国家科学中心、国家（重点）实验室，构建国家科技基础条件平台"的内容，首次正式提出了"国家科学中心"的概念，只是由于各种原因，直到2015年"十二五"结束时还尚未启动。我认为合肥有许多符合建设国家科学中心的基本要素，并在多种场合介绍过国家科学中心的思路，譬如，2007年在科学岛的强磁场实验室方案评审会上，我致辞时说，希望这个新建的强磁场实验室能按国家科学中心的思路来办，争取成为未来合肥国家科学中心的首批成员和生力军。十年后，新建的强磁场实验室真的成了合肥国家科学中心的重要成员，我当时的这个祝愿成了现实，感到很高兴。

2016年3月16日，我正在广东出差，突然接到合肥物质科学研究院匡光力院长的电话，告诉我18日国家发改委要对合肥国家科学中心组织专家论证，安徽省点名要我去做评审组组长。说实在的，我还有点小感动，因为我从中科大返京已近十年了，居然还有人想起把这么重要的任务交给我。我临时中断了出差任务，第二天从广州直飞合肥。包括21位两院院士在内的25位专家组成的专家评审组，对科学中心筹备组提供的建设方案"评头品足""吹毛求疵"，进行了整整一天紧张的科学质询和讨论。直到通过评审后的掌声响起，我才如释重负。大半年后，合肥终于紧接上海、先于北京（2017年5月获批）成了三大国家科学中心之一。

王：这为合肥市的长远发展打下了坚实的基础，也为合肥市在国家创新体系中确立了不一般的地位。

聪：现在的中科大与省市的关系已经改善了吧？

郭：岂止改善，应该说是相当密切了吧！离开久了，很多具体情况我也不太清楚，只知道双方互相支持力度都很大，中科大的先进技术研究院、讯飞的"声谷"等机构以及量子信息、人工智能等技术领域，都极大地带动了地方高新产业的发展。合肥市发展起来了，政府有钱了，也舍得给中科大支持，要钱给钱、要地批地，与十多年前完全不可同日而语。这两年，网上流传着一所大学与一个城市腾飞的故事，你们看到了吧？说的就是中科大与合肥市。不过，我始终认为，中科大对合肥市、安徽省，怎么支持都不为过，但中科大人一定要记住自己的初心和使命，它的目标绝不是某个地域的优秀大学，它是属于中国和世界的，永远要瞄准世界一流研究型学府这个宏大愿景。

（四）从"7+2"到 C9 联盟

王：正如美国的常春藤八校联盟在国际上很有影响一样，中国大学也有一个 C9 联盟，在国内很有地位。您知道一些它的情况吗？

郭：就像现在某些有共同联系的人往往拉个微信群一样，在国际高教界早就有这个现象，如美国的常春藤、英国的 Russell Group、加拿大 U15、澳大利亚八校联盟等。2003 年，我国首批进入"985 工程"的 9 所大学校长在北京召开了首届"一流大学建设系列研讨会"，内部简称"7+2 研讨会"。每年一届，轮值"做庄"，第一届在清华，第二届移师上海，上海交通大学接棒。

聪：为什么叫"7+2"这个名字？

郭：因为九所学校中只有 7 所归教育部主管，还有两个不是。其中，中科大直属中科院，哈尔滨工业大学（简称哈工大）直属国防科学技术工业委员会。教育部当时设有一个"直属高校司"，只管那 7 所直属的大学，为示区别，故称"7+2"，对中科大和哈工大而言，听起来有点列在另册的意思。因此，头两届研讨会中科大虽也派出校领导去参加，但并未看作是大事。

我了解到这个情况以后，觉得应该更重视一些。为什么呢？一所大学的发展，主要当然决定于内因。但是，良好的外部环境也非常重要。这个"外部环境"，既包括地方政府的支持，也包括同行的联系。中科大发展的外环境离不开中科院、安徽省，但也与教育部和其他优秀大学密切相关。中科大是所大学，大学自有大学的共同规律和特点，在教学上不能远离教育部的指导和领导。在过去很长一段时间，教育部的确有较重的部门色彩，有"亲儿子""干儿子"之分，譬如叫"7+2"就有点这个意味。在这种情况下，中科大也有种"你不带我玩，我也懒得跟你玩"的清高感。如果是自己做人做事，我也绝对是这个脾气。但是，到了学校这个负点责任的岗位，我觉得有些不对，这不利于中科大的发展，应该主动与其他大学"玩"在一起，主动争取教育部的指导和领导，否则，对中科大建设一流大学的目标不利。

2005 年的第三届"7+2 研讨会"在南大举办。在那之前，南大早就邀我在他们的"部长论坛"上给师生作一场关于大学文化的报告，所以正好两事合办，第三届"7+2 研讨会"我就带队去了。研讨会上的 9 个人中，8 位都是校长，唯有我的名衔不一样。在研讨阶段，我先抛出了一个观点——都知道"7+2=9"，为什么我们不说"9"？我希望变成"9"！我说完后，哈工大的王树国校长积极支持，其他校长有的笑了，但既没有强烈支持，也没有反对意见。我很理解，在"正册"中的人不容易体会到身居"另册"的感受。

闭幕之前，有个议程是讨论决定第四届将在哪里主办。主持人南京大学蒋树声校长刚说完，除清华、上海交通大学和蒋校长外，其他学校都积极表态，都想争取做下一届的东道主。待浙江大学杨校长、西安交通大学郑校长等申述完理由后，我接着发言。我先再次讲了讲"7+2"应该变为"9"的道理，又说了中科大、哈工大因与大家不在同一系统，大家了解得比较少，与各位相比，中科大最年轻，很需要各位老大哥学校去亲自看看、指导工作。鉴于"7"中已有三家做过东道主了，今年在南大，明年就顺便从这往西走个把小时到合肥，后年再挥师东北去哈工大。这是很公平的。我说完后，大家笑了，王树国校长马上强烈支持，别的校长也有呼应。经过激烈的讨论竞争，最后举手表决，终于中科大胜出。会议闭幕时，蒋校长颇带幽默地做总结说："老郭今天用了'哀兵'和'结盟'两个策略，终于取胜。我宣布，明年咱们挥师合肥，同去中科大！"我笑着回应蒋校长："我说的可全是事实，对吧？"

图 9.8　2006 年 9 月在中科大"一流大学建设系列研讨会-2006"
开幕式致欢迎辞

第二年九月，在中科大校庆前夕，我们在合肥迎来了中国最强大学的校长群。我在致辞中再次强调了"7+2"等于"9"的愿望，会议讨论环节，有人提出了应该仿常春藤模式，成立中国的九校联盟。后来，经过几次会上会下的酝酿、协商，2009 年 10 月在西安交通大学举行的第七届研讨会上，大家一致同意按照"优势互补，资源共享"的原则，签订中国九校联盟协议书，英文简称 C9。之后，在侯建国、许武他们主政期间，中科大于 2013 年迎来了研讨会的又一次轮值，中国 C9

联盟的校长们与美国的 AAU、欧洲的 LERU 和澳大利亚八校联盟的代表，共同起草并签署了《合肥宣言》，为中国一流研究型大学 C9 联盟建设做出了实质性的推进。在此过程中，中科大与教育部、国内研究型大学的联系也越来越密切了。

图 9.9　2008 年与北京大学校长许智宏（左 2）、清华大学校长顾秉林（左 1）等交谈

九、难忘离校时刻

聪：虽然您为中科大做了这么多，但是您在中科大的任期其实并不长吧。

郭：是，接近 6 年。前面说过，我先是不愿接受任务，定下后又多次提出只干两年，要交班给年轻人，没想到还是干了一届多。其间，在 2005 年，中科院又新任命了党组副书记。甬祥对我说，根据中组部的通知，我的职务不变，仍是副书记兼中科大书记。我坚持没同意，说有了一个副书记，我就不再挂这个头衔了，所以在之后的那段时间，我的名号就换成了"党组成员兼中科大书记"。

王：您现在怎么评价自己在中科大的这段工作？

郭：八个字——没有偷懒，感到欣慰。2008 年 9 月 25 日，校庆后的第五天，学校班子换届。我在会上有个千字发言，下面是其中的一段原文。

就在刚才，中组部李建华副部长宣读了中央的任免通知。几位领导在讲话中都给了我很多鼓励，我十分感谢。此时此刻，我的心情，可以用三个词表达：一是高兴，二是感激，三是期盼。为什么高兴呢？我很早就想把担子转到年轻同志肩上，今天终于实现了这个愿望，当然高兴。而且，五年前的 5 月 28 日上午，也在这个地方，我说过：对此任命虽无任何思想准备，但担子上了肩，我会尽心尽力的，请老师和同学们放心。五年多来，扪心自问，我没有偷懒，履行了自己的承诺。看到学校在大家努力下有了发展和进步，感到高兴、欣慰。

其实在我心里，中科大一直是一所令我崇慕、心仪的大学。现在回味起来，人生之中，有机会能为它的发展尽点绵薄之力，我感到非常的荣幸和自豪。2003年，之所以那么不情愿受命去中科大，原因完全是自己想早点退休离岗。

换届会后，我叫秘书小褚帮我订好第二天的回京火车票，并找几个旧纸箱。晚上，我和他一起把书籍、衣物装箱捆好，其中，有件纪念品是孙立广老师在野外考察时带回的一块小山石，送我留作纪念，我和小褚特地细心地多包裹了几层。（为此，我回到北京后，还写了首词《满庭芳》回赠孙老师。）一切准备就绪，只待第二天返京。

满庭芳·赠科大孙立广教授

曾梦巡天，却缘地化，生来天健地坤。

寰球凉热，蹊径觅微痕。冰川、苔原、鹅粪，

天不负，《自然》①有证。富激情，更守理性，

何事不能成？！

为师、也为生，"十分"②面壁，"三度"③箴文。

春风润桃李，名师堪称！立功、立言、立德，

立广也，却淡名声。问何故？责任、良知，

才是人之本。

没想到，第二天上午10点的时候，安徽省委王金山书记专程到学校看我，聊过一会儿后，问我大概什么时候回北京。我说："票已买好，就在今天下午。"他听后，大感意外，说："那怎么行？干吗这么急！"然后要我一定把票退掉。见我坚持谢绝，他指示同来的秘书长临时在稻香楼安排一场午宴为我饯别，并要中科大班子的新老成员一起都去。盛情难却，我只好把车票延迟了一天。午餐时，就那几年中科大与省市的关系，他和王明方副书记都说了不少叙旧的话，我很感动。回到北京后，当时分管科教的田副省长还打电话"批评"我："你老兄真不像话，这么快就走了，招呼都不打，一起喝两杯的机会也不给！"我检讨说："对不起！你知道我这人不会喝酒，又不爱热闹。请你理解包涵。"

聪：您那几年拿一份工资，分身两地兼两副担子，吃了不少苦吧？

郭：那几年，我连出差车旅费都没在中科大报过一分钱，为了给中科大省点经费，因为中科院的"锅"毕竟比中科大的要大很多（笑）。要说吃苦，头两年确实有，包括心苦和辛苦。生活上，一人在校，天天吃学生食堂，那时中科大没有

① 孙教授曾从南极冰川采集的企鹅粪中研究气候变化，论文刊于《自然》（Nature）。

② 他要求自己和学生每天能留出10分钟，面壁静思，以戒浮躁。

③ 孙教授提出，为人要有"三度"：立意要有高度，思维要有深度，胸襟要有宽度。

教工餐厅，因为老师们的家都在校园里。我去食堂总是晚一些，饭菜不是凉的，就是没了，常常就在路边小店买个面包凑合一下，因此，2005 年开始得了糖尿病，直到现在。

刚到学校的那个夏天，有个星期六上午要去省里开个会。早晨醒过来，发现衣服、手表、手机、笔记本电脑等搁在桌上的东西全都不翼而飞了。后来才知道，因为我住的那个房间虽在三层，可后窗外面有个水泥台，又紧邻黄山路边，小偷很方便地来"光顾"了一次。早饭没来得及吃，我换上衣裤，系上闻讯赶来的校办主任汪克强的皮带，就去省里开会了。坐在司机小杨的车上，我直懊恼，手机、电脑都没了，那么多电话号码、E-mail 地址怎么办？怎么睡得那么死呢？！好心的小杨劝我："幸亏您睡着了！要是醒了，您肯定要喊叫、要争斗一下，小偷给您一刀可就惨了。"想一想，他说得很在理，心里才舒坦一些。

2005 年 5 月中旬，我在中科院福建物质结构研究所出差，带队在所里做领导班子换届考察。正开会时，接到中科大负责学生工作的鹿明副书记电话，从她的话音中，知道情况十万火急。那天是周六，接连两天是合肥科技周，学校面向中小学生开放，校园里来了许多学生和家长。就在这个当口，一个不知藏身何处的坏人给学校打来恐吓电话，说他已在校园里放了几颗炸弹，如果学校不给他的账户打去 10 万元钱，他就要炸毁校园。我一听，着实吓了一大跳。告诉鹿明，我马上飞回合肥，同时叫她一定要镇静，千万保持内紧外松的状态。然后，我马上电告安徽省政府，请他们派警力到学校暗查搜索；电告中科院，请安保办联系公安部，迅速根据嫌疑人的电话定位他藏身之地；告诉学校先答应给他钱，但以合适理由拖着他，多打电话，便于公安定位。紧张地折腾了十多个小时后，终于在山西太原抓捕到了那个家伙。审问中，他说他没放炸弹，也没去过合肥，就是想讹点钱花。问他为什么选中科大？他说"因为中科大有名"。事过之后，一场虚惊，哭笑不得。

聪：做学校工作，真不容易！

第 十 章

离岗以后

一、最后一次党组会

聪：您从中科大回到北京以后，还需要到院里办手续吗？

郭：那倒不必，因为去中科大是属于兼职，我的行政、工资等一切关系都在中科院没动，因此，回到北京的第二天就照常去院部上班了。当时年龄已过64岁，因此在2008年10月中旬，中央的免职文件到了院里，我终于盼到了"下岗"时刻（笑）。在最后参加的那次党组会上，与会的同事们对我说了不少让我十分感动的话。之后，甬祥叫我也说几句，问还有没有什么个人要求。

我说，本来，我没打算发言。既然甬祥点了名，我就说几句。一是非常高兴。你们知道，在党组民主生活会上，我年年都说过，希望能早点退下来，时至今天终于如愿，虽然迟了些，但仍然是高兴的。二是十分有幸，有幸此生能与中科院结缘。我生长于山区农村，父母连自己的名字也不会写。我这人生性不会吹牛拍马屁，也不会敬酒递烟搞关系，如果在社会上，我连个村副主任也干不成。但在这人才济济的中科院，居然能做点事，并得到大家的认可，这完全是因为中科院的土壤和文化，对于此，我深感幸运。第三，刚才甬祥问还有没有什么要求。我个人没任何要求，只是有个与中科大有关的心事，想跟各位说一下。在中科大待了几年，我体会到它的文化中似乎有某种悲情色彩，这个词可能用得不当，但我找不到一个更合适的词。例如，某个牛人调离了中科大或是院里某个政策忽略了中科大，在校园网BBS上都要发酵好几天，似乎要塌天一样。这种情况其实常见于上进心、自尊心很强但自信心暂时不够的个人或团体。中科大有这个心态，我认为这可能跟它多磨多难的艰苦历史有关。打个比方吧，一个家里有个大儿子，生来优秀好强，但后来家庭遇到了困难，把他送到了乡下，日子好了后，又没能接回父母身边，他就有点被遗忘的感受，比较敏感。我没去中科大时，也体会不到这种心境。因此，请各位对中科大要多给些关切。凡有可能涉及中科大的政策出台前，一定要听听中科大人的想法，别让中科大的师生感觉受到了伤害。

那次会后的第二天，我就清理了办公室，从书架上挑选了约1/3的书，装了几个纸箱，第三天就搬回了中关村。不过，退岗并未退休，因为还在全国政协及国家教育咨询委员会还有些工作任务。直到2014年，中组部的文件到了后，我才正式退休，时年正好70岁。

聪：退岗后，您回中科大的次数多吗？

郭：很少。有些人离开原来岗位后，还想继续施加影响，甚至有些"摄政"的操控。说实话，我很腻味这种做法，我从来没有权欲，不想控制什么。离校时，建国校长和许武两人跟我说："希望你常回合肥来，你住的地方和你的办公室还给你留着。"我说："为什么？"他们说："多来指导工作，出出主意。"我说："你们别傻，我也不傻。你们如果来征求我的意见，我说的如果和你们一样，那等于白说，白白耽误时间；如果说的跟你们想的不一样，这种情况肯定很多，因为我不在学校，不了解情况，那么你们听还是不听？不听，显得对我老头不尊重；听，肯定不应该。不好办了吧？！你们都年轻，又有经验，肯定会干得比我们好。我退岗后，还有好多事想做，才不做干预你们的傻事呢！"他们两个笑了，又说："那我们就常去北京看你。"我说："也别看，出差北京时，有空打个电话，互报个平安。没空，电话也不用打。"

二、快乐的科普团员

聪：您刚才说，退下后还有好多事做。主要有哪些？

郭：除参加全国政协的调研、咨询等任务型的工作外，还有科普、科学教育等。1997年，院领导分工时，把原来由陈宜瑜副院长兼的科普领导小组组长交给了我。在20世纪90年代之前，无论是国家层面还是中科院层面，对科普工作远远不像今天这么重视。

王：那时候全国科学研究经费的缺口都那么大，中科院也正是困难时期，当然顾不上科普了。

郭：经费吃紧是个原因，但也有认识不足的因素，科普似乎可有可无。

聪：当时科学家们怎么看科普工作呢？

郭：不一样。少数大科学家是很重视的，比如华罗庚、钱学森、钱三强、朱洗、茅以升、王绶琯等都非常重视，而且亲力亲为，写科普书，做科普报告。但大多数科学家没把它当回事，甚至还有少数人认为，只有"做不了研究工作的人才去做科普"。从学科领域来讲，天文、植物、航天、地学界等比较重视科普，还有许多学科则不以为然。

王：确实如此，植物、天文这些学科领域一直以来就比较重视科普工作。

郭：国家天文台老台长王绶琯先生1998年倡建的青少年科技俱乐部值得在这儿讲一讲。1998年5月，王老先生给我打来电话，说他有个想法，即以科学家大手拉中学生小手，办个青少年科技俱乐部。我作为兼任的院科普领导小组组长，听到他的建议，当然很高兴，立马表示支持。电话那头传来王先生低缓浓重的福州口音："那好！我就先起草个倡议，我们俩先签上名，然后请你再约些科学家一起支持。"

过了两天，王先生草拟并已签了名的倡议书就送到了我办公室。我在右下角签上名字后，立马送给在院部的路甬祥、白春礼、王大珩等，他们签过后，再请学部和办公厅帮忙联系更多一些科学家签名。很快，倡议书就得到了包括钱学森、宋健、朱光亚等著名科学家的61人签名支持。

聪：就是说，王老是第一签名人，您是第二签名人（笑）？

图 10.1   1998 年王绶琯倡议创建"北京青少年科技俱乐部"时 61 名科学家联合签名
（北京青少年科技俱乐部供图）

郭：对。不过，王老才是建议书的首创者和起草人。次年 6 月，在北京市科学技术协会的支持下，成立了青少年科技俱乐部。

而今，20 年过去了，王绶琯先生倡议创建的这个俱乐部已成为我国科学教育的一块金色品牌，俱乐部的基地型学校由最初的 4 所发展到了 31 所，由北京扩展到了外地，先后有 720 多位导师和 5 万多名中学生参加俱乐部的科研活动。俱乐部的一些会员已在各个领域崭露头角，成长为国际、国内科学前沿研究项目的启明之星。在俱乐部成立 20 周年的时候，我撰了一副贺联：

一笺倡议 全是浓情厚谊 握起多少大手小手
廿年执守 决非云淡风轻 燃亮无数心灯慧灯

王：王绶琯先生现在（2018 年）快 96 岁了，身体不太好。不过，他在晚年又做了一件很有远见、了不起的大事。

图 10.2   2005 年青少年科技俱乐部在中国人民大学附属中学的一次学术活动
（前排左二为林群院士、左三为郭传杰、左四为王绶琯院士）

郭：当时，少数有兴趣而且愿意做科普的科研人员很不容易，譬如我在前面说到过的卞毓麟，他就是个典型例证。他是副研究员，科研做得不错，单看论文和成果，评研究员是差不多的。但他酷爱天文科普，科研之余写了几本书和几百篇科普文章。评职称时，评委看到他有这么多科普工作，结果反而把他刷下去了。他向我诉说委屈，我打电话问了北京天文台台长。李启斌台长说，他也觉得有失公允，但评委每人一票，也没办法。老卞后来想走编审系列，因为他还兼任《天文学报》常务主编。当时，科学出版社设有面向全院的高级编审系列评委会，出版社也是我分管，我就帮他把材料转到那里参评，但也没评上，评委们说他的工作内容主要是科研方面的。后来他被上海科技教育出版社当"宝贝"挖去了，职称、住房什么的都解决得很好。

聪：当时的科普人才真是很尴尬。中科院层面呢？科普领导小组做了哪些工作？

郭：院里设有很多领导小组，科普领导小组只是其中的一个，下面有个办公室，挂靠在科技政策局，但实际只一个人，还兼有其他工作。当时全院年度科普经费只有 5 万元。现在就大不同了，专设了一个科学传播局。尽管如此，当时院科普领导小组还是开过一次研讨会，提高了所领导对科普工作的认识。此外，科普领导小组还组织制定了全院首个科普工作规划，出台了相关政策，在部分研究所支持成立了几个科普基地，做了一点推动工作。

聪："中国科学院老科学家科普演讲团"（以下简称科普团）是成立于 20 世纪90 年代吗？

郭：对，是 1997 年。当时，兼任院科普领导小组组长的陈宜瑜副院长对刚刚从副局长岗位上退休的钟琪同志说："你身体挺好的，退休后做点科普吧"。于是，钟琪作为这个科普团的发起人，就以她极高的热情和执着，扑到这项新的工作中来了。那年 9 月，院领导调整了分工，我接手分管科普。从那时起，我就与科普团开始结缘了，到现在已有 20 多年。

那时做科普团其实很难，缺条件不说，主要是社会没认识，没需求。怎么办？首先要以高标准遴选好讲课的团员，他们采用了试讲的方式。首次试讲挑选团员的时候，还是我帮他们在化学所联系了"试场"，"考试"时我也去听了。"考官"是中国人民大学附属中学等名校的学生和老师，试讲人讲完，"考官"们就噼里啪啦地评头品足，最后打分，连公认口才棒、学问大的我们化学所的胡所长也落选了，因为他太忙，没好好做准备。被录取的幸运者寥寥无几。有了团员，钟琪他们就放下面子、硬着头皮，求着教育局和校长安排科普讲座。经过艰苦的争取和高质量的科普，他们终于逐步打开了局面。

几年后，在国务院的一次科普工作部际联席会上，分管科普工作的李岚清副总理问我：你们中科院有个老科学家科普演讲团，团长是个老太太，你知道吗？我回答说：当然知道。您是怎么知道的？他兴奋地告诉我们 11 个与会者，说他是从央视《夕阳红》节目偶然看到的，还说：老太太选团员比挑女婿还苛刻，这个团科普做得不错。老郭，我们下次开会，你把她带来。咱们各位部长少讲，每人只汇报 5 分钟，留下时间让她多讲讲。2002 年 9 月 2 日，钟琪等三人列席了部际联席会，做了十多分钟的汇报，时任北京市副市长的林文漪当场拍板，答应每年给科普团 10 万元活动经费，以感谢中科院对北京市基础教育事业的支持。

2003 年 3 月 18 日上午，李岚清约请了科技部、教育部等部委的 6 个人到他办公室座谈，他说："今天下午我就要下岗了①，退下来之后，我想做两件事，一是研究音乐人生，二是做点科普。今天约你们来，是想请你们出出主意，科普方面我可以做点什么。"那一次，国务院办公厅通知我把钟琪也带去了。在大家的支持下，科普团进一步走向全国，名气越来越大了。

2017 年是科普团成立 20 周年。现在的科普团有 60 多个团员，大部分是中科院的老科学家，也有北京大学、北京师范大学、北京航空航天大学等高校的老教授，还有部队和北京市的专家。有位在北京化工大学工作了 20 多年的英国皇家化学会的戴维·G. 埃文斯（David G. Evans）教授现在也加入了我们科普团，他的普通话讲得比我还标准，科普演讲很受中学生欢迎。现在（2018 年），全团的平均年龄大概 68 岁，最年长的李竞先生已年届 93 岁。20 多年来，科普团接受邀请，足迹踏遍了新疆、西藏、香港、澳门等（只台湾还没去）全国所有省区市，已做了近 3 万场科普报告，听众总数已达 1000 多万人，除中小学生外，还有大学生、研究生以及公务员等各类人群。

聪：怎么确定去什么地方呢？

郭：谁先邀请，谁优先；边远地区，优先安排。近年来，浙江、广东、山东等省份的地市与科普团签约共建了 30 多个"科普教育基地"，同等条件下，基地优先。

聪：有点像 VIP 待遇。

郭：有点这个味道，科普团近些年确实很受欢迎，很红火。在 2018 年 1 月中国科学技术协会"典赞·2017 科普中国"颁奖大会上，科普团获得特别奖。

聪：您原来作为中科院领导曾分管过全院的科普工作，从科普团初创就支持了它的发展。听说您现在也是科普团的一员了，是吗？什么时候加入的？

郭：20 多年来，科普团一路走来确实不易，应该说这些退了休的老科学家们为中科院争了光，对我分管的这项工作给予了很大支持。我与它风雨相伴，的确

---

① 那天是全国人大会议闭幕的时间，下午的人大会上他将正式从副总理的岗位上退下来。

感情不浅。我退岗之前，老团长钟琪和一些老团员就跟我谈过多次，要我退下后就去做团长。我说："退岗后，我给自己定个原则，参与做事情可以，但绝不做任何负责人。"2008 年一退岗，他们觉得时机到了，就要我接任。我当然坚辞不就，并说，做团员可以，绝不当团长。而且，我入团必按试讲、考评通过的老规矩办。他们说："你就不必试讲了。"我说，不让试讲和被评审，我就不加入。他们拗不过我，安排了试讲。很幸运的是，我一次试讲就通过了，也成了其中的一员。

聪：您出去讲课多吗？主要讲些什么内容？

郭：这个团里有些老团员一年讲课 200 多场，有不少已累计超过千场。与他们相比，我的贡献小多了，这些年每年 20 次左右，因为我还有一些其他的工作。讲的内容比较宽泛，主要是化学和材料科学的前沿、创新人才的成长规律、领导决策中的科学思想方法等三个不同方面，邀请方根据听众的类型（大、中、小学生或领导干部、公务员）可以选择讲课题目。

图 10.3　浙江温州一中科普讲座后学生排队签名

聪：您现在如何看待科普工作呢？

郭：应该说，随着自己工作实践的积累以及社会对科普工作的逐步重视，我的认识也是逐步深化的，经过了一个由工作任务、义务、到自觉的过程。从 20 世纪 90 年代起，我就与这项工作结缘了，但那时还是当一项任务去做。我曾带过一个访问团去美国国家实验室及一流大学考察科技政策及科普工作，发现费米国家实验室、阿贡国家实验室等这些大型研究机构都很重视科学传播，认为这是基础研究对社会和纳税人应尽的义务，也是关系科学能否有后继人才的大事，这些看法让我颇受启发。

相比于欧美等发达国家，我们国家的科学及与此相伴的科学精神，不是土生土长的，而是移植学习得来的，因此科学精神的匮乏是我们的先天缺陷，这在社会生活的各方面都经常有所表现。要实现我们民族的伟大复兴，跻身于现代化强国之林，这一课不补不行。提高公民科学素养，绝不是可有可无之事。

这几年，我随着科普团，应邀去过江浙、广东这些经济发达地区，但我更喜欢去川西、青海、内蒙古等地。当在讲台上面对那渴求前沿新知的双双慧眼，你站多久都不觉累；互动时刻，看着举得高高的小手，你会感到兴奋；课后许多同学追得老远，摊开自己的笔记本围着要你签字，你会很有成就感。在这些过程中，我渐渐感到，这不是别人要我做，也不仅仅是当成应尽的义务，而是自觉自愿地想去做些事情。

最近几年来，国家开始重视科学教育了。"科学教育"不等同于科普，也不等同于中学那些数理化类的专业课程，而是以校园内外为场地、科学内涵为内容的创新教育模式。其形式是多种多样的，如研学旅行、STEAM等。在新科技革命来临、国际竞争如此激烈的今天，对孩子们从小加强科技创新及科学精神、科学思维的教育，太必要了，意义十分深远。中科院有非常丰厚的科学教育资源，在这个过程中，也应该把它列入战略议程。现在，院里已组建了六大科学教育联盟，要我做科学教育联盟的总顾问，我老头还能为方兴未艾的科学教育顾一顾、问一问，也乐在其中。

三、国家教育咨询委员

聪：您退岗之后，是被国务院聘为国家教育咨询委员会委员了吧？为什么聘了您呢？

郭：我也不知道为什么。我们国家的教育问题是很多很大的，教育、医疗既涉及广大民生，又是改革最不到位、老百姓意见最多的两个领域。2010年，温家宝主持制定了《国家中长期教育改革和发展规划纲要（2010—2020年）》，并参照国外经验，于2010年成立了首届"国家教育咨询委员会"。第一届聘请了64人作为委员，刘延东签名并给每人颁发了证书，现在已是第二届了。为什么我也在内？可能与我的工作经历有关。我在中科院和中科大都干过，在政协期间作为教育界别的成员参与过很多教改调研，发表过一些自己的看法。此外，作为专家还参与过全国《教育纲要》[《国家中长期教育改革和发展规划纲要（2010—2020年）》]、《科技纲要》[《国家中长期科技发展规划纲要（2006—2020年）》]的制定，作为总体组成员，也参与了制定《国家中长期人才发展规划纲要（2010—2020年）》。

聪：在我国，国家教育咨询委员会是个新机制。它主要做些什么事？

郭：在过去的60年多来，国家第一次设这样的咨询机构。委员会办公室由教育部部长任主任，64个成员分成10个固定任务小组，如素质教育改革、义务教育均衡发展、职业教育改革、创新人才培养、考试制度改革、现代大学制度等。这些小组的任务是在全国开展调研，发现问题，提出建设性意见等。我自己从中也有些收获，因为直到退岗之前，我只比较熟悉科研和大学的工作，对其他各级各类的基础教育基本不了解。在调研中，我和其他委员在全国跑了不少地方，对学前教育、中小学、职业教育、特殊教育等，都了解了一些，也发现教育界比科技界要复杂得多，而且与民生、与每个家庭都息息相关。相对而言，科学研究与普通民众的距离还是远一点。

图 10.4　2013 年国家教育咨询委员会委员云南调研时顾明远、郭传杰两家伉俪合影

从右至左：郭传杰、顾明远、周蕖、周寿康

王：国家教育咨询委员会组织出去调研的活动多吗？

郭：不少。但如果只用眼睛不用脑子的话，这种调研不一定都能得到真实情况。2015 年，我们去西部地区某地级市调研，看到的那所中学和那所小学，条件都很不错，有宽阔的塑胶跑道操场、明亮而整洁的教室，条件不亚于北京的重点学校。尤其是那所中学，不仅实验室设施齐全，有满屋的计算机、网络设备，而且当时就有了 3D 打印实验室，连音乐器材都很高档。有个别人看了后，对该市领导重视教育事业而大加赞赏。我总觉得，这么一个偏远且经济并不发达的西部城市，不可能所有学校都有这样的条件。于是，我们提出，希望市领导给我们安排两个农村中小学去看看。开始的时候，他们说时间不够，不好安排，我们就提出把市内的参观项目减掉一些。在我们的坚持下，最后去了市区外的一所农村中学和一所中心小学。这个中学有间实验室，里面除了布满灰尘的桌子之外，其他空空如也；那所中心小学的条件就更糟糕了，在学校寄宿的学生还是两个孩子共睡一个床板，叫人望而心痛。我相信，这肯定还不是最差的，一是因为领我们去看的一定是条件相对较好的，二是那里离市区并不太远，只 50 多公里，那更偏远的地方呢？当然更差。

聪：差别这么大？简直不可思议！

郭：说实在的，这种现象不是个别的。发达地区少些，越是贫困地区，这种现象越多。一个市、一个县，集中政府资源办一两所重点学校，师资、设备都不错，一方面供有权、有钱家庭的孩子上学，另一方面供领导参观，留下"我们很重视教育"的印象。我们的义务教育要均衡，还有很长的路要走，不仅是城乡之间、东西部之间，这是显性的，更严峻的在于同一地区的隐性差别，因为造成这种问题的主要原因是权力，那就更不好办了。

四、中国管理科学学会

聪：您不是一直想退下之后不再负责任何工作嘛，为什么还是兼任了中国管理科学学会的会长了呢？

郭：我国现在有几百个国家一级学会，比如中国物理学会、中国化学会、中国科学技术史学会等。中国管理科学学会是 1980 年改革开放之初由中科院的前辈们倡议成立的，骆驼敏、茅以升、卢嘉锡等都曾任过会长，钱三强、宋健等也很重视现代管理科学。后来，学会的依托关系慢慢从中科院转到了人事部。2009 年，学会换届，他们来找我，要我做会长。前两次，我很直接就谢绝了。为什么呢？就是因为那个自定"原则"：退下来之后，做些事可以，但不负任何责任。我还讲过一个例子说服他们。路院长曾兼任中国发展战略学研究会理事长，2008 年我退岗之后，他希望我能接任，我当面谢绝了。他又写了封信给我，我在他信的眉边上写道："甬祥，谢谢你的信任。此事绝无可能，理由已面告过，不再赘述。"原信退回。几天后，他又让方新来做工作，当然也没用。后来，有一次在机关楼道上碰到我，他说："你不接手，我怎么办？"我开玩笑回答说："你怎么办是你的事，反正我不干，也干不了。"

中国管理科学学会领导第三次又来找我，除秘书长外，同来的还有从中科院出去后来在别的部委担任高层领导的老同志，有的已 70 多岁高龄了。他们一起到我办公室来谈，我实在不好意思，只好从命了，接任了第六届会长。但我有个前提，只干一届，不做法定代表人，基本不管事。不过话是这么说，一旦担子压上了肩，我又真的做不到撒手不管。

聪：您不是个"溜肩膀"（笑）。

郭：要不就根本不挂名，要不就必须承担起责任。中国管理科学学会是一个很讲科学传统的社团组织，前些年，全国许多社团组织以评奖等各种名堂骗人赚钱，搞得乱七八糟的，社会形象很差，后来国务院纠正行业不正之风办公室会同九部委开展联合整治，砍掉了 99.7% 的评奖项目，其中管理学会的"中国管理科学奖"作为管理科学领域的唯一项目保留至今，经受住了岁月和社会的考验。它是由国家奖励办公室批准设立的科技奖，含金量比较高，钱学森、袁宝华、张劲夫等都曾获颁其"管理科学特殊贡献崇敬奖"奖项。

学会下面还有若干分支学会。学术委员会里有几位是中国工程院管理学部的院士，有些将军和大学校长、教授，智力资源相当丰富。应该说，改革开放以来，学会在引进西方发达国家管理科学的理论、方法，促进中国管理升级方面，做了不少工作。随着经济社会的发展，我国的现代管理科学也该是走向国际舞台的时候了。于是2013年，我们发起成立了一个"东沙湖论坛"，地点在苏州，每年一届，吸引了国内外管理学界和企业界的兴趣，一年比一年红火。

聪：您是发起人吗？

郭：我虽然是前四届的论坛主席，但大量组织工作是张晓东等一批年轻人做的。2016年后，我坚决辞去了会长，当然也不再管论坛的事了。

聪：他们让您退吗？

郭：不让。但中组部有明文规定，副部级过了70岁就不能担任任何社团组织的领导职务了。有文件摆在那，他们没办法。

五、国际欧亚科学院

聪：国际欧亚科学院（简称欧亚科学院）是一个什么组织呢？

郭：它成立于1994年，目前总部设在莫斯科，是一个学术性、国际性、荣誉性的非政府组织，现拥有欧洲、亚洲、北美洲等46个国家的600余名院士，他们都是各国著名的自然科学家、工程技术专家和社会科学家。欧亚科学院在15个国家建了国家科学中心。

王：欧亚科学院（中国）是相当于它在中国的分部吗？

郭：差不多是这个意思。欧亚科学院（中国）成立于1996年。现任主席是蒋正华，副主席有宋健、路甬祥等。

聪：欧亚科学院也评选院士吧？

郭：对，每两年增选一次，增选程序与中国科学院、中国工程院类似，但流程相对简单一些。我国现有欧亚科学院院士近200人（2018年），其中1/3同时也是中国科学院或中国工程院的院士，有些"两弹一星"元勋如陈芳允、孙家栋以及国家最高科学技术奖获得者刘东生、曾庆存等也在其中。它由于多领域、跨学科、高层次和国际性的特点，可以成为国家的重要智库之一。

聪：您是哪一年加入的？他们是怎么联系到您的呢？

郭：2010年的时候，王玉民等两位国际欧亚科学院的院士主动找我，要推荐我，我明确谢绝了他们的好意，因为我确实对这种事不感兴趣。过了两年，又有一位朋友在增选之前打电话找我，我又婉辞了。2014年增选前，王玉民和其他几位朋友跟我说，国际欧亚科学院不同于中国科学院和中国工程院，它是一个纯粹的民间学术组织，虽然层次很高，但它的院士没有政府给予的任何名与利，只是一个学术界朋友在一起交流、研讨的平台，而且，它像其他的国际科学院一样，包括自然科学以及经济、人文、管理等各类学科，希望我能接受推荐，这样大家就有机会一起活动了。他们的话说到这份上，我不能再谢绝他们的好意了。而且又一想，他们都是我十分敬重的学术界的师长友人，我老郭何德何能，不要太不识抬举了。在他们的推荐下，我一次评选通过。

聪：加入之后呢？欧亚科学院是一个跨国的学术交流平台，您觉得它对中国有哪些好处吗？

郭：由于这个团体的性质、特点和成员的层次摆在那，如果组织得力，它的确可以开展一些多领域、跨学科、高水平的学术交流和研究，特别是其中还有经济、金融、管理、决策方面的专家，作为一个具有全球视野的科技智库，它还是很能发挥一些作用的。它比较重视科学技术与经济的融合，重视科学与技术的交叉优势，重视人类与自然、与社会的和谐发展，重视社会发展重大问题的战略研究，重视国际尤其是欧亚大陆资源的创新融合。事实上，它已经成了国家科技智库之一，也是金砖国家智库合作的中方理事单位，它为"一带一路"倡议做了一些咨询工作，发挥了一定作用。

我加入后，主要是参与了一些会议和调研。也有领导要我承担一些负责的工作，我坚持没答应。直到我说："如果要我做什么领导工作，我就宣布退出去。"这才作罢，所以我现在只是主席团成员之一。

除此之外，近些年我应邀参加了一个小型的定期研讨会，每周星期天下午到友谊宾馆，因为召集人是原国家外国专家局局长马俊如，外国专家局的办公楼就在那里。如果有事不能去，也没关系，这个会议十分自由。成员有近十来个人，大部分是欧亚科学院院士，年龄多在七八十岁，彼此都是老朋友，多是科学家出身，尊重科学精神、科学理性，退休前都曾长期在科技部、中科院或其他单位做过科技管理或其他领域的战略研究，有一定的宏观视野和政策水准。研讨的内容五花八门，但多与国家创新体系、科技发展战略有关，有时也接受委托，对某个战略性问题做些研究性咨询。偶尔也能碰撞出一些新的思想火花或针对时弊的建议，也有渠道可向高层建言，发挥点余热。这个小沙龙最引人的特征就是良好的气氛，围绕共同感兴趣的大事小情，大家可以畅所欲言，无话不讲，时而争得面红耳赤，时而又谈笑风生。每周一次近三个小时的时间，如沐春风，一晃即过。对知识老人而言，什么是最好的康养生活方式？我以为这就是！至少不容易沾上阿尔茨海默病（笑）。

第十一章

工作之外

一、该服老与不养生

王：您怎么看待退休之后的生活？

郭：我很赞赏秦伯益先生的人生态度。他是军事医学科学院院长，少将军衔，中国工程院首届院士，今年（2018 年）86 岁了。刚满 60 岁时，他就提出把所有的头衔都退掉，未如愿获批，还要他保留学术委员会主任和院士头衔。65 岁后，他又到解放军总政治部（简称总政）去要求办理退休。①当时全国还没有院士退休一说，总政没法批准。怎么办呢？他就自己宣布"退休"，不参加所有院士活动。据我所知，他是第一个"退休"的院士。

聪：秦先生退下来之后去旅游了吗？

郭：对，他特别醉心于山水大自然。65 岁后，他自己做了一个十年的计划，要游遍全国所有省市级、国家级的风景名胜，而且是一人"独游"。为什么要体验"独游"？他说，这原非本愿，因为符合他四个条件的只有他自己一人。这四个条件是有闲，即有足够时间；有钱，财力足够，他做了十年百万的预算；有兴趣，要走遍所有景点，包括过去游过的地方，也得再去细心体验（"以前出差、开会也去过一些地方，那时前呼后拥的，哪有游兴？"他跟我说，这一条就筛掉了许多朋友）；有健康（这一条把他夫人也筛除了）。他曾经对我说："老郭，你应该也符合我这四条要求。"我说："我只满足三、四两条。暂时没完全退岗，无闲；也没你们有钱。"他笑着说："这倒也是。"十年中，他按计划走完了所有名山大川、人文胜景。每游一地，先做详细功课，包括环境、地质、古建、人文，查阅许多文献资料，《三国演义》《水浒传》等历史名著中有记载过的古战场，他要选在同样的季节去到那里，以适时适地体验古人的鏖战呐喊与战马嘶鸣。他前后拍了两三万张相片，然后按名山、大川、名楼、亭台等分类，出版了有照片、有文字，有科学、有人文，洋洋大观的厚厚一册独特游记。我问他："十年里，您一个人，不带警卫和秘书，遇过坏人、遇过危险没有？""不多，当然有过。那不也是旅游生活的一部分吗？"他轻松地说。

王：秦先生这人挺有想法的，也很有趣，退休之后写了好几本书。您跟他很熟悉？

郭：我们一起参加过一些会，从发言中就觉得彼此观点和志趣比较相投，所以就慢慢熟悉了起来。他年龄正好比我大一轮，学问大，名气大，文采也好（他是北宋著名词人秦少游之后）。我很钦敬他的人品，与他有点亦师亦友的意思。2012 年，他的《秦伯益游记：美兮九州景》出书后，给我寄来两本，我回寄了一

---

① 部队系统的院士归总政管理。

首小词。

临江仙·读伯益先生《美兮九州景》感怀

莫道独游无同俦，神交山水无数！中外古今甲风流。目尽胜景美，心为社稷谋。

学者将军弃公侯①，世上无出其右。天马行云好自由！亚圣三要件②，秦公志已酬。

他回电话对我说："知我者，老郭也。"后来，增补再版了繁体版《秦伯益游记：壮哉中华魂》，他又给我寄来精装本。前两年，他的《百年纠结》出版后，也给我寄过。

不仅是这些，他最让我钦敬的是他的心态。在位时，他曾说："我没想当官，我不怕当官，我不怕丢官。"离岗后，他说："我们这一代人，最缺的就是自由。我很庆幸能在晚年真正做一些自己想做的事。自由真好！"对百年之后的事情，他早已告诉家人：不要追悼会，不要哭哭啼啼，放一曲萨克斯演奏的《回家》就行，告诉大家："我走得很愉快，很舒坦，我是一个长寿而快乐的老头，我知足了。"

他特别豁达、睿智，想得很通透、很明白。我非常赞赏他的这种人生态度，尽量努力向他学习。当然，高山仰止，只能心向往之。刚才你问我怎么看待退休之后的生活，其实，我也比较想得开，属于一个比较"无龄感"的老头，不太想着自己的年龄，没有老之已至的伤感。一方面，70岁退休后，我基本还处在半工作状态，总有事情忙，就像我孙子说的"爷爷退而不休"；另一方面，身体还可以，自觉现在迈起步来比20多岁时还显得轻快一些，因为那时一直受着肝病的缠绕。可能因为太没年龄的感觉了也不行，所以还两次吃了大亏（笑）。

聪：是出了什么事吗？

郭：2015年"五一"节期间，我们全家和几家朋友去平谷郊区玩，在一个山野公园里，我孙子他们几个小孩沿山路往上跑着比赛，我这把年纪的老头也跟着凑热闹，在后面追。跑着跑着，突然间脑供血不足，一个趔趄就趴在了地上，顿时两颗门牙就磕落在地，满口鲜血。几个小孩回头一看我的惨样，都吓呆了，不知道怎么办。

后来花了好长时间才把牙齿修补好。但那一次还没让我记住教训。就在2018年6月1日，正好周末，我去一个老乡家。他家旁边的小公园有个铁门框，我跨过门槛时，调皮地往上一蹦，不小心前额撞在了铁框的棱角上，当即摔倒，流了一摊鲜血。幸得旁边有人马上帮忙把我送到医院，缝了几针，外加一针破伤风，

---

① 身为院士，主动申请退休；身为将军，放弃诸多待遇。

② 亚里士多德说过，做哲学和科学需要三个条件：惊异、闲暇、自由。

花了 700 多元。现在才刚拆线不久，你们看，疤印还在这儿。从那一刻起，我才觉悟到，心态上要放松，但不等于完全忘记年龄，毕竟是"架"70 多年的"老机器"了，该服老还得服老，下台阶不能再连蹦带跳的，平路也不能走得太快。任何速度太快的动态体系，必然增加不平衡、不确定性，人也是一样的。

聪：您关注养生吗？

郭：现在关于老年人养生的书特别多，微信里，特别是我们的同学群里，充斥了太多的这类信息，什么该吃这个，不吃那个的，我基本上见到标题就删，从不去看。我只信几个字——心态平和，顺其自然。

王：用过去常说的一句话，您那个年代的人叫作"生在旧社会，长在红旗下"的一代，很不容易。有些老人一提起过去的岁月，多少有些感伤或怨愤情绪，您退休之后，有些什么感悟？

郭：有句话叫"人生如旅"，我觉得相当形象。人来到世上，倏忽几十年，又离开这个世界，这不是很像我们去某地旅游一番的过程吗？当然，也不完全相同，作为旅行者，只是看客；但是人生，不仅观光、见证，还要参与、实践，做点事情。但仅从旅行的角度，有名山胜景、风和日丽，让你赏心悦目固然好，但总免不了碰上风雨泥泞、旅途困顿，甚至遇上坏人坏事的风险情况。如果把这种不顺不利的事情也看作旅行本身的一部分，它来了，就不至于太懊恼，过去了，还多了些体验和成长经历。从这个角度看，我常常想，我们 20 世纪 40 年代出生的这代人，真是太幸运了！

聪：怎么理解？为什么这么说呢？

郭：你们还年轻，可能不清楚。我们这代人，人生"旅游"的资源太丰富了，看到的、体验过的东西太多了！试想，我们的先辈，纵使长命百岁，他能享受手机、网络的生活方式？！年轻的人们，如你们及你们的孩子，对"旧社会"的概念认知，大概跟说唐朝、清朝差不多，反正都是从历史书上了解的。我们这个年龄段的人就不一样了。同样是几十年的人生，见证过"改朝换代"，经历过计划到市场，这期间还有"大跃进""文革"，从凭粮票饿肚子到刷脸支付，无论是经济关系还是生产力，都发生了天翻地覆的变化，而这一切，都浓缩在我们这代人短短一生的几十年之中。如果说得夸张一点，有没有"空前绝后"的意思？所以我说，我们这代人太太幸运了，哪来什么感伤、怨愤！很多事情，看你怎么看，怎么做，角度不同，感受就不一样。

说到这儿，我想起 20 世纪 70 年代初的一件事。我们那批一起分配到化学所的大学生都安排在中关村 90 楼，集体宿舍房间很大，住了七八个人。每年秋天，化学所都要去郊县的公社帮助果农摘梨。为感谢我们，允许每人花 5 元钱买一筐梨带回来吃。几个月后，我们这些单身汉的梨差不多都吃完了。一天，赵姓同学大发感慨："唉！一筐梨快吃光了，没吃着一个好的！"我听后，说："是吗？我们都是一样的梨，我觉得都是好的。你怎么吃法？"他说："运回来后，有些梨碰破了皮。我总是先捡快要坏的吃，免得烂了浪费。你怎么吃的？"我说："先挑好的吃呀！最后真不能吃的，也就几个嘛！这样，感觉是天天吃最好的，天天好心情。"当然，这个故事与前面说的人生感悟并不完全一样，但遇事多从积极的角度去看，就少了许多烦恼，这点是相通的。

聪：总听说有些领导干部在退休后，感到不适应，心理上有落差。您怎么样（笑）？

郭：我一点不适感都没有，真的（笑）！我想，其中可能有几方面的原因。有人当领导，是他的追求，想手中有权，有权就有"势"，有"势"就有人溜须拍马、前呼后拥，他享受这样的"官员"地位和生活。我不知道为什么，见到这种情形，不仅不羡慕、不追求，反而有种发自内心的讨厌与恶心感。在前面我说过，走上管理岗位，本不是自己的选择；在管理岗位上，每一次"升迁"，都是被动、"后知后觉"的，出乎自己意料之外；在领导岗位上这么多年，我没一天觉得是在当"官"。这是一。二是有的领导一旦退下来，待遇和利益有落差，包括"人走茶凉"之感，所以心理上受不了。我们除了国家规定的待遇以外，本来就没任何特别的东西。以前，曾听说有的地方领导每年有专门的"接待费"，但我在"领导岗位"上也干了二三十年，"接待费"是一个子儿都没见过。2017年，国务院实行公车改革，我们退休的人不能再独享一辆专车，我觉得很合理，很适应。为什么？因为原来在岗时，有时去看同学、朋友，办个私事，也早就乘公共汽车、地铁或出租车，一直就是这么做的，早已习惯了。就算是开会，只要是在一个小时步行距离之内，比如去中关村的研究所或是北大、清华，我习惯不叫司机、不用车，直接走着去，我这个人天生喜欢走路。至于"人走茶凉"就更没觉得，因为如果是真朋友，就像我化学所的那批老哥们，不管你干什么、退没退，他都一样，不会"走"。那些因为你在位才送"热茶"的人，走了岂不更加清静？何况在我们中科院的文化里，本来就没多少这种送"热茶"的人。三是退下后，我还有事可做，而且是自己想做的事，这也是我本来就想早些退下来的原因。有的人，一旦离开领导岗位，没了权力，也就无事可做，那日子当然是很难打发的。

二、追寻简单

聪：郭老师，我还有个小问题，您有什么业余爱好吗？

郭：很惭愧，真没什么特别爱好。同事朋友之中，有人是球类高手，有人吹拉弹唱样样精通。我呢？最怕参加联欢晚会之类的活动，因为啥也拿不出手，连抽烟喝酒也没学会（笑）。我的生活真的很简单，比较随性，顺其自然。年轻时，喜欢看看小说，也试着练练笔，写点小文章，中学时期不是还曾写过一篇《我爱绿色》的范文嘛，但后来也没坚持，工作之后，连看小说的时间也很少了。

聪：您书法还不错嘛！

郭：那不叫书法，叫"写字"也是高看了我。因为我写字不喜欢按规矩。写钢笔字，从来不写在格子里；写毛笔字，不按一撇一捺地练，连握毛笔的样子至今还跟拿钢笔一样，基本功很差。

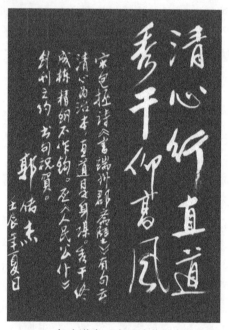

图 11.1　2012 年应邀为《人民公仆》杂志创刊题词

王：您在生活中是不是有种追求简单的偏好？

郭：你说得对，平时是有这种习惯。譬如出差，有的人大箱小包的很多行李，我从来都是小箱一个，拎起就走。凡是功能相同的用品，一般只有一个。衣服和鞋子之类的，够用就行。我觉得吧，世界上不存在无成本的占有，你拥有某个东西，实际上你也得为它服务，不是吗？我更不讲什么品牌，也不认得什么品牌，可用就行。2001 年我带一个小代表团访欧，圣诞节之前到了法国。吴建民大使在大使官邸宴请我们一行，并在门口合影。照完相后，同行的郭志明打趣地注意到了我穿的皮鞋，问："老郭，你这双鞋多少钱？"我说："你猜。"他估摸着说"两千"。我说："行！你给我一千，我给你买两双。让他们几个作证。"他见我这么说，满脸茫然："实价多少？""90 元，买了两双。"他们都直呼"不可能！"小郭说："我穿的这双一千六，你是团长，怎么也得穿个两千的吧！"我告诉他们："真的是我家楼下中关村南路的小鞋店清仓甩卖时买的，就这个价！穿着它不也跟你们一样到了巴黎吗？"他们批判我："你这消费观念太陈旧了，不利于国家经济发展！"我说："这个批评我接受。但发展经济不还有你们吗？"（笑）

图 11.2　2001 年访法时与吴建民合影于大使官邸前

（前排右起：叶建中、郭传杰、吴建民、许平；后排中：郭志明）

　　我觉得，简单不仅是种生活方式，也是种人生哲学。人一简单就容易快乐，因为没有那么多欲望的羁绊，追求简单就是追寻快乐的过程，是种境界。当年，苏东坡离开我们老家黄冈后，就曾留有"人间有味是清欢"的名句，人生最曼妙的风景，就是内心的淡泊、清静与从容。古人造字，"人"字那么简单是有道理的，说明人要活得简单，其他都是身外之物。人活到了极致，一定是简约、素淡的。其实，简单并不是简陋或虚无，所谓大道至简，往往越是深刻的东西越简单，爱因斯坦的质能关系式表述何其简单，$E=MC^2$，但它却直指大千世界物质与能量的本源。据说达·芬奇画鸡蛋时，曾脱口而出："简单就是终极的复杂。"我们做管理工作时，常常看到有些领导事无巨细，搞一大套规章、流程去捆绑别人的手脚，其实这是比较蹩脚的领导，高明的管理者则重无为而治，把复杂的事物梳理得明晰简单。

　　聪：常听人说"老郭没什么架子，挺平易近人的"。您怎么看？

　　郭：我不这么看，因为我觉得"平易近人"这个说法是个伪命题。本来就是个普普通通的人嘛，就在人群之中，还有什么"近"与"不近"的区别？当然，我理解这可能是与社会上某些喜欢装腔作势、摆点架子的人相比较而言的，但我认为那些是病态的情况，本不该有。正常情况下，这个成语应该是没什么使用价值的。

三、和美一家亲

聪：您的微信头像一直是三个可爱的小男孩，他们是谁啊？

郭：是我的三个孙子，两外一内（笑）。我女儿老大，现在和女婿都暂时留在国外的大学里工作，他们有两个儿子。儿子和儿媳在北京，也住在中关村，他们两个也有个儿子。微信头像中的相片是 2010 年照的，那时他们还小，现在都长大了，大的那个已经身高一米八了。这张全家福照得更早一点，当时女儿的老二还没生下来。三个男孩，都是"建设银行"的（笑）。

图 11.3　2009 年全家福

（后排左起：女儿郭梦娟、女婿丛蓝、儿子郭朗、儿媳司霞；
中排左起：周寿康、郭传杰；前排左起：孙子郭子濯、外孙丛子轩）

图 11.4.　三兄弟 2010 年 8 月合影

（右起：大外孙丛子轩、孙子郭子濯、小外孙丛子乐）

聪：有人说："有了孙子，就成了孙子。"您有什么感觉吗（笑）？

郭：按这个说法，我就成了"三孙子"了（笑）。不过，我还不太辛苦，没累成"三孙子"。那些年最辛苦的是我老伴。

聪：是周老师。您前面提到过，当年您在丹阳湖农场劳动锻炼时，她还去看过您，那时两位还没结婚。现在您二位快到金婚了吧？您这代人对感情的态度真值得我们学习！

郭：谢谢！离金婚还有三四年，不过，要从恋爱算起，早过半个世纪了。她是华中师范大学物理系毕业的，在湖北沉湖农场劳动锻炼结束后，被分配到蕲春珠林高中教书。直到打倒"四人帮"后，她和女儿梦娟在1978年调来北京，我们才结束多年的两地分居生活。到北京后，她一直在北京一零一中学教物理，获评过北京市模范高级教师的称号。五十多年来，我们相濡以沫，携手共苦同甘，始终心心相印。我常想，我老郭此生有幸，从穷山沟走到中关村，除了父母、国家、师友、时代等诸多因素外，但还有个很重要的因素就是认识了我家老周。她在我艰难的时候，接受并融入了我贫苦的家庭，孝敬每一位老人，亲和所有的弟弟妹妹，为我分忧解困，给我以宽慰和力量。

记得70年代初，在我们婚后两地分居期间，她中秋节来北京探亲，我们两人并坐在化学所大楼南门台阶上赏月，分享着两毛多钱一块的月饼，我说："只买一块儿，对不起。"她没觉得一丝清苦，反而说："挺好的，以前还没这样吃过呢！"在我奋斗事业的过程中，是她承担了绝大部分家务和育养儿女的责任，默默辛劳，无怨无悔。1995年冬天，我母亲因大病做手术，她每天早晨骑自行车去北京一零一中学上课，下班回家料理好两个孩子的饭菜，接着就骑车到医院照顾我母亲，梳头、洗脚，什么脏活累活都干，同房病友都夸我母亲"有个好闺女"。当听说她是儿媳时，竟都不敢相信。我母亲对她也是赞赏有加，无论对谁，只要提到她，总是用"我寿康"称呼她，语气跟说亲闺女毫无二致，十分的亲昵、亲密和亲切。我常想，是什么力量使她们能融化世上婆媳间常见的冰火矛盾呢？不是别的，就是善良、诚厚和亲情。人生同时拥有两位这样的女性，作为儿子和丈夫的我，感到无比的幸运和幸福，我自己也不知道是哪辈子修来的福气！

我觉得，深厚的爱情、亲情、友情只有建立在共同的人生观、价值观上，才能是长久的、牢固的，否则就缺少了沟通基础和共同语言。我和老周也有吵架的时候，但都是因为鸡毛蒜皮的小事，例如出门时应该乘哪趟车最便捷？厨房里某个物件放哪儿更合理？等等。这大概与我们两个都是学理科的，都有较真的习惯有关。但在大问题上，如对世间大事、发展形势、政治社会等问题的判断，很少出现明显的不同，对金钱和物质生活，都看得很淡。一辈子了，从恋爱到现在，她没一次跟我提过想买件什么衣服、什么包之类的，我也从来不考虑这些，也不会挑、不会选。总之，凡是了解我们的人，无论是老家的亲友、乡邻，还是我的朋友、同事，都夸她为人贤惠。我这人不喜欢当着人家的面说好话，所以基本上没当面表扬过她，今天就跟你们在这儿说说心里话吧。

王：家和万事兴。也许有人事业做得很不错，但家庭生活并不如意，这样的事情并非少见。您有这样和美的家庭，真的很幸福。

郭：谢谢！我想这大概跟家风的熏陶传承也有关系。我父母他们那代人，虽然物质生活特别贫苦，但彼此相濡以沫，相爱相亲。我们看在眼里，记在心里。到我们这一代，兄弟姐妹、夫妻之间，多少年来也是亲密无间，相互理解关心，从没因为吃的、穿的、钱财等问题闹过矛盾。到了我们的下一代，儿女们在这些事情上也承继了老一辈的家风、品德，都做得很不错。说实在的，这些我看在眼里，润在心中，好的血脉基因能代代传承，感到十分欣慰。我想，往大一点说，咱们这个世界原本有四大古代文明，但唯我中华文明能绵延至今，且不断发扬光大，其中原因，我们有传统的家风美德也当是其中的奥秘之一，你们说是吧？！

2018 年 8 月 20 日　开始第 1 次访谈

2018 年 9 月 11 日　第 12 次访谈结束

2020 年 6 月 11 日　补充访谈

附　录

郭传杰年表

1944年 9月24日（农历八月初八）生于湖北省黄冈市浠水县关口镇学院村。

1951年 春季启蒙于学院村小学（原名香姑庙小学）。

1956年 7月毕业于官硚畈小学，考入浠水第五中学（初中，现团陂高中）。

1959年 9月入浠水一中（高中）。

1962年 9月入武汉大学化学系，后攻读元素有机专业。

1968年 8月，因"文革"推迟一年毕业，分配到国防科委总字826部队京字138部队（即中科院化学研究所）工作。进所之前，先到南京军区安徽丹阳湖军垦农场8294部队12连接受再教育。

1970年 1月离开丹阳湖农场，到位于北京中关村的国防科委总字826部队京字138部队四连，任研究实习员，从事特殊环境下的耐高温无机高分子材料合成研究。

1972年 2月16日（农历正月初二）与周寿康结婚。

1973年 京字138部队更变为原名：中国科学院化学研究所（第五研究室）。

1974年 9月25日女儿郭梦娟出生。

1975年 8月加入中国共产党。

1978年 开始计算化学研究工作，主要研究领域为化学数据库研制、复杂有机物的分子力学计算及结构模型优化处理。

1979年 评为助理研究员。11月1日儿子郭朗出生。

1981年 赴美国康奈尔大学化学系麦克拉斐尔特院士的实验室做访问学者。

1983年 归国回中科院化学研究所，主要开展有机质谱的计算机解析研究。

1986年 升职副研究员。担任中科院计算化学联合开放实验室负责人之一。其间，作为主要完成人，在化学数据库、ICMSIS多功能有机质谱解析系统等研究领域获中国科学院科技进步奖一等奖、二等奖多项。

1986年 3～9月，被抽借到国务院科技领导小组办公室筹备863计划。

1987年 作为组委会与学委会成员，参与筹备召开第二届全国计算化学学术报告会和第8届国际计算化学会议（8thICCCRE）（北京）。

1987年 5月15日被调中科院科技政策局，任战略远景处处长，负责中科院学科发展战略和远景规划。

1989年 任科技政策局副局长，兼任战略远景处处长。其间，参与或主持全国基础研究政策调查、我国自然科学学科现状与发展战略研究、中科院学科发展战略、全国中长期科技发展纲要制订等项工作，2项研究成果分获国家科学技术委员会科技进步奖、中国科学院科技进步二等奖。

1991 年 评为研究员。3 月调任中科院计划局副局长,分管学科战略规划、重点开放实验室、成果与专利、科技统计处。其间,发起香山科学会议,牵头国家工程研究中心课题调研并向国家提出建议被采纳、参与或主持遴选国家基础性研究重大项目(攀登计划)、21 世纪初世界科学技术发展趋势与我国科技政策的战略选择等。

1993 年 调任中科院党组办公室主任兼任新闻办公室主任。

1995 年 任中科院副秘书长兼任学部主席团秘书长、学部联合办公室(即现院士工作办公室)主任,同时兼任:中科院新闻发言人、新闻办公室主任、中国科学报社长及总编辑。其间,负责国家 S-863 计划思路与战略研究课题、主持制订第一次学部工作规划("九五"规划)、推动组建学部科学道德建设委员会、学部咨询评议工作委员会。

1996 年 被国家科委、国家新闻出版署聘为首届国家科学技术学术著作出版基金委员会委员。享受国务院政府特殊津贴。

1997 年 9 月,任中科院党组副书记,兼任中科院京区党委书记、院科普工作领导小组组长、院图书情报出版委主任、院国际学术交流委员会副主任等。其间,深度参与国家知识创新工程的领导和组织工作,包括具体负责《迎接知识经济时代,建设国家创新体系》研究报告及向国务院汇报提纲的起草工作,提出并牵头"创新文化的理论与实践"研究课题;主持制订中科院第一个科普工作规划。

2000 年 兼任《中国科学院院刊》主编。

2002 年 受聘为中科院现代化研究中心首届理事会理事长,2007 年续聘为第二届理事会理事长。受聘国家科学图书馆发展委员会主任。受聘"全国青少年走进科学世界"活动专家指导委员会主任。

2002 年 当选为中国共产党第十六次代表大会代表。

2003 年 2 月及 2008 年 2 月连续当选为第十届、第十一届全国政协委员和教科文卫体委员会委员。

2003 年 5 月兼任中科大党委书记、校务委员会主任。

2005 年 改任中科院党组成员兼中科大党委书记。其间,任中科院教育发展战略研究及规划组副组长,参与制订国家中长期科学和技术发展规划纲要、国家中长期教育改革和发展规划纲要,受聘国家中长期人才发展规划纲要制订工作总体组成员。

2008 年 9 月卸任中科大党委书记,10 月卸任中科院党组成员。

2009 年 受聘为北京理工大学兼职教授、中科院研究生院兼职教授。

2010 年 担任中国管理科学学会第六届会长。

2012 年 受聘第一届国家教育咨询委员会委员，2014 年续聘为第二届委员。

2013 年 被中科院、教育部、中宣部等六部委授予"科学与中国：院士专家巡讲团"特聘授课专家。

2014 年 2 月，根据中组部干任字［2013］498 号文件通知，正式退休。

2014 年 7 月当选国际欧亚科学院院士。2019 年当选国际欧亚科学院（中国）主席团常委。

2015 年 受聘中科院合肥物质科学研究院首届发展战略咨询委员会主任。

2016 年 3 月 18 日受邀担任合肥综合性国家科学中心评审专家组组长。

2018 年 1 月受聘饶毅等三学者创办的《知识分子》专家委员会成员。5 月受聘中科院智能科学与技术科普联盟名誉顾问。11 月受聘中国互联网双创专家库专家。

2019 年 12 月受聘中科院科学教育联盟专家委员会主任委员。

主要书籍

1. 全国基础性研究状况调研组，中国科学院科技政策局. 中国自然科学的现状与未来. 重庆：重庆出版社，1990.（郭传杰系编委、《总论》主笔）

2. 许禄，郭传杰. 计算机化学：方法与应用. 北京：化学工业出版社，1990.

3. 王志勤等. 当代科学技术概论. 昆明：云南教育出版社，1991.（郭传杰撰写 1 章：材料科学工程）

4. 中央办公厅调研室. 新科技革命的趋势与对策. 北京：法律出版社，1991.（郭传杰撰文：基础研究发展的趋势和对策）

5. 郭传杰，李士主编. 维护科学尊严. 长沙：湖南教育出版社，1996.

6. 周光召，朱光亚. 共同走向科学：百名院士科技系列报告集（上、中、下三卷）. 北京：新华出版社，1997.（郭传杰为副主编之一）

7. 周光召，朱光亚. 中国科学技术文库. 北京：科学文献出版社，1998.（郭传杰为副主编之一）

8. 郭传杰. 科技创新与民族振兴（跨世纪干部学习丛书）. 北京：学习出版社，2000.

9. 郭传杰主编. 科研院所管理创新的实践与思考. 北京：科学出版社，2001.

10. 郭传杰. 论科学技术与精神文明. 北京：科学出版社，2001.

11. 路甬祥. 现代科学技术大众百科（三卷本）. 杭州：浙江教育出版社，2001.（郭传杰为副主编之一）

12. 朱丽兰. 21 世纪领导干部科技修养必备. 北京：人民出版社，2002.（郭传杰为副主编之一）

13. 郭传杰，方新，何岩. 中国科学院科技创新案例.4. 北京：科学出版社，2008.

14. 郭传杰主编. 创新文化研究丛书（三册）. 北京：科学出版社，2013.

15. 郭传杰主编. 中国青少年科学实验出版工程：科学实验之旅、科学实验之功、科学实验之道、科学实验之美、科学实验之趣（五册）. 杭州：浙江教育出版社，2020.

16. 郭传杰主编. 足印·成就——共和国科技 70 年编委会. 足印·成就——共和国科技 70 年. 杭州：浙江教育出版社，2019.

主要论文

1. 刘汉范，李贞宜，郭传杰，等. 二丁基次膦酸锌高聚物溶液的平衡黏度的研究. 高分子通讯，1981，（4）：236-239.

2. 刘汉范，郭传杰，李贞宜，等. 甲基苯基次膦酸与锌盐的水溶液聚合及聚合物水溶液的电导行为. 高分子通讯，1981，（6）：468-471.

3. 郭传杰. 用于计算机的化学结构表示方法. 化学通报，1981，（8）：32-37，60.

4. Mun I K, Stauffer D B, Stedeli W, et al. Real Time PBM Matching of Unknown Mass Spectra on a GC/MS/COM System. Proceeding of 30th Annual Conference on MS & Allied Topics，June 6-11，1982，Honolulu，USA.

5. Stauffer D B，Guo C J，Mclafferty F M. Improvement to Computer Algorithm for Identification of Unknown Mass Spectra. Proceeding of 31th Annual Conference on Mass Spectro. & Allied Topics，May 8-13，1983，Boston，USA.

6. Mclafferty F M，Guo C J，Mun I K，et al. Matching Mass Spectra Against a Large Data Base During GC/MS Analysis. Interna. J. of MS & Ion Physics，1983，3（5）：47，317-320.

7. 郭传杰. 计算机辅助质谱解析的谱图匹配和模式识别方法. 质谱学报，1984，（3）：19-25.

8. 郭传杰，Stauffer D B. Calculation and Correction of the Abundance of Isotopic Peaks for Molecular Ion Cluster. Kexue Tongbao（Science Bulletin），1985，（4）：561.

9. 梁曦云，郭传杰，刘津琨，等. 人机对话式多功能质谱信息系统. 化学通报，1986，（4）：56-58.

10. 郭传杰，陈稚芳，刘津琨，等. 质谱数据的质量评价及统计分析. 质谱学报，1986，（3）：20-24.

11. 郭传杰、梁曦云、徐伟民、等. 化学结构检索中 A-A 匹配的新算法及其实现. 科学通报, 1987, 32 (18): 1393-1395.

12. Wang X M, Qiu H W, Guo C J, et al. Microcomputer-Based Toxic & MS Data Base System for Poisonous Substances. J. Canadian Society of Forensic Science, 1987, 20: 290.

13. 郭传杰、梁曦云. 分子结构三维图形微机处理系统. 化学通报, 1988, (4): 59-60.

14. Guo C J, Liang X Y, Xu W M. A Novel Arigorithm for Molecular Structure Search, 8th International Conference on Computers in Chemical Research & Education (ICCCRE), Beijing, 1987, June.

15. 郭传杰、王小民、邱华伟, 等. 用户装配式微机质谱数据库系列及检索系统 MIMAS-I. 质谱学报, 1988, 9 (2): 67-70.

16. 郭传杰 (柯政远). 我国自然科学基础研究现状与对策. 中国科技论坛. 1988, 4. 13-17.

17. 杨德亮, 孙求实, 郭传杰. 微机在气体透过率测量装置上的应用. 计算机与应用化学, 1988, (1): 21-24.

18. Guo C J, Wang X M, Qiu H W, et al. Microcomputer Mass Spectral Information System with Categorized Data Base. Analytic Chimia Acta, 1988, 210: 169-173.

19. 郭传杰 (柯政远). 材料科学发展趋势和前沿. 科学报, 1988, 4.

20. 郭传杰. 对发展我国基础研究若干问题的战略思考. 中国科技论坛, 1989, 2: 23-26.

21. 郭传杰. 贝尔实验室如何缔造历史和未来. 科学报, 1988-5-13 (3).

22. 郭传杰. 谈我院学科布局的框架设计. 中国科学院院刊, 1989, (2): 140-143.

23. 王治浩, 郭传杰. 化学基础研究与国民经济和社会发展. 科研管理, 1989, (5): 15-16.

24. 郭传杰. 基础研究与我国现代化. 现代化, 1990, (5): 6-8.

25. Guo C J. A Methodology & Practice on Linking Forecast into Science Policy Decision Making. 11th WFSF World Conference, Budapest, Hungary, 1990, May.

26. 郭传杰. 面向未来的选择. 中国科学报 (海外版), 1993, 5: 25.

27. 郭传杰. 源于科技之本　弘扬科技之光——浅谈电视与科技新闻. 科技新闻与写作, 1994, (3): 9-11.

28. 郭传杰. 科学技术是精神文明建设的重要基石. 求是, 1997, (9): 32-35.

29. 郭传杰, 于维栋, 刘洪海. 知识经济与马克思主义. 理论前沿, 1998,

（21）：7-9.

30. 郭传杰. 基础科学及其前沿领域. 青年科学向导，1998，（1）：12-25.

31. 郭传杰. 化学研究与知识创新工程. 化学通报，1999，（1）：1-2.

32. 郭传杰. 创新文化重在建设. 科学新闻，2000，（42）：3.

33. 郭传杰. 注重作用于心灵的科学力量. 光明日报，2000-07-28（C3）.

34. 郭传杰. 成为和谐发展的人. 科学时报，2001-09-11（3）.

35. 郭传杰. 关于人才队伍建设的两个问题，科学新闻，2001，（16）：4.

36. 郭传杰. 科技创新与人文精神的互动//余翔林、邓勇. 科学的魅力. 北京：科学出版社，2002.

37. 郭传杰. 科学文化是先进文化的基石. 光明日报（科技周刊），2002-01-11（1）.

38. 郭传杰. 科学文化：先进文化的基石与先导. 理论前沿，2002，（2）：13-15.

39. 郭传杰. 高度重视人才安全问题. 文汇报，2002-4-17（时评版）.

40. 郭传杰. 科技进步与人文精神//中华人民共和国人事部中国科学院组. 新世纪科学技术发展与展望. 北京：中国人事出版社，2002：387-411.

41. 郭传杰. 知识创新引发科研革命. 中国改革报，2002-08-11（1）.

42. 郭传杰. 创新文化：国家创新体系的软件系统. 中外科技信息，2002，（11）：5-9.

43. 郭传杰. 谈"度". 求是，2003，（9）：56.

44. 郭传杰. 科技文明的三个问题//论科学技术与精神文明. 北京：科学出版社，2004：5-9.

45. 郭传杰.《水与贵州》序言//陈履安. 水与贵州. 贵州：贵州教育出版社，2003：1-3.

46. 郭传杰. 镜鉴与思考：关于科技规划的认知. 科学新闻，2003，（10）：2-3.

47. 郭传杰. 思贤哲 学校训 创一流. 中国科大报，2003-09-18.

48. 郭传杰. 记录历史 创造辉煌——《史笔记科学》序. 科学时报，2004-04-28（4）.

49. 郭传杰. 为了科学与人文的汇流. 科学时报（"科学与文化"双周刊第一期）. 2005-1-10.

50. 郭传杰. 序言//攀上珠峰踏北边：曾庆存院士谈做学问和搞科研. 北京：中国科学技术出版社，2005：Ⅰ-Ⅲ.

51. 郭传杰. 论科学选择与技术选择：理论、方法和特征. 第三届软科学国际研讨会论文集，2004：29-32.

52. 郭传杰. 我看"全院办校、所系结合". 科学新闻杂志，2005，17：18-19.

53. 郭传杰. 校魂、校格、校风. 中国科大报，2005-6-15（1）.

54. 郭传杰. 交叉融合：原始创新的源泉//刘仲林. 中国交叉科学. 第一卷. 北京：科学出版社，2006：7-9.

55. 郭传杰. 序言//马玉书. 九十回望：马玉书回忆录. 北京：北京美天时采色制作中心，2007.

56. 郭传杰. 没有特色，不成文化. 科学时报，2006-04-25.

57. 李存富，段煦，郭传杰. 郭传杰：如何构筑"研究型"大学. 科学新闻，2006，（6）：47-48.

58. 郭传杰. 思维之花在自由的氛围中盛开——谈创新人才培养与文化环境. 基础教育课程，2006，（9）：46-47.

59. 郭传杰. 生态文明：现代化的重大战略选择. 科学与现代化，2007：7.

60. 郭传杰. 办好大学 定位重于定级别. 科学时报，2007-03-13.

61. 郭传杰. 也谈研究型大学的引领功能. 中国高校科技与产业化，2007，（9）：54-56.

62. 郭传杰."科大现象"的文化思考//鹿明. 科教报国50年. 合肥：中国科学技术大学出版社，2008：2-26.

63. 郭传杰. 使创新成为文化. 中国高等教育，2008，（Z2）：8-10.

64. 郭传杰 （陈欢欢采写）. 两项方针与一流大学——访中国科学技术大学党委书记郭传杰谈科大精神. 科学时报，2008-05-23（B4）.

65. 郭传杰. 大学要有文化的"围墙". 科学时报，2008-09-17（2）.

66. 郭传杰. 大学活力不仅是激情. 中国教育报，2008-09-11（9）.

67. 郭传杰. 研究型大学要充分发挥文化引领功能. 中国教育报，2008-03-03（6）.

68. 郭传杰. 科学素质：现代公民社会的理性根基//"中国和平发展：机遇与挑战"国际学术研讨会文集. 2009.5. 澳门.

69. 郭传杰等. 公民科学素质：要义、测度与几点思考. 科普研究，2008，（3-2）：p26-34.

70. 郭传杰. 六个故事勾勒中科院文化. 科学时报，2009-03-16（1）.

71. 郭传杰. 院风忆想. 科学时报，2009-09-11（3）.

72. 郭传杰. 序2//钟琪. 亲历科普：中国科学院老科学家科普演讲团感言. 北京：科学普及出版社，2010：文前3-7.

73. 郭传杰. 农村职业教育之我看. 中国政协，2010（12）：48-51.

74. 郭传杰. 践行科学精神的典范//徐冠华. 我们认识的光召同志. 北京：科学出版，2010：57.

75. 郭传杰. 体现光召同志人才思想的二三事//徐冠华. 我们认识的光召同志. 北京：科学出版社，2010：226.

76. 郭传杰. 序言//陈济安. 生命能级. 香港：科学教育出版社，2010.

77. 郭传杰. 大学特色的文化属性. 中国高等教育，2010（1）：11-13.

78. 郭传杰. 看院史 品文化. 科苑人，2010，6（总第34期）.

79. 郭传杰. "质量之父"的科学人生. 科学时报，2011-08-24（B1）.

80. 郭传杰. 高校办学模式改革需把握的四个要点. 中国高等教育，2011，（3）：4-5.

81. 郭传杰. 坚持教学与科研结合 培育创新型人才. 中国高等教育，2011，（6）：32-35.

82. 郭传杰. 序言//鹿明，蒋家平. 梅与牛——中国科大文化研究. 北京：高等教育出版社，2011：13-22.

83. 郭传杰. 两幅漫画带来的启示. 人民政协报，2011-04-27（11）.

84. 郭传杰. 科技协同创新的深层次思考. 中国高等教育，2012，（20）：17-19.

85. 郭传杰. 序言//中国科学技术大学党政办公室. 中国科大论坛报告选编. 合肥：中国科学技术大学出版社，2012：1-5.

86. 郭传杰. 创新文化的理性认知与建设实践//周溯源. 社科之声——中国社会科学网访谈录（二）. 北京：中国社会科学出版社，2012：154-167.

87. 郭传杰，薛娇. 让科学文化成为社会发展新航标——本刊记者对话郭传杰. 中国高校科技，2013，（6）：6-8.

88. 郭传杰. "创新文化研究丛书"总序//郭传杰. 创新文化研究丛书. 北京：科学出版社，2013：1-8.

89. 郭传杰. 实现教育公平是最紧迫的期盼. 人民政协报，2013-01-09（C1）.

90. 郭传杰. 序言. 管理蓝皮书：中国管理发展报告（2014）. 北京：社会科学文献出版社，2014：4-5.

91. 郭传杰. 是人格，造就了伟大科学家. 新华日报，2014-09-23（6）.

92. 郭传杰. 序言//于邱巍. 为爱而活——一个女汉子的抗癌日志. 北京：学苑出版社，2014：1-8.

93. 郭传杰. 用特色发展撑起大学文化构建. 中国高等教育，2006，（11）：6-8.

94. 郭传杰. 我对制定"863"计划的细节回忆. 中国科学报，2016-04-01（3）.

95. 郭传杰. 序言//蔡耘，郭邵青. 中小学人工智能教育教材. 初中版. 北京：教育科学出版社，2019：4.

96. 郭传杰. 连根系叶70年——从文化视角看中国科学院. 中国科学院院刊，2019，（10）：1130-1133.

97. 郭传杰. 也谈"两种文化". 中国科学报，2019-08-30（5）.

98. 郭传杰. 科学实验：科学技术发生发展的基石之一//郭传杰. 中国青少年科学实验出版工程：科学实验之道. 杭州：浙江教育出版社，2020：1-5.

99. 郭传杰. 新科技革命背景下的管理创新与变革. 科技智囊杂志，2020，（3）：3-7.

100. 郭传杰. 科学崇尚理性 人文讲究风骨//于朱灿. 琴韵屐痕——学思践悟在科大. 合肥：中国科学技术大学出版社，2020：1-3.